北京高等教育精品教材
BEIJING GAODENG JIAOYU JINGPIN JIAOCAI

高等学校农业经济管理类专业核心课程教材

农村统计与调查

（第二版）

主编 刘芳 王琛 黄映晖

中国教育出版传媒集团
高等教育出版社·北京

内容简介

本教材涵盖了农村经济统计和农村社会调查领域的主要内容和方法，具体包括：农村社会经济统计概述，农村住户调查，农村土地资源和固定资产统计，农作物种植业统计，畜牧业统计，林业、渔业统计，农业总产品统计，农产品成本与价格统计，农村社会经济效益统计，农村社会与生态发展的监测系统，农村社会调查类型与方法，农村社会调查报告的撰写。

本教材可作为全国高等农林院校或综合性院校的农林经济管理、农村区域发展、管理学、农学、统计学等专业的教材，也可作为全国各级从事农业经济、农村统计等相关工作人员的参考书。

图书在版编目（CIP）数据

农村统计与调查 / 刘芳，王琛，黄映晖主编. -- 2版. -- 北京：高等教育出版社，2024.4

ISBN 978-7-04-061733-7

Ⅰ.①农… Ⅱ.①刘… ②王… ③黄… Ⅲ.①农业统计-中国-高等学校-教材②农村-社会调查-中国-高等学校-教材 Ⅳ.①F322②D668

中国国家版本馆CIP数据核字（2024）第038030号

Nongcun Tongji yu Diaocha

| 策划编辑 | 刘 荣 | 责任编辑 | 刘 荣 | 封面设计 | 赵 阳 | 版式设计 | 于 婕 |
| 责任绘图 | 裴一丹 | 责任校对 | 张 然 | 责任印制 | 朱 琦 | | |

出版发行	高等教育出版社	网　　址	http://www.hep.edu.cn
社　　址	北京市西城区德外大街4号		http://www.hep.com.cn
邮政编码	100120	网上订购	http://www.hepmall.com.cn
印　　刷	北京宏伟双华印刷有限公司		http://www.hepmall.com
开　　本	787 mm×1092 mm　1/16		http://www.hepmall.cn
印　　张	17.25	版　　次	2014年9月第1版
字　　数	260千字		2024年4月第2版
购书热线	010-58581118	印　　次	2024年4月第1次印刷
咨询电话	400-810-0598	定　　价	45.00元

本书如有缺页、倒页、脱页等质量问题，请到所购图书销售部门联系调换
版权所有　侵权必究
物　料　号　61733-00

本书编写人员

主　编　刘　芳　王　琛　黄映晖

副主编　刘亚钊　王惠惠　李　媛　潘恩阳

第二版前言

"农村统计与调查"是高等学校农业经济管理专业基础课程。该课程的特点为理论性和应用性兼具。随着新农村建设的不断推进,统计制度的不断改革,农村统计与调查面临新的课题和挑战。北京农学院"农村统计与调查"教学团队充分总结课程教学中的体会与经验,借鉴国内外农村统计与农村社会调查的优秀成果,解放思想、实事求是、与时俱进,对我国农村统计与调查的理论方法和现行指标体系进行了系统的整理、阐述和解析。

本次修订以习近平新时代中国特色社会主义思想为指导,全面融入和充分体现党的二十大精神。党的二十大报告指出,全面建设社会主义现代化国家,最艰巨最繁重的任务仍然在农村。坚持农业农村优先发展,坚持城乡融合发展,畅通城乡要素流动。加快建设农业强国,扎实推动乡村产业、人才、文化、生态、组织振兴。

本教材结合我国的新农村发展现状,加强了实证分析和案例讲解,充实了农村统计与调查的理论和方法。本教材力求起点高、目标清、形式活、体系新、内容新、资料新。希望读者通过学习,在正确理解和掌握统计学的基础知识和统计分析方法的基础上,以农村社会经济为操作对象,应用统计调查分析方法进行数量分析,并正确认识新农村社会经济发展的新规律和本质。同时,本次修订充分吸收 2014 年版教材使用过程中专家学者、一线教师和学生提出的意见,对内容进行修改完善,进一步增强教材的时代感、吸引力和针对性。

本教材由刘芳、王琛、黄映晖主编。编写分工为:刘芳,第一章;王惠惠,第二章;王琛,第三章和第四章;刘亚钊,第五章和第六章;李媛,第七章和第八章;潘恩阳,第九章;黄映晖,第十、十一和十二章;刘芳负责全书统计指标的编纂校对工作。

本教材得到了"北京市农林经济管理特色专业、北京市农林经济管理优秀教学团队"的资助。在教材编写过程中得到了北京市统计局、密云区统计局的大力支持,在此表示感谢!编写过程中参阅了许多国内外相关的农村统计类、农村社会调查类的出版物,在此对付出辛勤劳动的所有作者表达我们衷心的谢意。同时,还要感谢高等教育出版社给予的大力支持。

因"亩、公顷、平方公里、斤"等计量单位在农村统计与调查表中普遍使用,因此本教材在编写中予以保留。

本教材既可作为农业经济管理类专业本科生及研究生教材,也可供农村经济管理人员和农村统计工作者参考使用。

由于时间仓促、水平所限,书中难免有错误与不足之处,恳请读者批评指正。

编　者

2023 年 12 月

第一版前言

"农村统计与调查"是高等学校涉农专业的主干专业课之一，是一门理论性、应用性极强的专业必修课。随着新农村建设的不断推进，统计制度的不断改革，农村统计与调查也不断面临新的课题和新的挑战。北京农学院"农村统计与调查"教学团队总结本课程教学中得到的体会与经验，借鉴国内外相关农村统计与农村社会调查的优秀成果，不断解放思想、实事求是、与时俱进，对我国农村统计与调查的理论方法和现行指标体系进行了系统的整理、阐述和评析。

本教材结合我国的新农村发展现状，加强了实证分析和案例讲解，充实了农村统计与调查的理论和方法。本教材力求起点高、目标清、形式活、体系新、内容新、资料新。希望读者通过本教材的学习，可以在正确理解和掌握统计学的基础知识和统计分析方法的基础上，以农村社会经济为操作对象，应用统计调查分析方法进行数量分析，并正确认识新农村社会经济发展的新规律和本质。

本教材由刘芳教授主编，参加编写的人员有：刘芳，撰写第一、三、四、五、六和第七章；沈文华，撰写第二章和第八章；白华，撰写第九、十和第十一章；黄映晖，撰写第十二、十三章；北京市统计局胡桂萍负责全书统计指标的编纂校对工作。

本教材得到了"北京市农林经济管理特色专业""北京市农林经济管理优秀教学团队""北京农学院三农数据采集与分析预警创新团队"的资助。在教材编写过程中得到了北京市统计局、密云县统计局的大力支持，在此表示感谢！编写过程中参阅了许多国内外相关的"农村统计类""农村社会调查类"的出版物，在此对付出辛勤劳动的所有作者表达我们衷心的谢意。另外，感谢中国农业科学院博士生王琛，北京农学院研究生范宣丽、白燕飞等在教材的组稿、校对过程中所做的大量工作。同时，还要感谢高等教育出版社给予的大力支持。

由于时间仓促、水平所限，书中难免有错误与不足之处，恳请读者批评指正。

编　者

2014年5月

目录

第一章　农村社会经济统计概述 ……001
- 第一节　农村社会经济统计的意义……001
- 第二节　农村社会经济统计的研究对象及范围……002
- 第三节　农村社会经济统计的任务及内容……006
- 第四节　农村社会经济统计组织……009

第二章　农村住户调查……011
- 第一节　住户调查方案……011
- 第二节　农村住户调查方法……032
- 第三节　农村住户调查指标体系……038
- 第四节　农村住户调查分析方法……041

第三章　农村土地资源和固定资产统计……047
- 第一节　农村土地资源统计……047
- 第二节　农村固定资产统计……059

第四章　农作物种植业统计……065
- 第一节　农作物的分类……065
- 第二节　农作物的种植面积统计……068
- 第三节　农作物产量统计……071
- 第四节　农作物产量调查的组织形式……073
- 第五节　种植业统计资料分析……080

第五章　畜牧业统计……085
- 第一节　牲畜头数统计……085
- 第二节　畜群再生产统计……089
- 第三节　畜产品产量统计……093
- 第四节　饲料统计……101
- 第五节　畜牧业抽样调查方案与指标解释……106

第六章　林业、渔业统计……113
- 第一节　林业的统计方法……113
- 第二节　渔业的统计方法……119

第七章　农业总产品统计 ………… 125

第一节　农林牧渔业总产值统计 ……………… 125

第二节　农林牧渔业中间消耗核算方法 ……………… 133

第三节　农林牧渔业增加值的概念与核算方法 ………… 138

第八章　农产品成本与价格统计 … 141

第一节　农产品成本统计 ……… 141

第二节　农产品价格统计 ……… 152

第三节　农产品成本、价格的综合分析 …………… 159

第九章　农村社会经济效益统计 ……………………… 163

第一节　农村社会经济效益的概念 ………………… 163

第二节　农村社会经济效益的基本指标 …………… 165

第三节　各部门经济效益统计及评价 ……………… 167

第十章　农村社会与生态发展的监测系统 …………… 177

第一节　农村全面小康进程监测指标体系 ………… 177

第二节　农村生态服务监测评价体系 ……………… 183

第十一章　农村社会调查类型与方法 ……………… 195

第一节　农村社会调查的类型 …………… 195

第二节　农村社会调查方法 …… 206

第十二章　农村社会调查报告的撰写 ……………… 227

第一节　农村社会调查报告的类型、特点及作用 …… 227

第二节　农村社会调查报告的格式和结构 ………… 230

第三节　农村社会调查报告的撰写 …………… 234

附录1　住户调查主要指标解释 … 241

附录2　相关调查表式 …………… 245

附录3　部分都市农业指标解释 … 255

主要参考文献 ……………………… 259

第一章 农村社会经济统计概述

本章学习目标

通过本章学习,了解农村社会经济统计的相关理论;理解农村社会经济统计的重要意义;熟悉农村统计调查的组织机构;重点掌握农村社会经济统计的研究对象、任务及内容。

本章导读

21世纪以来,我国高度重视"三农"问题。十年一次的农业普查,五年一次的经济普查,都涉及关于农村社会经济统计的问题。农村社会经济统计的意义是什么?农村社会经济统计的对象、任务和内容是什么?农村统计调查的组织机构有哪些?可以带着这些问题进行本章的学习。

第一节 农村社会经济统计的意义

农业是国民经济的基础。这是由于农业是人民基本生活资料的主要来源,是轻工业原料的重要来源和工业品的重要市场,是工业和其他部门劳动力的主要来源,也是国家资金积累的重要来源。

党的二十大报告指出,全面建设社会主义现代化国家,最艰巨最繁重的任务仍然在农村。坚持农业农村优先发展,坚持城乡融合发展,畅通城乡要素流动。加快建设农业强国,扎实推动乡村产业、人才、文化、生态、组织振兴。

农业在我国国民经济和实现经济现代化过程中的重要战略地位,决定了农村统计工作在全国统计工作中的重要地位。它是全面了解农村情况的重要手段，也是制定农村政策、加强宏观调控的主要信息依据。2021年的统计数据显示，我国农村人口，仍占全国总人口的36%左右，农业总产值仅占国内生产总值的16%左右。农村状况对整个国家的各项工作关系极大。所以，农村统计工作搞得好不好，统计数据准确不准确，是直接关系全国统计数据是否准确，能否为党中央、国务院和地方各级党政领导部门决策提供依据，能否为社会各界提供准确统计信息的大问题。因此，认真地做好农村统计工作，不仅是统计部门的一项重要任务，也是农村经济建设中一项重要的基础工作。

自1978年以来，我国农村随着以家庭联产承包责任制和发展商品经济为主题的经济体制改革向前推进，社会经济形势发生了巨大的变化，国民经济各个门类在农村一应俱全，已不是单一的农业生产。农村产业结构不仅由过去单一农作物种植业结构向着农、林、牧、副、渔全面发展，而且经历着农、工、商、建、运、服务业综合经营结构转变。同时农村社会主义市场经济也有了很大发展。这使农村统计范围进一步扩大，内容更为广泛，传统的农业统计内容与方法受到严重挑战。在这种新形势下，以反映农、林、牧、副、渔各业生产为主要内容的农业统计已远远不能适应需要，而以反映农村生产、流通、分配和消费情况为内容的农村经济统计的建立和发展则成为必然。

为了研究农村的特点及其与社会其他组成部分的相互联系，为了研究农村在社会主义现代化建设过程中发生的变化及其与整个社会变化的相互影响，为了研究反映农村社会经济特点及其变化的统计指标体系，为了研究衡量和分析这些变化及影响的统计指标与方法，为了给党和政府制定农村经济政策，编制整个国民经济计划，给农村社会经济发展提供及时、全面、准确的信息，进行农村经济统计是非常必要的。

第二节　农村社会经济统计的研究对象及范围

农村社会经济统计的研究对象是指其研究的客体。明确和了解农村社会经济统计的研究对象和范围，有助于我们学习农村社会经济统计的理论和方法。

一、农村社会经济统计的研究对象

农村社会经济统计是社会经济统计的一个分支学科,它们的研究对象的性质是完全相同的,所不同的是前者的研究对象只是后者研究对象的一部分——农村部分。

社会经济统计的研究对象是大量社会现象的数量方面。按照辩证唯物主义和历史唯物主义的观点,任何现象都是质与量的统一,没有不代表一定的质的量,也没有不表现为一定的量的质。而且社会的发展是有规律性的,统计所研究的大量社会现象的数量方面,都是社会发展规律在具体时间、地点条件下的数量表现。因此,我们可以更完整地表述为:社会经济统计是在质与量的密切联系中研究大量社会现象的数量方面,研究社会发展规律在具体时间、地点条件下的数量表现。根据这样的表述方法,我们可以对农村社会经济统计的研究对象作如下的界定:农村社会经济统计是在质和量的密切联系中,研究农村大量社会经济现象的数量方面,研究农村社会经济规律在具体时间、地点条件下的数量表现。

二、农村社会经济统计的研究范围

农村社会经济统计以农村为范围,研究大量社会经济现象的数量方面。

农村社会经济统计所称的农村,是一个经济学的概念,是以经济发展的程度为标准来划分农村与城市的界限的。经济上不发达的发展中国家,由于历史的原因,工业起步较晚。在这些国家内部,普遍形成少数现代工业集中的城市与广大的经济落后的农村两种地区并存的局面。农村社会经济统计的任务,就是研究农村地区由传统的、单一的农业经济,向现代的农、工、建、商、服务业综合经济发展的过程,研究农村社会各方面所发生的变化,以及农村和城市之间的相互影响。为了全面地观察这个发展的过程,农村社会经济统计所研究的农村范围,应当包括农村以及在农村地区星罗棋布的镇。如果我们按经济发展的程度把整个社会看成一个由农村－镇－城市构成的系统,那么,农村社会经济统计在研究农村工业化过程时,应把农村与城市的分界线划在镇与城市之间,其理由是:

(1)城市经济结构的特征是与农业相分离,而镇的经济结构则与农业及周围的农村紧密相连。

(2) 镇是农村经济发展的生长点,农村经济结构的变化主要体现在镇的工业、商业、服务业等非农产业的发展壮大上。

有人形象地把镇同农村的关系,比作头和脚的关系,叫做"镇头乡脚",这个比喻生动而深刻地说明了镇和农村之间在经济发展中的内在联系。所以,农村社会经济统计在研究农村工业化过程时,把镇和农村划在一起是合理的、必要的。

综上所述,农村社会经济统计在研究农村发展问题时把镇和农村划在一起作为研究的对象范围,并不排斥别的统计学分科把镇单独或同城市划在一起作为它们各自的研究范围。农村社会经济统计指标的计算范围更是情况复杂,同一指标在不同时间、不同使用场合往往采用不同的计算口径。这在社会经济不断发展变化的情况下是难以完全避免的。我们在利用统计资料研究农村社会经济问题,特别是研究社会发展的动态和进行国际对比时,一定要注意弄清各项指标的确切含义和计算方法,努力做到准确无误地应用统计资料,从中得出符合实际的判断和结论。

三、农村社会经济统计和农业统计学

社会经济统计可以分为三大类:① 统计学的基本理论和方法。探讨统计理论的一般问题,包括统计学的性质和任务,统计理论和方法等,且以统计方法为重点。② 专业性统计学,即专门研究社会经济某一特定部门或某一特定领域的社会经济现象的数量方面的统计学。③ 综合性统计学。可分为国民经济统计学和地区性统计学。根据研究经济现象的数量方面的不同区域,地区性统计学可分为城市经济统计学和农村经济统计学。由于它们是以一定地区范围内的经济活动为研究对象,因此又统称为区域性综合统计学,它们的一个共同特点是:既要反映地区范围内主要部门的统计指标体系,又要包括综合性指标,如社会总产值、国民收入、国内生产总值、经济发展速度、经济发展比例及经济效益等指标。

社会经济统计是一门多科性的学科。它的基本分科是:社会经济统计学原理、经济统计学、社会统计学、部门统计学及统计史。在部门统计学中,又分为人口统计学、农业统计学、工业统计学、教育统计学、文化统计学、卫生统计学等。

由此可见,农村社会经济统计与农业统计学是具有一定的区别和联系的两门独立学科。它们同属于社会经济统计学,在研究分析方法上都遵循大量观察法、统计分组法、综合指标法、统计推断法,但两者的研究对象和范围不同。具体地说,农村社会经济统计具有如下特点。

(一) 农村社会经济统计是一门区域性的统计学

农村是一个地区概念,农村社会经济统计活动受地域限制,以农村地域经济作为研究范围。农村经济的运行过程同样包括生产、流通、分配和消费四个领域,而且每一领域的每一部门或方面,都有相应的统计实践与研究活动。因此,农村社会经济统计是以农村为特定领域,研究农村社会经济现象的数量方面,包括农村农业、工业、建筑业、商业、财政金融等部门统计。而农业是一个部门概念,农业统计学是以农业部门为特定领域,研究农业部门社会经济现象的数量方面,是一门部门统计学。

(二) 农村社会经济统计是多层次综合性的统计学

农村社会经济统计的内容是农村各部门、各方面统计方法、统计制度和统计指标的综合概括和理论阐述,它不同于部门统计学,如农业统计学等。部门统计学主要研究本部门内的社会经济现象的数量方面和数量关系。而农村社会经济统计则从农村社会经济角度进行统计研究,来阐明农村宏观经济领域的统计理论与方法。如对农村社会总产值、农村总收入、农村综合经济效益的核算和分析,只有农村经济统计才能完成,任何统计部门(包括农业统计部门)都做不到。

(三) 农村社会经济统计不同于国民经济统计学

国民经济统计学是站在整个国民经济全局的高度,研究对整个国民经济进行统计核算的理论与方法。而农村社会经济统计尽管也要研究宏观经济领域的有关现象,但只是从农村社会经济这个局部出发,不是从国民经济全局出发。而且,农村社会经济统计必须对农村各部门、农村企业甚至农民家庭生产经营或生活消费的情况进行调查和统计分析。如怎样计算牲畜繁殖、增长、增重的产值,如何调查农民家庭收入的来源构成、消费水平和消费结构,如何统计农村的劳动力、固定资产、产值、利润、税收等,这些都是农村社会经济统计回避不了的问题。所以,农村社会经济统计是一门对农村宏观经济、农村各部门经济、农村企业以及农民家庭的经济现象进行多层次统计研究的综合性统计学。

第三节 农村社会经济统计的任务及内容

农村社会经济统计的基本任务是运用各种统计调查方法,全面地、准确地、及时地收集整理农村生产、分配、交换、消费的资料,分析研究生产和扩大再生产的经济活动情况和农村各经济部门的比例关系,为各级领导部门掌握情况、制定政策、指导工作、编制计划提供依据,并检查农村各部门生产计划的执行情况,为社会成员,特别是农村经济组织和广大农村居民提供信息,对农村经济发展起到服务和监督作用。

一、农村社会经济统计的任务

(一) 认真搞好各项国民经济统计年报和定期报表

对各项统计指标,要求高质量、高效率、高水平地完成,严格按照党的实事求是的作风,坚决贯彻执行《中华人民共和国统计法》,反对弄虚作假,注意经常检查数字的真实性,力求统计数字准确,特别是粮食的预产和实产、棉花的实播面积和实产量等重要数字要准确。要认真执行国家统计制度规定的统计范围、指标含义、计算方法、报送期限。对于统计数字的收集、整理、汇总、审核,都要把好质量关,保证准确、及时上报。在完成各项年报和定期报表后,要努力做好有情况、有数字、有分析、有建议的计划执行情况的综合报告和专门报告。

(二) 搞好各项调查和综合分析

农村社会经济统计,既要抓数字,也要抓情况;既要搞统计报表,也要搞专门调查;既要掌握全面数字和情况,也要掌握发展中的典型事例和情况。通过各项统计调查,掌握数字与情况,进行综合分析,提出问题,提出意见,真正起到检查监督的作用。我国的社会主义经济是有计划的商品经济,在农村经济中有指令性计划,也有指导性计划和市场调节。另外,由于农村中存在着多种经济形式,生产经营比较分散,党和政府对农村社会经济的领导,除计划外,还要通过农村社会经济政策来进行。所以,农村社会经济统计要检查和监督农业计划与政策的执行情况。因此,搞好各项调查和综合分析,就是党和国家赋予农村统计部门的光荣职责。

（三）建立健全农村社会经济统计台账制度

这是使农村的基本统计数字准确、及时、全面、系统的重要措施，也是适应社会主义农业现代化建设和农村社会经济发展的需要。把数字的收集、登记、整理工作做好，台账数字要同上期数字对比、分月分季核实，发现差错，及时订正，以使基本统计数字准确、及时。有了台账，上下左右一本账，层层有人管，底数清、质量高，数字真实，为调查研究乡、村基本情况，特别是经常变动的情况提供基本数据，做到心中有数，工作方便。

（四）向社会各方面公布农村社会经济统计资料

提供高质量的农村统计研究成果、统计结果等资料，满足广大农民、农村干部和其他群众对农业生产、经营和其他多种经济部门生产、经营、技术进步等方面的统计信息的需求，动员和鼓励他们为发展商品经济，实现农业现代化而积极地、创造性地劳动和工作。

（五）为深入挖掘发展农业生产的潜力、预测农业发展前景提供信息

农村社会经济统计要全面掌握农业生产和其他生产的统计资料，并全面反映农民物质和文化生活的状况，面向未来，进行探索。因此，农村社会经济统计要开展农村社会经济的各项预测工作，提供各种经济信息，这将有利于农村社会经济的全面发展。

二、农村社会经济统计的内容

我国的农村社会经济统计工作，是随着国民经济的发展和适应各个时期计划管理的需要，逐步建立和发展起来的。农村社会经济在不断地发展变化，用于反映农村社会经济发展进程并预测未来的农村统计的内容，必须随着农村社会经济的发展变化和党政领导指导农村工作的需要，进行必要的调整和充实。

党的十一届三中全会以来，随着农村改革的深入发展，我国农村已出现了农、林、牧、副、渔全面发展，农、工、建、商、服务业综合经营的新格局，整个农村正在由传统农业向现代化农业转化。为了准确、及时、全面地反映农村社会经济发展变化情况，适应党政领导指导农村工作的需要，近年来，经过调整和充实，已逐步把农业生产统计改变为农村经济统计。

按照现行统计制度的规定，农村社会经济统计的基本内容大体包括以下几

个方面。

（一）农村基本情况统计

该统计包括乡（镇）村的组织状况、户数、人口等。通过这些指标，可以反映农村组织和农村居民变化的情况。

（二）农村劳动力统计

该统计反映农村劳动力数量、劳动力的构成变化和转移、利用情况以及对劳动生产率的影响。

（三）农村生产条件统计

该统计包括农业用地面积、农业机械、化肥、农村用电、农田水利、农村固定资产等。通过这些指标，可以反映农业用地面积增减变化，农业现代化的规模、水平、进度和效益情况，反映农村固定资产构成的变化。

（四）农村生产统计

该统计主要反映农业、林业、牧业、渔业和工业的产品产量、商品量。

（五）农村产业结构和生产总规模统计

该统计包括农村社会总产值、农业净产值、农业商品产值等，如农业、农村工业、建筑业、交通运输业、商业产值、农村净产值、农村商品产值、农村各部门增加值统计，以反映农村经济总规模、总水平和发展速度，观察农村产业结构的变化。

（六）农村经济收入分配和经济效益统计

该统计包括总收入、各项费用、税金、提留和纯收入，主要反映农村经济收入与分配以及经济效益的发展变化情况，研究国家、集体和个人之间的分配关系以及消费、积累情况。

（七）农村专业户和新经济联合体统计

该统计主要反映农村专业户、新经济联合体的基本情况、发展规模和发展速度，研究其在发展农村商品经济和提高商品化程度，以及提高经济效益方面所起的作用。

（八）农村住户调查

该统计通过对农民收入和支出及其构成变化情况的调查，反映农村居民物质文化生活和社会生活的发展变化情况。

(九) 农村社会发展情况统计

该统计包括文化、卫生、教育、居住条件和社会福利等项目，如乡卫生院机构数，乡卫生员人数，通电乡数，农村中、小学校数，农村教师人数，农村中、小学校学生人数，通公路乡数及公路里程等指标。

从实践情况看，上述内容基本上可以反映当前农村经济和社会发展情况，但是作为一个完整的农村经济统计指标体系，仍存在较大缺口。今后必须随着农村经济体制改革的深入发展，农村经济专业化、商品化、现代化水平的提高，不断地进行充实、调整和完善，逐步建立一套能反映农村经济综合发展情况和农村物质文明与精神文明建设的科学的、完整的农村经济统计指标体系。

目前，农村统计的调查方法已从过去主要靠全面统计报表一种方法，改变为全面统计、抽样调查、重点调查、典型调查、意向调查等多种方法收集资料。实践证明，在农村统计工作中，采用多种方法取得统计数据，既可以准确、及时地取得各项农村经济统计数据，又可以扩大信息源，丰富统计内容，为统计部门扩大服务领域、开展优质服务创造有利的条件。

第四节 农村社会经济统计组织

农村社会经济统计组织是全国统计组织中的重要组成部分。农村社会经济统计组织主要由三个部分组成。

一、国家统计系统(或称政府统计系统)的农村社会经济统计组织

这包括国家统计局设立的农村社会经济调查司，各省、自治区、直辖市统计局设立的农村经济处或农业处，各地、市、州、县统计局设立的农业科、股，各乡、镇政府设立的统计站，负责提出和实施农村经济统计方法制度，协调和组织全国或本地区的农村统计工作。另外，国家统计局设立有农村抽样调查总队，各省、自治区、直辖市和调查县设有农村抽样调查队，负责组织领导农村住户调查、农产量抽样调查和其他农村经济调查。

二、部门统计系统的农业统计组织机构

这是指国务院和各级人民政府的农业、林业、牧业、渔业、农垦、水利、气象、农机、乡镇企业等部门的统计机构。它们负责完成本部门的统计工作。

三、国有农业、林业、牧业、渔业、企事业和农村集体企业以及农村村民委员会的统计组织或专兼职统计人员

他们负责完成上级统计部门和专业部门布置的统计任务。

各级地方政府统计机构和农业部门的统计机构以及其基层统计组织或统计人员,都必须贯彻执行国家统计局统一制定的农村经济统计方法制度,在保证完成上级布置的统计任务的同时,还要积极开展调查研究,完成各级党政领导所需要的统计任务。

复习思考题

1. 简述农村社会经济统计的重要意义。
2. 农村社会经济统计的研究对象是什么?
3. 农村社会经济统计的研究范围是什么?
4. 农村社会经济统计与农业统计学有什么不同?

第二章 农村住户调查

本章学习目标

通过本章学习,了解住户调查的目的、意义、组织形式、调查内容、调查方法和抽样技术;掌握农村住户调查主要指标的构成;学会利用统计年鉴、统计公报等正式刊物的调查数据分析城乡居民生活水平。

本章导读

"城镇住户调查"和"农村住户调查"是国家统计调查制度的重要组成部分。随着城乡统筹和城镇化建设的深入,从2014年开始,原来独立的"农村住户调查方案"已被取消,城乡一体化的"住户收支与生活状况调查方案"转为正式制度执行。城乡合一的"住户调查"与以往调查方案相比有了哪些新变化?新的住户调查方案中有哪些指标可以更多地关注"三农"问题?新的住户调查从数据收集、数据整理、数据发布到数据分析如何进行?可以带着这些问题进行本章的学习。

第一节 住户调查方案

一、住户调查的制度安排

住户调查是国家统计调查制度的重要组成部分,也是农村经济调查的重要内容。住户调查方案依据《中华人民共和国统计法》,由国家统计局统一编制并领导实施。国家统计局的各调查总队按照住户调查方案,负责组织全国各省、自治区、直辖市的住户调查工作,牵头并会同各省级统计局组织分市县的住户调查,由负责住户调查的专门人员深入样本调查户,在住户日记账的基础上进行审核与汇总。

住户调查,是为了全面、准确、及时了解全国和各地区城乡居民收入、消费及其他生活状况,客观监测居民收入分配格局和不同收入层次居民的生活质量,更好地满足研究制定城乡统筹政策和民生政策的需要,为国民经济、地区经济核算和居民消费价格指数权重制定提供基础数据。

知识链接

住户调查属于国家调查,受统计法的保护和监督。依据《中华人民共和国统计法》的相关规定,必须严格保障住户调查工作的独立性、数据上报的真实性,统计机构和统计人员担负法定职责,依法独立行使调查职权,依法组织实施农村住户调查活动,遵守技术规范,依法管理住户资料,履行保密义务,承担统计违法行为的法律责任。

住户调查对象为中华人民共和国境内的住户,既包括城镇住户,也包括农村住户;既包括以家庭形式居住的户,也包括以集体形式居住的户。无论户口性质和户口登记地,中国居民均以住户为单位,在常住地参加住户调查。

长期以来,住户调查包括农村住户调查和城镇住户调查两大组成部分。由于农村居民和城镇居民具有十分明显的群体差异特征,为了更加关注农户对生产性固定资产和生活性固定资产投资的比重、结构,为各级政府制定农村政策提供基础数据,近年来在住户调查中新增添了"农村住户固定资产投资抽样调查方案"。随着城乡一体化的发展,打破城乡二元结构、加快城镇化建设步伐,成为我国经济社会统筹协调发展的新趋势,住户调查开始经历组织系统和调查内容的深刻变革。从 2014 年开始,取消独立的农村住户调查,将原有的农村住户调查和城镇住户调查合二为一,统一简称为"住户调查",国家统计局颁布了全新的住户调查方案,"住户收支与生活状况调查方案"正式取代了原有的"农村住户调查方案""城镇住户调查方案"和"农村住户固定资产投资抽样调查方案"。

二、住户调查的统计内容

住户调查的内容按照报表的种类,可分成基层年报、基层定报、综合年报和综合定报四种类型。国家统计局统一规定报送时间及表式,基层年报一般要求各省市在12月31日前报送,综合年报在第二年1月10日前报送。定报主要指月报和季报,基层定报一般要求在各季的季末前报送,综合定报一般要求在各季度的季后7日前报送。统计数据的时效性是指要求各地方统计局和国家统计局直属的统计调查总队必须严格遵守报表的报送时间,保证统计数据收集、汇总和上报的及时性。

住户调查是一项有严格制度要求、深入住户的实际调查工作,其调查数据按照国家和地方的宏观经济与社会发展需求,分为分省住户调查和分市县住户调查。分省住户调查内容主要包括居民现金和实物收支情况、住户成员及劳动力从业情况、居民家庭食品和能源消费情况、住房和耐用品拥有情况、家庭经营和生产投资情况、社情基本情况以及其他民生状况等。分市县住户调查中除了可支配收入和消费支出汇总指标的名称、分类标准、计算方法必须与分省住户调查规定相一致,在问卷项目、记账项目、汇总指标等方面在不影响收支汇总情况下可以根据各地方特点予以适当简化和补充。

有比较才能有鉴别,住户调查虽然已将城镇住户和农村住户调查表式分类合并,农户调查比以前增加了不少反映居民生活条件、文化、教育、卫生、社会保障等方面的指标内容,但仍可以通过特定的调查表和分组标志将涉农类的住户和农户生产、生活、收入、支出情况进行分组并分别汇总整理,以利于继续对"三农"问题、对城乡统筹发展和城乡一体化建设进程予以对比分析。

知识链接

根据年报和定报中的行业分类代码、职业分类及代码、户口性质(户口状况)、参加何种养老保险等进行分类比较,可以观察并对比分析涉农的系列指标,其中重点观察的涉农指标包括:农业户口人数、农业自营从业人数、农业经营户比例,惠农补贴,农、林、牧、渔固定资产完成额,农户建房投资情况,第一产业经营净收入等。也可以重点观察农村居民人均可支配收入、农村居民家庭人均可支配收入中位数、农村居民可支配收入基尼系数、农村居民人均纯收入等分析指标的现状和变化。

三、农村住户调查的基本表式

根据住户调查方案,基层和综合的年报、定报共设20种。具体表名见表2-1。

表2-1 住户调查报表目录

表号	表名	报告期别	统计范围
(一)基层年报表式			
T101	住房和耐用消费品拥有情况(B)	年报	调查户
T102	家庭经营和生产投资情况(E)	年报	部分调查户
T103	社区基本情况(F)	年报	调查社区
T104	县(市、区)职工社会保障缴费比例(G)	年报	调查县(市、区)
T105	住宅摸底表(M)	年报	抽中住宅
(二)基层定报表式			
T202	住户成员及劳动力从业情况(A)	季报	调查户
T203	收支情况(C)	季报	部分调查户
T204	现金和实物收支日记账(D)	季报	部分调查户
(三)综合年报表式			
T301	调查户和调查人口基本情况	年报	调查户
T302	居民可支配收入	年报	调查户
T305	居民消费支出	年报	调查户
T306	居民家庭食品消费数量	年报	调查户
T307	居民家庭能源消费数量和金额	年报	调查户
T308	住房和耐用消费品拥有情况	年报	调查户
T309	社区基础设施和居民享有的基本社会服务情况	年报	调查户
T321	农户固定资产投资情况	年报	调查户
T322	农户建房投资情况	年报	调查村
(四)综合定报表式			
T401	调查户和调查人口基本情况	季报	调查户
T402	居民可支配收入	季报	调查户
T403	居民消费支出	季报	调查户

住户调查的综合年报和定报的数据资料大部分源于基层年报和基层定报的汇总整理数,一些重要的分析指标由省级统计局予以汇总整理并统一发布。

年报和定报基本表式包括:

(1) 在调查表的右上方列有表号、制定机关、文号、有效期;

(2) 表名;

(3) 调查对象分层地址和姓名、唯一编码;

(4) 调查期限和调查时间,包括访问开始时间和访问结束时间;

(5) 被访者、访问者、一审人、复审人的姓名、联系电话和签名;

(6) 填报说明;

(7) 调查表的具体内容。

以住户收支与生活状况调查问卷为例,家庭经营和生产投资情况的调查表见表2-2。

表2-2 家庭经营和生产投资情况

表号:T102表
制定机关:国家统计局
文号:国统字××号
有效期至:××年××月

层级	县、市、区	乡、镇、街道	村、居委会	调查小区	住宅	住户
地址/户主姓名						
编码						

年度调查: 年
访问时间

序号	月	日	访问开始时间	访问结束时间
1			时 分	时 分
2			时 分	时 分

被访者姓名:_____ 联系电话:_____
调查员姓名:_____ 调查员编号:_____ 调查员联系电话:_____
问卷一审人签名:_____ 问卷复核人签名:_____

表 2-3~ 表 2-17 列出住户收支与生活状况调查问卷中的基层年报表和基层定报表。

表 2-3 住房基本情况

问题	计量单位	代码	数量
一、期末现住房基本情况			
本住户居住类型：① 普通住宅　② 集体宿舍　③ 工棚　④ 工作地住宿	—	B101	
本住户居住空间样式： ① 单栋楼房　② 单栋平房　③ 四居室及以上单元房 ④ 三居室单元房　⑤ 二居室单元房　⑥ 一居室单元房 ⑦ 筒子楼或连片平房　⑧ 其他	—	B102	
主要建筑材料：① 钢筋混凝土　② 砖混材料　③ 砖瓦砖木　④ 竹草土坯　⑤ 其他	—	B103	
房屋来源：① 租赁公房　② 租赁私房　③ 自建住房 ④ 购买商品房　⑤ 购买房改住房　⑥ 购买保障性住房 ⑦ 拆迁安置房　⑧ 继承或获赠住房　⑨ 免费借用房 ⑩ 雇主提供免费住房　⑪ 其他	—	B104	
建筑面积(保留整数)	平方米	B105	
住宅外道路路面情况：① 水泥或柏油路面　② 沙石或石板等硬质路面　③ 其他	—	B106	
主要饮用水来源：① 经过净化处理的自来水　② 受保护的井水和泉水　③ 不受保护的井水和泉水　④ 江河湖泊水 ⑤ 收集雨水　⑥ 桶装水　⑦ 其他水源	—	B108	
取水位置：① 住宅内管道取水　② 住宅内其他方式取水 ③ 院内管道取水　④ 院内其他方式取水　⑤ 其他位置取水	—	B108_2	
获取饮用水存在哪些困难(可多选)：① 单次取水往返时间超过半小时　② 间断或定时供水　③ 当年连续缺水时间超过15 天　④ 无上述困难	—	B109	
饮用前在家里所采取的主要处理措施：① 煮沸　② 加漂白剂/氯等　③ 使用水过滤器　④ 其他处理措施　⑤ 没有任何水处理措施	—	B110	
厨房使用情况：① 住宅内独用　② 住宅内合用　③ 院内独用　④ 院内合用　⑤ 其他地方独用　⑥ 其他地方合用 ⑦ 无厨房	—	B110_2	

续表

问题	计量单位	代码	数量
厕所类型:① 水冲式卫生厕所(冲入下水道) ② 水冲式卫生厕所(冲入化粪池) ③ 水冲式卫生厕所(冲入防渗厕坑) ④ 水冲式非卫生厕所(冲入其他地方) ⑤ 卫生旱厕 ⑥ 普通旱厕 ⑦ 无厕所(回答②③⑤继续回答问题B111_2,其他请跳至B112)	—	B111	
粪便清掏和处理情况:① 清掏后运送到处理厂 ② 清掏后掩埋在土坑里 ③ 清掏后作为粪肥使用 ④ 清掏后弃置在开放地带 ⑤ 清掏后不知道送到哪里 ⑥ 从未清掏过	—	B111_2	
厕所使用情况:① 住宅内独用 ② 住宅内合用 ③ 院内独用 ④ 院内合用 ⑤ 其他地方独用 ⑥ 其他地方合用 ⑦ 公用厕所	—	B112	
住宅或院内是否有洗手设施以及肥皂和水(访问员需观察确认):① 有洗手设施,并有肥皂和水 ② 有洗手设施,但是没有肥皂或水 ③ 没有洗手设施	—	B112_2	
洗澡设施:① 统一供热水 ② 家庭自装热水器 ③ 其他 ④ 无洗澡设施	—	B113	
主要取暖设备状况:① 由市政或小区集中供暖 ② 自行供暖 ③ 无取暖设备	—	B114	
主要取暖用能源状况:① 柴草 ② 煤炭 ③ 罐装液化石油气 ④ 管道液化石油气 ⑤ 管道煤气 ⑥ 管道天然气 ⑦ 电 ⑧ 燃料用油 ⑨ 沼气 ⑩ 其他 ⑪无取暖行为	—	B115	
主要炊用能源状况:① 柴草 ② 煤炭 ③ 罐装液化石油气 ④ 管道液化石油气 ⑤ 管道煤气 ⑥ 管道天然气 ⑦ 电 ⑧ 燃料用油 ⑨ 沼气 ⑩ 其他 ⑪无炊用行为	—	B116	
以下二至五部分仅由家庭居住户(不含住家保姆、住家家庭帮工)填答			
二、自有现住房情况(现住房为自有房者,即B104选③-⑧者回答)			
自有现住房建筑年份	—	B117	
自有现住房市场价估计值	万元	B118	
同类住房的市场价月租金	元	B119	
现住房购(建)房时间	—	B120	
购(建)房总金额	万元	B121	
购(建)房时借贷款总额(不含利息)	万元	B122	

续表

问题	计量单位	代码	数量
其中:按揭贷款	万元	B123	
购(建)房时借贷款总利息	万元	B124	
借贷款还款总年限	年	B125	
现在是否还在还款:① 是 ② 否	—	B126	
三、租赁房实际月租金(现住房为租赁房者,即B104选① ②者回答)	元	B127	
四、期内新建住房情况(仅村委会范围中新建住房者回答)			
竣工建筑面积	平方米	B144	
建房总费用	万元	B145	
建房资金来源	—	—	—
① 银行、信用社贷款	万元	B146	
② 亲友借款	万元	B147	
③ 自筹资金	万元	B148	
④ 其他资金	万元	B149	
五、期内住房大修或装修费用	万元	B150	

表2-4 耐用消费品拥有情况(B2)

问题	计量单位	代码	数量	问题	计量单位	代码	数量
1. 家用汽车	辆	B201		12. 固定电话	线	B215	
2. 摩托车	辆	B202		13. 移动电话	部	B216	
3. 助力车	台	B203		其中:接入互联网	部	B217	
4. 洗衣机	台	B204		14. 计算机	台	B218	
5. 电冰箱(柜)	台	B205		其中:接入互联网	台	B219	
6. 微波炉	台	B206		15. 照相机	台	B221	
7. 彩色电视机	台	B207		16. 中高档乐器(500元以上)	架	B222	
8. 空调	台	B209		17. 健身器材	台	B223	
9. 热水器	台	B210		18. 空气净化器(含新风系统)	台	B225	
10. 洗碗机	台	B213		19. 吸尘器	台	B226	
11. 排油烟机	台	B214					

表 2-5 补充资料 1:年末粮食结存

问题	计量单位	代码	数量	问题	计量单位	代码	数量
1. 小麦	千克	X1		5. 玉米	千克	X5	
2. 面粉	千克	X2		6. 玉米面	千克	X6	
3. 稻谷	千克	X3		7. 其他原粮	千克	X7	
4. 大米	千克	X4		8. 其他加工粮	千克	X8	

表 2-6 补充资料 2:现住房房屋状况

问题	计量单位	代码	数量
住户现住房所处场地:① 经常出现滑坡、地裂、地陷、泥石流、崩塌以及岩溶等危险情况的地段 ② 暗坡边缘、浅层故河道及暗埋的塘、浜、沟等场地 ③ 已经有明显变形下陷趋势的采空区 ④ 无上述情况	—	X21	
住户现住房安全状况:① A 级:安全 ② B 级:比较安全 ③ C 级:危险 ④ D 级:严重危险	—	X22	
住宅地面是否经常有泥土、沙土、畜禽粪便等脏东西:① 是 ② 否	—	X23	

表 2-7 补充资料 3:住户拥有企业经营状况

问题	计量单位	代码	数量
本住户或住户成员是否拥有个人独资企业:① 是 ② 否(选② 跳答 X33)	—	X31	
在过去的一年内,企业税后净利润是多少万元?	—	X32	
本住户或住户成员是否拥有合伙企业:① 是 ② 否(选② 结束调查)	—	X33	
在过去的一年内,属于本住户或住户成员合伙经营利润分成的税后金额是多少万元?	—	X34	

表 2-8　农业经营基本情况(E1)

(填报对象:农业生产经营户(含农业、林业、畜牧业、渔业和农、林、牧、渔专业及辅助性活动经营户))

问题	计量单位	代码	数量	问题	计量单位	代码	数量
一、家庭实际经营土地情况	—	—	—	其中:设施水果播种面积	亩	E124	
期末实际经营土地面积	—	—	—	(三)农业生产技术应用情况	—	—	—
1. 耕地面积	亩	E107		1. 机耕面积	亩	E125	
其中:有效灌溉面积	亩	E108		2. 机播面积	亩	E126	
2. 林地面积	亩	E109		3. 机收面积	亩	E127	
3. 园地面积	亩	E110		4. 机电灌溉面积	亩	E128	
4. 牧草地面积	亩	E111		三、主要农业生产性固定资产数量	—	—	—
5. 养殖水面面积	亩	E112		1. 生产性用房及建筑物	平方米	E129	
二、土地种植情况	—	—	—	2. 大中型农用拖拉机	台	E130	
(一)主要粮食播种面积	—	—	—	3. 小型农用拖拉机	台	E131	
1. 小麦播种面积	亩	E113		4. 农用排灌动力机械	台	E132	
2. 水稻播种面积	亩	E114		5. 插秧机	台	E133	
3. 玉米播种面积	亩	E115		6. 收割机	台	E134	
4. 大豆播种面积	亩	E116		7. 脱粒机	台	E135	
5. 薯类播种面积	亩	E117		8. 产品畜	头	E137	
(二)主要经济作物播种面积	—	—	—	9. 其他农业生产性固定资产	台	E138	
1. 棉花播种面积	亩	E118		四、期末农业生产性固定资产原价	—	—	—
2. 油料作物播种面积	亩	E119		(一)农业固定资产原价	元	E139	
3. 糖料作物播种面积	亩	E120		其中:生产性用房及建筑物	元	E140	
4. 蔬菜播种面积	亩	E121		役畜	元	E141	
其中:设施蔬菜播种面积	亩	E122		农业设施	元	E142	
5. 水果播种面积	亩	E123		农业机械	元	E143	

续表

问题	计量单位	代码	数量	问题	计量单位	代码	数量
(二)林业固定资产原价	元	E144		(一)自建农业生产性用房	—	—	—
其中:生产性用房及建筑物	元	E145		建筑面积	平方米	E152	
机械设备	元	E146		价值	元	E153	
(三)牧业固定资产原价	元	E147		(二)固定资产投资和资金来源	—	—	—
其中:生产性用房及建筑物	元	E148		固定资产投资总额	元	E154	
产品畜	元	E149		其中:银行、信用社贷款	元	E155	
(四)渔业固定资产原价	元	E150		亲友借款	元	E156	
(五)农、林、牧、渔专业及辅助性活动固定资产原价	元	E151		自筹资金	元	E157	
五、期内农业生产性固定资产投资及资金来源	—	—	—	其他资金	元	E158	

表2-9 非农产业固定资产投资情况(E2)

(填报对象:非农产业生产经营户)

问题	计量单位	代码	金额
一、期末非农产业固定资产原价			
1. 采矿业	元	E201	
2. 制造业	元	E202	
3. 电力、热力、燃气及水生产和供应业	元	E203	
4. 建筑业	元	E204	
5. 批发和零售业	元	E205	
6. 交通运输、仓储和邮政业	元	E206	
7. 住宿和餐饮业	元	E207	
8. 房地产业	元	E208	

续表

问题	计量单位	代码	金额
9. 租赁和商务服务业	元	E209	
10. 居民服务、修理和其他服务业	元	E210	
11. 其他行业	元	E211	
二、期内非农产业固定资产投资及资金来源			
(一)固定资产投资总额	元	E212	
(二)固定资产投资构成	—	—	—
1. 生产性用房及建筑物	元	E213	
2. 机械设备	元	E214	
3. 其他	元	E215	
(三)固定资产投资资金来源	—	—	—
1. 银行、信用社贷款	元	E216	
2. 亲友借款	元	E217	
3. 自筹资金	元	E218	
4. 其他资金	元	E219	

表 2-10 社区基本情况表(F)

问题	计量单位	代码	数量
(一)以下内容按自然村或居委会填报			
本社区的土地性质主要属于：① 国有土地　② 集体土地	—	F101	
本社区是否通公路？　① 是　② 否	—	F102	
本社区能否便利地乘坐公共汽车？　① 是　② 否	—	F103	
本社区是否通电？　① 是　② 否	—	F104	
本社区是否通电话？　① 是　② 否	—	F105	
本社区能否接收有线电视信号？　① 能　② 否	—	F106	
本社区饮用水是否经过集中净化处理？　① 是　② 否	—	F107	
本社区主要饮用水水源中是否含有化学污染？ ① 高氟　② 高砷　③ 其他化学污染·④ 没有化学污染	—	F108	
本社区是否开通了管道燃气？　① 是　② 否	—	F109	
本社区是否有市政或小区集中供暖？　① 是　② 否　③ 不适用	—	F110	

续表

问题	计量单位	代码	数量
进入社区道路的路面状况：① 水泥或柏油路面　② 沙石或石板等硬质路面　③ 其他	—	F111	
社区内主要道路路面状况：① 水泥或柏油路面　② 沙石或石板等硬质路面　③ 其他	—	F112	
社区内主要道路是否有路灯？　① 是　② 否	—	F113	
社区内垃圾是否能够做到集中处理？　① 是　② 否	—	F114	
社区内是否有健身器材？　① 是　② 否	—	F115	
社区内是否有绿化园林景观设计？　① 是　② 否	—	F116	
社区是否有卫生站(室)？　① 是　② 否	—	F117	
上幼儿园或学前班的便利程度如何？① 社区内有,且便利　② 社区内无,但入园较便利　③ 不便利	—	F118	
上小学的便利程度如何？　① 社区内有,且便利　② 社区内无,但入学较便利　③ 不便利	—	F119	
社区是否在本年度发生过盗窃或其他刑事案件？　① 是　② 否	—	F120	
社区是否有专职安全保卫人员？　① 是　② 否	—	F121	
本社区是否通宽带？　① 是　② 否	—	F122	
(二)以下内容按行政村填报			
本村所处地势：① 平原　② 丘陵(半山区)　③ 山区	—	F123	
本村是否为少数民族村？　① 是　② 否	—	F124	
本村是否开展退耕还林还草工作？　① 是　② 否	—	F125	
本村到最近县城的距离：	千米	F126	
本村到最近乡镇的距离(位于乡镇政府驻地则填999)：	千米	F127	
本村到最近火车站/汽车站/码头的距离：	千米	F128	
本村到最近邮局的距离：	千米	F129	
本村到最近集市的距离：	千米	F130	
本村是否有拥有合法行医证的医生？　① 是　② 否	—	F132	
本村是否有合格接生员？　① 是　② 否	—	F133	
本村是否有政府组织的文艺演出下乡、电影放映等文化服务？　① 是　② 否	—	F134	
本村到最近快递收发点的距离：	千米	F135	

表 2-11 县(市、区)职工社会保障缴费比例(G)

问题		计量单位	代码	适用对象			
				行政(参公)单位	事业单位	国有企业	其他企业
				1	2	3	4
养老保险	单位缴费比例	%	G101				
	个人缴费比例	%	G102				
医疗保险	单位缴费比例	%	G103				
	个人缴费比例	%	G104				
失业保险	单位缴费比例	%	G105				
	个人缴费比例	%	G106				
工伤保险	单位缴费比例	%	G107				
生育保险	单位缴费比例	%	G108				
住房公积金	单位缴费比例	%	G109				
	个人缴费比例	%	G110				

表 2-12 住宅基本信息(M1)

指标	代码	数量
住宅类型:① 普通住宅(继续填答 M102) ② 集体宿舍 ③ 工棚 ④ 工作地住宿(选②③④ 跳答 M105)	M101	
本住宅的建筑样式:① 单栋楼房 ② 单栋平房 ③ 四居室及以上单元房 ④ 三居室单元房 ⑤ 二居室单元房 ⑥ 一居室单元房 ⑦ 筒子楼或连片平房 ⑧ 其他	M102	
本住宅的建筑面积(保留整数,单位:平方米):	M103	
本住宅的市场估值(单位:万元):	M104	
本住宅的居住情况:		
① 有人居住,能联系上(继续填写)	② 有人居住,联系不上 ③ 无人居住的空宅 ④ 非调查对象(如商用、外籍人口等)(结束调查)	M105	
本住宅总的住户数 (集体居住的情况,一人视为一户;住家保姆或住家家庭帮工视为单独的一户)	M106	

表 2-13 住户基本信息（M2）

指标	代码	住户（列数不足时附加新表）		
住户顺序码（如果住宅所有者居住在本住宅内，则将其编为 1 号）	M200	1	2	3
本户是独户居住还是与他人合住？① 独户居住 ② 与他人合住，但本户有独立房间 ③ 与他人合住在同一房间	M201			
本住户是否接受摸底调查？① 是 ② 否（选②结束调查）	M202			
户主姓名	M203			
联系电话	M204			
本住户与本宅的关系：① 本宅所有者 ② 承租户 ③ 借住本宅 ④ 住家保姆或住家家庭帮工 ⑤ 其他（请说明_____）	M205			
户主的户口登记地：① 本村（居委会） ② 村外乡（镇、街道）内 ③ 乡外县（区）内 ④ 县外市内 ⑤ 市外省内 ⑥ 省外 ⑦ 其他	M206			
本住户经常居住的有几个人？	M207			
其中：60 岁及以上人数	M208			
行政事业单位在职或村干部人数	M209			
大专及以上文化程度人数	M210			
本住户是否从事农业生产经营活动？① 是 ② 否	M211			
本住户是否从事非农生产经营活动？① 是 ② 否	M212			
本住户家用汽车的拥有情况：① 拥有 20 万元以上的汽车 ② 拥有 10 万~20 万元的汽车 ③ 拥有 10 万元以下的汽车 ④ 没有汽车	M213			
您家去年全部净收入是多少元？（包括工资、奖金、务工报酬，扣除生产经营成本后的经营净收入，利息红利、出租房屋净收入，养老金、离退休金、社会救济和生活补贴等。请调查员协助调查户回忆填答，精确到千元即可）	M214			
本住户是否为退耕还林（草）户：① 是 ② 否	M215			
本住户是否为低保户：① 是 ② 否	M216			
本住户是否为或曾为建档立卡户？① 国定标准建档立卡户 ② 省定标准建档立卡户 ③ 否（选③结束调查）	M217			
贫困户退出年份：① 2015 年年底 ② 2016 年年底 ③ 2017 年年底 ④ 2018 年年底 ⑤ 2019 年年底 ⑥ 2020 年年底 ⑦ 尚未退出 ⑧ 不清楚	M218			

表 2-14 住户成员基本情况（A1）

（填报对象：所有住户成员，包括经常在本住户居住或者与本住户共享收入的人员。不包括寄宿者）

问题	代码	住户成员						
成员代码	A100	户主1	2	3	4	5	6	7
姓名	A101							
本期住户成员变动情况：① 不变 ② 增加 ③ 减少 ④ 不适用（开户调查时）	A102							
与本住户户主的关系：① 户主 ② 配偶 ③ 子女 ④ 父母 ⑤ 岳父母或公婆 ⑥ 祖父母 ⑦ 媳婿 ⑧ 孙子女 ⑨ 兄弟姐妹 ⑩ 其他	A103							
性别：① 男 ② 女	A104							
出生年月（年份按四位填写，月份按两位填写，先写年份后写月份，例如198608）：	A105							
民族：① 汉族 ② 壮族 ③ 回族 ④ 苗族 ⑤ 维吾尔族 ⑥ 蒙古族 ⑦ 藏族 ⑧ 满族 ⑨ 其他民族	A107							
户口登记地：① 本村（居委会） ② 村外乡（镇、街道）内 ③ 乡外县（区）内 ④ 县外市内 ⑤ 市外省内 ⑥ 省外（请参照"地区代码"接填写两位省码） ⑦ 其他	A108							
户口性质：① 农业户口 ② 非农业户口 ③ 2006年以后由农业户口转为非农业户口 ④ 其他	A109							
健康状况：① 健康 ② 基本健康 ③ 不健康,但生活能自理 ④ 生活不能自理	A110							
参加何种医疗保险？（可多选）① 新型农村合作医疗 ② 城镇职工基本医疗保险 ③ 城乡居民基本医疗保险 ④ 公费医疗 ⑤ 商业医疗保险 ⑥ 其他医疗保险 ⑦ 没有参加任何医疗保险	A111							

续表

问题	代码	住户成员					
是否在校学生(6周岁及以上填写)： ① 由本住户供养的在校学生　② 不由本住户供养的在校学生　③ 非在校学生	A112						
受教育程度(6周岁及以上填写)： ① 未上过学　② 小学　③ 初中　④ 高中　⑤ 大学专科　⑥ 大学本科　⑦ 研究生	A113						
婚姻状况(15周岁及以上填写)： ① 未婚　② 有配偶　③ 离婚　④ 丧偶	A114						
是否持证残疾人？① 是　② 否	A120						
过去三个月在本住宅居住的时间(月,保留一位小数)：	A115						
过去三个月是否每月都到其他自有或租借的普通住宅(不包括工棚、集体宿舍、帐篷船屋等)中居住？ ① 是　② 否	A116						
过去三个月是否每月都到本住宅居住一天以上？ ① 是　② 否	A117						
未来三个月中,是否打算在本住宅居住时间超过一个半月？① 是　② 否	A118						
是否常住成员？(由调查员判定)① 是　② 否 满足下列三种情况之一可判定为常住成员： (a) A115≥1.5 或 A118=1；即过去三个月或未来三个月居住时间超过一个半月的人 (b) A116=2 且 A117=1；包括在外居住在工棚、集体宿舍、工作场所、帐篷船屋等且每月都回本住宅居住的人 (c) A112=1；由本住户供养的在校学生	A119						
身高(厘米)(仅在每年年末采集,季度不作更新)(保留整数)：	A122						
体重(千克)(仅在每年年末采集,季度不作更新)(保留整数)：	A123						
户主的身份证号码：	A121						

表 2-15　劳动力从业情况（A2）

（填报对象：16 岁及以上非在校学生住户成员）

问题	代码	住户成员			
成员代码：	A200				
姓名（按照 A1 表上的住户成员姓名对应誊写）：	—				
是否离退休人员？① 行政事业单位离退休人员　② 其他单位离退休人员　③ 非离退休人员	A201				
参加何种养老保险？（可多选）① 城镇职工基本养老保险　② 城乡居民基本养老保险　③ 企业年金（职业年金）　④ 商业养老保险　⑤ 其他养老保险　⑥ 没有参加任何养老保险	A202				
是否丧失劳动能力？① 是（结束该成员调查）　② 否	A203				
本季度是否从业过？① 是　② 否（结束该成员调查）	A204				
本季度主要的就业状况：① 雇主　② 公职人员　③ 事业单位人员　④ 国有企业雇员　⑤ 其他雇员　⑥ 农业自营　⑦ 非农自营	A205				
本季度从事的主要行业（填写行业分类代码）：	A206				
本季度从事的主要职业（填写职业分类代码）：	A207				
本季度从事所有工作的总时间（月，保留一位小数）：	A208				
您认为自己主要属于下列哪个群体？（单选）① 技能人才　② 新型职业农民　③ 科研人员　④ 小微创业者　⑤ 企业经营管理人员　⑥ 基层干部　⑦ 有劳动能力的困难群体　⑧ 不属于以上群体	A211				
您认为自己还属于下列哪个群体？（单选）① 技能人才　② 新型职业农民　③ 科研人员　④ 小微创业者　⑤ 企业经营管理人员　⑥ 基层干部　⑦ 有劳动能力的困难群体　⑧ 不属于以上群体	A212				
您拥有的与当前职业相关的最高技能等级证书或职业技能证书（单选）：① 初级技能证书　② 中级技能证书　③ 高级技能证书　④ 无技能证书	A213				
您拥有的与当前职业相关的最高技术职称（单选）：① 初级技术职称　② 中级技术职称　③ 高级技术职称　④ 无技术职称	A214				

表 2-16　收入和非消费性支出(C1)

(填报对象：集体居住户、住家保姆、住家家庭帮工和记账确有困难的家庭居住户)

问题	计量单位	代码	住户成员或家庭				
成员代码(由调查员根据问卷 A 填写,与 A 卷保持一致):	—	C100					99(家庭)
成员姓名:	—	C101					
在过去的三个月,如果您有以下的收支项目,请填写相应的金额	—	—					
一、工资性收入	—	—					
(一)单位或雇主提供的现金收入	—	—					
1. 工资(含奖金津贴、单位代扣的个税、个人缴纳的社会保障支出和住房公积金)	元	C102					
2. 其他现金福利(如过节费、相当于现金的通用购物卡等)	元	C103					
(二)单位或雇主免费或低价提供实物产品和服务的补贴折价	—	—					
1. 实物产品补贴折价(如食品、保健品、床上用品、小家电等)	元	C104					
2. 工作餐补贴折价	元	C105					—
3. 住宿补贴折价(含水电费、取暖费、物业费等)	元	C106					
4. 其他服务补贴折价(如免费和低价的班车、旅游等)	元	C107					
(三)零星或兼职劳动收入	—	—	—	—	—	—	—
1. 零星或兼职劳动中得到的现金收入(包括工资、津贴、奖金和现金福利)	元	C108					—
2. 实物补贴折价(如食品、保健品、小家电、免费或低价提供的工作餐和住宿)	元	C109					
二、经营净收入(扣除生产经营费用、生产税、生产性固定资产折旧等成本后得到的净收入)	—	—	—	—	—	—	—
(一)第一产业经营净收入	元	C110					

续表

问题	计量单位	代码	住户成员或家庭				
(二)第二产业经营净收入	元	C111					
(三)第三产业经营净收入	元	C112					
三、财产性收入(包括利息收入、红利、储蓄性保险净收益、出租房屋净收入和出租其他资产净收入等)	元	C113	—	—	—	—	—
四、转移性收入	—	—	—	—	—	—	—
1. 养老金或离退休金(包括现金或实物、卡券等形式)	元	C114					—
2. 社会救济和政策性生活补贴(包括现金或实物形式提供的低保金、抚恤金、救灾款、各种政策性生活补贴等)	元	C115					—
3. 报销医疗费	元	C116					—
4. 赡养收入	元	C117	—	—	—	—	—
5. 其他(如定期得到的捐赠或赔偿收入等)	元	C118	—	—	—	—	—
五、部分非消费性支出	—	—	—	—	—	—	—
1. 生活贷款利息支出(如住房贷款、汽车贷款等利息支出,不含本金)	元	C119	—	—	—	—	—
2. 个人所得税	元	C120					—
3. 个人缴纳的社会保障支出	—	—					—
其中:养老保险	元	C121					—
医疗保险	元	C122					—
失业保险	元	C123					—
住房公积金	元	C124					—
4. 外来从业人员寄给家人的支出	元	C125					—
5. 赡养支出	元	C126	—	—	—	—	—
6. 其他转移性支出(如经常性的捐赠或赔偿支出等)	元	C127	—	—	—	—	—

表2-17 消费支出（C2）

（填报对象：集体居住户、住家保姆、住家家庭帮工和记账确有困难的家庭居住户）

问题	计量单位	代码	数量
在过去的三个月，您家一起居住、分享生活消费的共有几个人？	人	C201	
在过去的三个月，您家在生活消费方面花了多少钱？生活消费仅包括现金购买。请根据以下的消费项目，填写相应的金额	—	—	—
一、食品烟酒	—	—	—
1. 伙食（包括购买米面、肉类、蔬菜、点心、饮料等食品以及在外就餐的支出）	元	C202	
2. 烟酒	元	C203	
二、衣着（包括服装和鞋类）	元	C204	
三、居住（包括房租，水、电、煤气费，物业费，取暖费等）	元	C205	
四、生活用品及服务	—	—	—
1. 家具和家用电器（如家具、冰箱、空调、微波炉等）	元	C206	
2. 日用杂品（如床上用品、装饰品、锅碗、洗浴用品、洗涤剂、电池、化妆品、剃须刀等）	元	C207	
五、交通通信	—	—	—
1. 交通工具（如购买汽车、电动车、自行车等）	元	C208	
2. 交通费及其他（如机票、火车票、船票、汽车票、出租车费、燃料费、维修费等）	元	C209	
3. 通信工具（如购买手机、电话等）	元	C210	
4. 通信服务费（如邮费、电话费、手机费、上网费等）	元	C211	
六、教育文化娱乐	—	—	—
1. 教育（包括教育培训费，以及随迁子女购买教材与参考书费用、学杂费、赞助费等）	元	C212	
2. 文化娱乐（包括购买电视、音响、照相机、计算机、乐器、书报杂志及健身、旅游等）	元	C213	
七、医疗保健	—	—	—
1. 医疗器具和药品	元	C214	
2. 门诊和住院总费用（含药费、化验费、诊疗费等）	元	C215	
八、其他用品及服务	—	—	—
1. 其他个人用品（包括首饰、手表等）	元	C216	
2. 其他服务（包括旅馆住宿、美容美发、洗浴等）	元	C217	

调查表的结尾,常有必要的指标解释与填表说明。

住户收支与生活状况调查问卷填表说明

一、填报对象

问卷由从事生产经营活动的调查户填报。其中:

1. 农业经营基本情况:调查农业生产经营户。
2. 非农产业固定资产投资情况:调查非农产业生产经营户。

如果住户年内没有从事过经营活动,则不需填写该调查问卷;如果住户本年仅经营过农业(包括农业、林业、牧业、渔业及农林牧渔服务业),则只需填写1表;如果住户本年仅经营过非农产业,则只需填写2表;如果住户本年既经营过农业,又经营过非农产业,则需同时填写1表和2表。

每一抽中样本,使用唯一编码。在调查期内,样本编码始终保持不变。编码一共有六级20位。第一级为6位县、市、区编码;第二级为3位乡、镇、街道编码;第三级为3位村、居委会编码;第四级为3位调查小区编码;第五级为3位住宅编码;第六级为2位住户编码。

二、固定资产的界定

在家庭或个人从事的生产经营活动中,所拥有的使用期限在两年及以上、单位价值在1 000元以上的房屋建筑物、机器设备、器具工具、役畜、产品畜等资产应作为固定资产统计。固定资产原价按照当初固定资产的购进价或建购价来记录。

三、注意事项

关于土地种植情况,不在本问卷列出的粮食和经济作物类别之内的作物,则不需填报。

第二节　农村住户调查方法

一、住户调查样本抽选方法

(一)明确抽样总体

住户调查的抽样总体是中华人民共和国境内的所有住户,无论是本地户籍还是外地户籍,无论是农业户籍还是非农业户籍,无论是以家庭形式居住还是以集体形式居住。但抽样总体中不包括在校学生宿舍、福利院、养老院、监狱、军营等公共机构内以集体形式居住的住户,也不包括全部由非中国公民组成的住户。

住户调查的调查对象是在抽样总体中遵循多阶段分层随机等距抽样原则,按照抽样框的设计进行抽样。

(二) 设计抽样框

抽样框设计是组织大规模抽样调查的必要前提。住户调查使用第七次全国人口普查中普查小区名录及基本情况作为全国统一的抽样框。编制抽样框时，对常住人口过少的普查小区进行合并，将普查小区和合并后的普查小区统称为调查小区。抽样框信息包括每个调查小区的地址代码、名称、城乡代码、人口数、住户类别、受教育程度、住房和劳动力就业行业和职业等指标。

在正式抽样前，需要对原有的抽样框进行清理、更新、维护和合并。分省住户调查样本和分市县住户调查样本使用统一的抽样框。

(三) 两个层次的抽样方法

1. 分省住户调查样本的抽选方法

分省住户调查样本的抽选，以省为总体，采用分层、多阶段、与人口规模大小成比例（PPS 抽样方法）和随机等距抽样相结合的方法抽选住宅，并对抽中住宅内的住户进行调查。

知识链接

PPS 抽样方法是指按概率比例抽样，即在多阶段抽样中，尤其是二阶段抽样中，初级抽样单位被抽中的概率取决于其初级抽样单位的规模大小。初级抽样单位规模越大，被抽中的概率就越大；初级抽样单位规模越小，被抽中的概率就越小。它就是将总体按一种准确的标准划分出容量不等的具有相同标志的单位在总体中不同比率分配的样本量进行的抽样。其抽选样本的方法有汉森－赫维茨方法、拉希里方法等。

每个省分市区和县域两层分别进行抽样。市区层包括所有市辖区，按区分层，在每个市辖区内采用二阶段抽样方法，即从每个区抽调查小区，从抽中的调查小区抽住宅。在抽中调查小区内抽选住宅时，需要对抽中调查小区绘制调查小区地图，调查小区地图的绘制要尽量与第七次全国人口普查的普查小区图保持一致。对调查小区内的所有建筑物进行住宅清查，对所有符合要求的住宅进行摸底调查,整理形成住宅抽样框。用随机等距方法抽选固定数量的住宅,即按照选定的随机起点和固定抽样距离抽选住宅样本。抽中住宅落实调查户。抽中住宅中,1宅1户的,调查1户;1宅多户的,随机抽取2户进行调查。

2. 分市县住户调查的抽样方法

分市县住户调查以市或县为抽样总体,包括县和县级市,采用三阶段抽样,即从县域层中抽调查县,从调查县抽选村级单位并确定调查小区,从抽中的调查小区内抽住户。部分县(县级市)个数较小的省(自治区、直辖市)不再区分市区层和县域层,在每个区县内抽选村级单位并确定调查小区,抽中的调查小区内抽住户。

知识链接

在分市县抽样调查中,需要在原抽样框中剔除分省调查所抽中的调查小区,再使用相同的抽样方法,补充抽取分市县调查所需要的调查小区、调查住宅和调查户。分省调查样本和分市县补充调查样本共同构成分市县调查样本。在没有分省调查样本的县,使用相同的抽样方法,直接抽取分市县调查所需要的全部调查小区、调查住宅和调查户。

(四) 样本量的确定

1. 分省住户调查样本量的确定方法

根据各省人口规模、居民收支的差异程度和城乡收支数据抽样精度要求,综合考虑住户收支与生活状况调查的经费情况、各省调查力量的配置情况和调查组织方式,确定各省的样本量,全国共约16万户。

省内市区层与县域层之间、层内各区县的样本量分配主要考虑人口规模、收支差异和最低样本量要求。

分市县住户调查要达到规定的抽样精度,以市为总体,需要1 000户左右样本;以县为总体,需要200户左右样本。但在人力、物力不足时,简单增加样本量,会弱化调查辅导和数据审核,增加非抽样误差,并不必然提高分市县调查结果的精度。因此,各市县可综合考虑收支差异、精度要求和调查能力,合理提出样本量需求。建议：各区县分城乡的样本量最好都在 50 户以上；当城镇（农村）样本量占比不足 30% 时，不公布城镇（农村）居民收支数据。各市县具体样本量由各调查总队组织确定。

2. 调查小区住宅样本量的确定

分省住户调查样本设计周期为 5 年，即 2021 年到 2025 年。2020 年计划一次性抽出 5 年使用的调查小区样本，5 年内保持不变。每年在抽中的调查小区内进行住宅样本的轮换。每个调查小区设计住宅样本量为 10 宅。抽中住宅在调查期内由于各种原因无法参与调查时，在记录首次抽中样本接触结果的基础上，按照一定的替换原则进行住宅替换。抽中调查小区中样本住宅的调查周期为 2 年，每年轮换 50% 的样本住宅。

为达到以上样本轮换设计要求，住户调查将采取如表 2-18 所示的模式进行轮换。

表 2-18 农村住户调查的样本轮换方法

年份	轮换组 1	轮换组 2	轮换组 3	轮换组 4	轮换组 5	轮换组 6
第一年	1	2				
第二年		2	3			
第三年			3	4		
第四年				4	5	
第五年					5	6

按照随机等距方法抽出 6 个样本轮换组，依次定义为 1、3、5、2、4、6 组。第一年样本组 1、2 组接受调查；第二年 2、3 组接受调查；第三年 3、4 组接受调查；第四年 4、5 组接受调查；第五年 5、6 组接受调查。分市县住户调查的样本轮换频率最好与分省住户调查一致。

由于 2020 年需一次性抽出 6 个样本轮换组，因此 2020 年抽选样本住宅时，一次性抽中的样本住宅数应为每年设计住宅样本量的 3 倍。

抽选样本住宅实例步骤：

假定某调查小区所形成的住宅抽样框资料中，共有 93 户住宅，最终确定的住宅样本量为 30 户住宅。

第一步,确定抽样间距。抽样间距 =93/30=3.1,保留一位小数,不能取整数。

第二步,确定随机起点。假设随机系数定为0.65,需四舍五入保留一位小数,即0.7。随机起点 =0.7×3.1=2.17≈2.0。

第三步,确定样本住宅。以随机起点四舍五入取整后(顺序码为2)为第一个抽中住宅,再以随机起点为基点,依次增加一个抽样间距(3.1),四舍五入取整后得到其他抽中住宅的顺序码,即 2.0+1×3.1≈5、2.0+2×3.1≈8、2.0+3×3.1≈11、2.0+4×3.1≈14、2.0+5×3.1≈18……即编码为 2、5、8、11、14、18……的住户作为抽中的样本住宅。

第四步,分配轮换组编号。按照1、3、5、2、4、6的顺序,依次对抽中住宅编码分配轮换组编号,分成六个组别,通过按年度进行样本组轮换进行实际调查。

(五)加权

全国、省、市、县各级汇总结果根据分户基础数据、采用加权汇总方式生成。各级汇总权数由国家统计局统一制定。

二、农村住户调查工作要求

(一)住户调查的数据处理

住户调查的数据处理是一个严肃、科学的数据处理过程,需要按照一定的程序和规范进行,包括数据审核、加权、汇总和评估。分省住户调查样本和国家调查县所有样本的基础数据由各调查总队直接审核,汇总后提供给省级统计局。分市县调查中的其他扩充样本的基础数据由调查总队牵头,会同省级统计局审核。全国、省、市、县各级汇总结果根据分户基础数据,采用加权汇总方式生成。各级汇总权数由国家统计局统一制定。国家统计局根据分省调查样本数据和相应权数汇总生成全国和分省数据。各调查总队根据分市县调查样本数据和相应权数汇总生成分市县数据。

国家统计局对分省调查结果进行审核评估,各调查总队牵头并会同省级统计局组织对分市县调查结果进行审核评估。

(二)住户调查的数据发布

住户调查结果数据按年度和季度发布。季度主要发布居民现金收支数据,其余数据按年度发布。全国和分省数据由国家统计局发布,分市数据由调查总队会同省级统计局发布,分县数据的发布方式由调查总队会同省级统计局确定。

按自上而下的顺序依次发布国家、省、市、县数据。发布分市县居民可支配收入和消费支出时,只发布合计数及一级分类指标。

三、农村住户调查数据的质量管理

(一) 住户调查数据质量的全程控制

住户调查实行全过程质量控制。国家统计局建立全过程质量控制制度,规范方案设计,科学抽选样本,认真组织培训,严格流程管理,加强监督检查。每个季度随机抽取 6 000 个调查户进行电话回访,对调查样本代表性进行评估和校准,对基础数据进行审核分析,对各地住户调查专业工作的各个环节进行量化考核。各级调查统计部门要加强调查基础工作,加强对调查过程的各个环节监督、检查和验收,及时、独立上报数据。

(二) 抽样目标的质量控制

以省为总体的分省住户调查抽样目标是:在 95% 的置信度下,分省及分市等居民人均可支配收入、消费支出以及主要收入项和消费项的抽样误差控制在 3% 以内(个别人口较少的省在 5% 以内);收入四大项和消费八大类数据的抽样误差控制在 5% 以内;由此汇总生成的全国居民及分城乡居民人均可支配收入和消费支出的抽样误差控制在 1% 以内,收入四大项和消费八大类数据的抽样误差控制在 3% 以内。

以市或县为总体的分市县住户调查抽样目标是:在 95% 的置信度下,分市居民人均可支配收入和消费支出的抽样误差基本控制在 5% 以内,分县居民人均可支配收入和消费支出的抽样误差基本控制在 15% 以内。

(三) 抽中样本的轮换

样本轮换是住户调查质量控制的重要内容,为了增强住户调查样本的代表性,提高调查户的配合度,每年实施 50% 的样本轮换可以确保调查数据质量的要求。样本轮换的方法详见本节的调查小区住宅样本量的确定。

(四) 调查工作落实

在抽选出样本住宅和住户后,要对前 3 年使用的样本住户(轮换组 1)进一步落实到记账或收支问卷。同时,对后 2 年使用的样本住户(轮换组 2)做好宣传动员,为后续调查做准备。

(五) 调查样本的动态管理

抽中调查小区的住宅数每年跟踪一次。一旦落实了住户样本,则在调查期内始终跟踪这些样本住户。如果样本住宅内的住户迁出或者不愿意继续接受调查,则需要按照以下规定进行相应的处理。

1. 调查户自然迁出或集体居住户流动时的处理

调查户发生自然迁出(换新房、重新租房等),或者与他人合住的住户流动到别处时,如果该调查户没有迁出本县(市、区),而且可以继续调查,则可对其进行追踪调查;如果该调查户不能继续调查,则需在调查小区住户抽样框的非抽中住户中寻找一个收入水平、居住状态(独户居住还是多户合住)、户籍状况、家庭规模、就业结构等相似的住户进行替换。如果住户抽样框中已无符合条件的可替换户,则可在框外选择相似户进行替换。替换时需要在数据处理程序中进行相应操作,以记录替换痕迹和相关情况。

2. 调查户不愿意继续接受调查时的处理

如果调查户不愿意继续接受调查,则需在调查小区住户抽样框的非抽中住户中寻找一个收入水平、居住状态(独户居住还是多户合住)、户籍状况、家庭规模、就业结构等相似的住户进行替换。如果住户抽样框中已无符合条件的可替换户,则可在框外选择相似户进行替换。替换时需要在数据处理程序中进行相应操作,记录替换痕迹和相关情况。

第三节 农村住户调查指标体系

农村住户调查由六部分主调查表和辅助调查表组成,每部分调查表有详细的调查项目,汇总整理后可以形成相互联系的住户调查统计指标体系。

一、社区基本情况

农村住户社区基本情况调查表是农村住户调查必要的辅助调查项目。由调查员对抽中农户所在村进行一次性访问,该项调查表由农村住户所在的居委会或村委会管理人员按自然村和行政村情况予以填报。自然村填报内容包括:土地性质、公路、交通、电力、电信、饮用水、燃气、供暖、路政管理、垃圾处理、绿化环境、健身设施、卫生保健、教育设施、安全保障等。行政村填报内容包括：地势，是否为少数民族，是否开展退耕还林，与县城、乡镇、火车站、邮局、集市、农资商店的距离，是否拥有合法行医的医生和接生员等。

知识链接

农村住户调查与城镇住户调查合并后，社区基本情况表增加了社区环境、公共设施，特别是公共卫生与基层医疗方面的相关指标，简化了村级耕地、人口劳动力、低保与合作医疗、住房建设等方面的指标。

二、农村居民家庭基本情况调查

农村居民家庭基本情况由期末拥有生产性固定资产情况、本年固定资产投资完成额资金、期末主要耐用消费品拥有情况、期末粮食结存以及本年通过互联网购买商品及服务金额五部分组成。

具体调查内容包括：期末现住房基本情况、自有现住房情况、租赁房实际月租金、期内住房大修或装修费用、家庭实际经营土地情况、土地种植情况、主要农业生产性固定资产数量、期末农业生产性固定资产原价、期内农业生产性固定资产投资及资金来源；20种家庭耐用消费品的拥有情况、8类粮食年末结存、期末非农产业固定资产原价、期内非农产业固定资产投资及资金来源等。

知识链接

耐用消费品拥有情况指的是本住宅内拥有所有权或支配权的耐用消费品。在家庭或个人从事的生产经营活动中，所拥有的使用期限在两年及以上、单位价值在1 000元以上的房屋建筑物、机械设备、器具工具、役畜、产品畜等资产应作为固定资产统计。固定资产原价按照当初固定资产的购进价或建购价来记录。

三、农村居民居住情况调查

农村居民居住情况调查已经与城镇居民居住情况调查完全合并,该项调查以住户为单位,由抽中的样本住户填报。

> **知识链接**

住户是指居住在一个住宅内,共同分享生活开支或收入的一群人。居住在同一房间内、不共同分享生活开支的人群,每个人都视为一个住户。住家保姆、住家家庭帮工视为单独的住户。在集体宿舍、工棚和工作地住宿中,每个人都视为一个单独的住户。

农村居民的住房基本情况包括期末现住房基本情况、自有现住房情况、租赁房实际月租金、期内拥有其他房屋情况、期内新购住房清空、期内新建住房情况、期内住房大修或装修费用等与现居住房相关的问题。

四、农村住户人口与劳动力就业情况调查

住户人口和劳动力就业调查由抽中的样本住户填报,供开户调查和季度调查使用。其中:A1表主要反映住户成员基本情况,调查所有住户成员,包括经常在本住户居住或者与本住户共享收入的人员,不包括寄宿者。A2表主要反映劳动力从业情况,调查16岁及以上非在校学生住户成员。具体填报对象要求:住户成员是指居住在一个住宅内,所有与本住户分享生活开支或收入的人员。

A1表的主要内容包括:住户成员的姓名、与户主关系、性别、出生年月、民族、户口登记地、户口性质、健康状况、参加医疗保险情况、受教育程度、婚姻状况、居住状况、是否常住等。

A2表的主要内容包括:是否为离退休人员、是否丧失劳动能力、本季度主要就业状况、本季度从事的主要行业与主要职业、本季度从事所有工作的总时间等。

五、农业生产结构及技术应用情况调查

从 2014 年起,农业生产结构及技术应用情况调查已合并到"家庭经营和生产投资情况"调查表中,具体内容包括期初和期末家庭实际经营土地情况(耕地面积、有效灌溉面积、林地面积、园地面积、牧草面积、养殖水面面积)、土地种植情况(主要粮食作物、经济作物的播种面积、机耕面积、机播面积、机收面积、机电灌溉面积)。此外,还合并了农业生产性固定资产的数量和原价,期内农业生产性固定资产投资及资金来源的调查题项。

六、农村居民家庭收入与支出调查

收入与支出调查是最直接反映城镇居民和农村居民生活现状及其变化的调查,是长期以来农村住户调查分析中最为引人关注的基础调查数据。城镇住户调查和农村住户调查统一合并为住户调查后,基层调查季报包括收入和非消费性支出表、消费性支出表。

收入和非消费性支出内容包括:

(1) 工资收入(含税工资、奖金和其他现金福利)。

(2) 分三次产业的经营净收入。

(3) 财产性收入,如利息收入、分红收入等。

(4) 转移性收入,包括养老金或退休金(含现金、实物和各种救助、补贴)、报销医疗费、赡养收入、其他定期获得的捐赠或赔偿补贴等。

(5) 其他非消费性支出。生活贷款利息支出(如房贷、车贷利息)、个人所得税、个人缴纳的各种社会保障支出(如养老保险、医疗保险、失业保险、住房公积金)、外来务工寄给家人支出、赡养支出、其他捐赠赔偿支出等。

消费性支出内容包括:食品烟酒、衣着、居住、生活用品及服务、交通通信、教育文化娱乐、医疗保健、其他用品及服务等。

第四节 农村住户调查分析方法

农村住户的统计调查数据,由国家统计局、各省市统计局、区县统计局每年

在规定时间内通过统计公报、统计年鉴正式发布。内容包括：农村居民家庭基本情况，农村居民纯收入情况以及分组比较情况，农村居民家庭人均消费支出、消费细项支出情况，农村居民现金和实物消费支出情况，农村居民家庭住房情况和耐用消费品拥有情况，农民家庭储蓄存款及变动情况，城乡居民家庭人均收入及恩格尔系数等。

孤零零的统计数据不足以说明复杂的社会经济情况和存在的问题，有比较才能有鉴别，只有联系客观实际，才能对统计数据做出合理科学的解释。对农村住户调查资料，常用的统计分析方法有：图表分析法、结构分析法、类比（比例）分析法、动态分析法、因素分析法。有条件的情况下，可以进一步利用多元统计的数据挖掘法进行数据描述与数据推断分析。

一、农村住户调查数据的横截面分析

横截面调查数据是指一定时点条件下，根据调查对象汇集的统计数据，揭示社会经济现象静态的表现情况。横截面调查数据适用于统计图表进行现状的展示并进行结构分析，也可以对调查对象进行同类现象的比较，用以显示同类或同组现象的共性和差异性。

例如，以北京农村住户为研究对象，以北京农民人均年纯收入为研究内容，可以对北京农村家庭人均纯收入的结构进行研究，分析其收入来源发生了什么样的变化，四种收入来源对人均纯收入分别做出了多大贡献；也可分别以全国和上海市农村家庭的人均纯收入水平为比较基础，看北京农民家庭的人均纯收入与全国人均纯收入的总水平差异和收入结构差异，看两个特大型城市农村家庭纯收入水平差异和结构差异；辅之以动态的比较，更能看到北京农村家庭人均纯收入水平的发展变化趋势。

二、农村住户调查数据的动态变化分析

农村住户调查数据可以按时间数列排列，分析不同调查指标的发展现状和发展变化趋势。以城镇住户和农村住户的家庭人均收入为例，可以对名义收入和实际收入进行展示，并用环比发展速度、同比发展速度、定基发展速度和平均发展速度等分析指标进行计算分析。如果采用城镇居民人均可支配收入和农村

家庭人均纯收入进行对比,则能更进一步地比较城乡居民收入发展现状和发展态势。表 2-19 是 2010—2020 年北京市城镇居民人均可支配收入和农村居民人均可支配收入情况。

表 2-19　北京市城镇居民人均可支配收入、农村居民人均可支配收入情况

年份	城镇居民人均可支配收入(元)	农村居民人均可支配收入(元)	城镇居民人均可支配收入年均增长(%)(按当年价格计算)	农村居民人均可支配收入年均增长(%)(按当年价格计算)	城镇居民人均可支配收入比上年增长(%)(按可比价格计算)	农村居民人均可支配收入比上年增长(%)(按可比价格计算)
2010	29 073	13 262	—	—	—	—
2015	52 589	20 569	8.90	9.0	7.0	7.1
2016	57 275	22 310	8.40	8.5	6.9	7.0
2017	62 406	24 240	8.96	8.7	7.0	6.7
2018	67 990	26 490	8.95	8.9	6.2	6.2
2019	73 849	28 928	8.62	9.2	6.2	6.7
2020	75 602	30 126	2.37	4.1	0.7	2.4

表 2-19 数据反映了 2010—2020 年北京市城乡居民人均年收入的发展变化情况,从年均增长速度可以看到,从 2010 年以来至 2019 年,北京市城乡居民人均年收入一直以接近 9% 的速度不断增长。扣除物价上涨因素,按可比价格计算,逐年的环比增长速度也保持在 6% 以上。值得注意的是,北京农民家庭人均年收入虽然与北京城镇居民的人均年收入仍有较大差距,但近年来农村居民人均年收入的增速已经接近甚至高于北京城镇居民的人均年收入,城乡居民的收入差异正在不断缩小。

三、农村住户调查数据的影响因素分析

住户调查数据的影响因素分析有多种方法,可以采用统计学中的指数分析法(会计学中的连环替代法),对组成总变动指数或平均数指数进行固定同度量因素的方法,进行两因素或多因素影响因素分析,也可以采用结构分析法中各个组成因素对总变动指数的贡献率进行分析。影响因素分析需要密切联系实际,对各种结构相对指标和动态相对指标及其贡献率做出符合经济社会发展变动趋势的科学解释。

四、农村住户调查数据多元统计分析方法

多元统计分析是一种综合分析方法,它能够在研究对象多个统计指标互相关联的情况下分析指标与指标之间的统计规律,主要包括统计指标的假设检验、方差分析、多元线性回归与线性相关、主成分分析与因子分析、判别分析与聚类分析等。农村住户调查从生产到生活,从投入到产出,从收入到支出,从吃、穿、住、行到文教、卫生、医疗、保健,有着十分多样的统计指标,只有通过对数据的深层次分类挖掘,才能解释农民经济社会生活现象及其发展变化的本质特征。

以因子分析法为例,它是考察多个变量间相关性的一种多元统计方法,通过数据压缩和数据解释,用少数几个公因子解释多个变量间的内部结构。因子分析通过以下四个步骤进行,第一,对原来的多个指标进行标准化,以消除变量在数量级或量纲上的影响;第二,根据标准化后的数据矩阵求出相关矩阵或协方差矩阵;第三,求出协方差矩阵的特征根或特征向量;第四,因子旋转,确定公因子,结合专业知识对各公因子所蕴含的信息予以适当的解释。因子分析法可以借助国际著名的统计应用软件 SPSS 实现数据计算和展示。

下面以 2020 年 31 个省、市、自治区农民家庭人均年生活费用开支(食品、衣着、居住、家庭设备及服务、交通和通信、文教娱乐用品及服务、医疗保健等指标)为基础数据,用主成分分析法,结合因子分析法中的因子旋转,综合分析不同省市农民家庭生活水平的差异性。

进行因子分析的基本前提是多元变量之间存在一定的相关关系,经 KMO 测试,以上生活支出指标相互之间的综合偏相关系数达到 0.725,Bartlett 球形度检验阿尔法值小于 0.001,适合进行因子分析;采用最大方差法进行因子旋转抽取公因子,形成两个公因子方程的表达式,分别为:

$F_1=0.815X_1$(食品)$+0.770X_2$(衣着)$+0.854$(居住)$+0.921X_4$(家庭设备及服务)$+0.899X_5$(交通和通信)$+0.184X_6$(文教娱乐用品及服务)$+0.695X_7$(医疗保健)$+0.813X_8$(其他商品及服务)

$$F_2=0.098X_1(食品)-0.356X_2(衣着)+0.238X_3(居住)+0.122X_4(家庭设备$$
$$及服务)-0.072X_5(交通和通信)+0.929X_6(文教娱乐用品及服务)$$
$$+0.239X_7(医疗保健)-0.485X_8(其他商品及服务)$$

F_1 为第一公因子,主要反映了农村居民家庭生活各方面消费情况;F_2 为第二公因子,主要反映了农村居民家庭生活消费中文教娱乐用品及服务的费用支出情况。将各地区农民家庭生活消费实际数据代入第一、第二公因子的线性回归方程,可以获得各省市农民消费支出的公因子得分。

按照第一公因子得分排序,在各项消费方面得分最高的是上海、广东、海南、福建、浙江等地,得分最低的是山西、甘肃、贵州、河南、陕西等地;按照第二公因子得分排序,在文教娱乐用品及服务的费用支出得分最高的是北京、浙江、江苏、湖北、湖南等地,得分最低的是云南、重庆、黑龙江、西藏、海南等地。以两个公因子的方差贡献率作为权重,对第一公因子、第二公因子进行加权平均,可以得到 31 个省、市、自治区农民生活消费的综合因子得分。

$$综合因子得分 = (0.602\ 77 \times F_1 + 0.170\ 99 \times F_2) / 0.773\ 71$$

根据综合因子得分排序,2020 年 31 个省、市、自治区中,农民家庭生活消费水平最高的是上海、浙江、广东、福建、北京,消费水平最低的是宁夏、山西、贵州、陕西、甘肃等地。

利用上述原始资料,还可以对 31 个省、市、自治区农民生活消费水平进行聚类分析,形成各地区类群与类群之间的农民消费特征差异,并结合实际展开具体的解释分析。

复习思考题

1. 简述住户调查的统计内容。
2. 简述农村住户调查工作要求包括哪些内容。
3. 简述农村住户调查指标体系的构成。

第三章 农村土地资源和固定资产统计

本章学习目标

通过本章学习,熟悉土地面积、土地分类、土地构成、耕地面积统计及农业土地利用统计系统等农村土地资源统计的内容和指标体系;重点从农村固定资产的数量、农村固定资产构成和农村固定资产再生产基本指标三个方面掌握农村固定资产的统计内容与相应指标。

本章导读

农村的土地资源丰富,那么该如何对农村的土地资源进行统计呢?农民在进行农业生产时,需要用到一些机器设备,那么对于农村的固定资产又该如何统计?农村自然资源和固定资产的统计分别包括哪些内容?我们在进行相关统计时又该注意哪些问题呢?可以带着这些问题进行本章的学习。

第一节 农村土地资源统计

经济学家威廉·配第曾说:劳动是财富之父,土地是财富之母。财富能提高人类的生活质量,是福利水平的表现,是社会进步、人类发展的标志,作为财富之母的土地与人类的生存和发展密切相关。从某种角度说,人类经济社会的发展史就是一部人类与土地关系的发展史。其中,土地的概念与内涵也在这一发展过程中不断地丰富与深化。

土地是人们生存和发展所不可缺少的物质基础和自然空间。对农业来说，土地又是农业生产最重要的生产资料，它不仅给农业生产提供必要的空间场所和基地，而且直接参加动植物产品的生产过程，为动植物生长提供所需要的水分和养料。

土地作为农村经济发展的基本生产资料，与其他生产资料相比，具有两个显著特点：一是土地面积是有限的，不能用人力增加或代替。其他生产资料则可以更新和增加。二是土地的生产力，只要使用得当，可以逐渐提高，而其他生产资料在使用过程中会逐渐磨损，以至报废。

进行农村土地面积统计，掌握准确的土地资源的数量和利用情况，对于了解农村各地区、各部门、各单位占用的土地规模，制定土地利用规划，合理安排农村生产、生活和建设用地，开垦荒地，改良土壤，都是十分必要的。必须重视土地资源和土地利用统计。

一、农业土地资源统计

（一）土地面积与土地分类

农村土地资源是指农村范围内的全部土地面积，包括山地、丘陵、盆地、平原、草原、道路和建筑物等陆地面积以及河流、湖泊、水库、池塘等水域面积。土地数量是以面积计算的，其计量单位通常用平方千米、公顷① 表示。

农村土地面积是分类进行统计的。

根据研究任务不同，农村土地面积通常采用以下几种分类方法。

1. 按土地的所有制分类

《中华人民共和国宪法》和《中华人民共和国土地管理法》规定，中华人民共和国实行土地的社会主义公有制，即全民所有制和劳动群众集体所有制。农村土地，无论从广义上讲，还是从狭义上讲，依照法律规定都分别属全民所有即国家所有和农村劳动群众集体所有两种形式。

全民所有制的农村土地主要包括：国有农、林、牧、渔场土地，国有森林、草原、荒山、荒地，国有水域和在农村的国家机关和国有企事业单位使用的

---

① 1公顷=10 000 平方米。

土地。

集体所有制的土地主要包括：从事农业、林业、牧业、渔业、水果生产经营和乡镇企业使用的土地，集体荒山、荒地、水域和农村居民的宅基地、自留山、自留地等。

通过上述分组，可以了解地区各种经济类型经营土地的数量和比重，为研究经济类型对土地的经营情况和经济效益提供依据。

2. 按土地的使用性质分类

按土地的使用性质划分，主要有：

（1）耕地。用于农业种植业生产的土地叫做耕地。耕地是农村土地的精华，也是研究农村土地的主体。农业经济发展主要靠耕地。在我国，农业是国民经济的基础，耕地是农业生产的基础。没有耕地就谈不上农业的发展，没有农业的发展，国民经济的发展就要受到极大的制约。因此，耕地在我国国民经济中占有头等重要的地位。

耕地有全民所有的，也有集体所有的，绝大多数是集体所有的。全民所有的耕地，主要是指各级国有农场和少数全民所有制科研、学校等单位用于种植业的土地。集体所有的耕地，是指各级农业集体经济组织所有的土地。

（2）林地。用于林业生产的土地叫林地。林地在一个国家中也占有重要地位。林地不仅是国家建设需要的木材、林化工产品、经济林果产品等的基础，而且具有净化环境、调节气候、水土保持，以及减缓洪涝、干旱和泥石流、滑坡等自然灾害的重大作用。许多国家都把努力提高林地利用率、增加森林覆盖面积作为考核指标来加强林地管理。所以人们把林地，特别是有茂密森林的林地称为人类社会发展的生态屏障。

林地也同耕地一样，有全民所有的，也有集体所有的。不同的是国家所有的林地比集体所有的林地要多得多。我国原始森林和各级国有林场的林地，均属全民所有。

林地还有林地与疏林地之分、自然林与人工林之别。在林业方面有科学的规定，这里不多述。

（3）园地。园地在农村到处可见。农业产业结构的调整和城乡人民生活水平的提高，使许多地方把适宜于发展水果、茶叶、蚕桑、药材等经济作物的土地，开辟为各种园地。园地有利用耕地的,也有利用非耕地的。它与耕地相同之处在于都是用于种植业。不同之处在于:一是在管理方面有的属于农业部门,有的属于林业部门或其他部门;二是植物多为多年生长,只要气候适宜,在坡度较大的地方也能很好生长。

园地在农村土地中所占的比重不大,但它所生产的产品——水果、蚕丝、茶叶、药材等都是我国重要的出口创汇商品。因此,在土地管理上,一般把园地视为耕地。

(4)草地。草原或种植牧草的土地,野生草山、草坡土地,均可通称为草地。草地,尤其是大片草原,是我国畜牧业发展的重要基地。草地也可分全民所有和集体所有两部分。在草原集中的地方全民所有的占多数。

(5)水域用地。水域用地主要是指内陆水域的土地。内陆水域有天然水域和人工水域之分。天然水域主要是指天然形成的河流、湖泊,包括水面、堤坝内的滩涂在内,这类土地一般属于国家所有。人工水域,也可称工程水域,主要是指人工建造的水利工程及淹没区占用的土地,如水库、塘堰、渠系及水电工程等。这类土地按工程大小和投资渠道来划分,一般小型工程项目的用地属于集体所有,大中型项目的用地(包括淹没区,征用、划拨以后)属于国家所有。

内陆水域是发展渔业生产的重要场所,近年来我国内陆淡水鱼发展很快,"十三五"期间渔业发展取得显著成就,一批生态、绿色、高效渔业技术模式得到广泛应用,为我国城乡居民改善食品结构发挥了重要作用。

(6)乡(镇)企业、事业单位用地。依照我国法律规定,乡(镇)、村企事业单位和农村个体户、工商户用地,不实行征用。土地所有权仍为集体经济组织所有。由于这些用地均依法进行了补偿,占用耕地的还交纳了耕地占用税,其土地所有权也相应转变为使用土地单位和个人所隶属的农业集体经济组织所有,而不能仍为原来的农业集体经济组织所有。

乡(镇)企业用地,包括农村个体工商户用地,也是农村土地的一个重要组成部分。我国乡(镇)企业的产值已大大超过了农业产值;管好用好乡(镇)、村企业和农村个体工商户的用地,是今后一个相当长时期内搞好农村土地管理的重要工作。

(7) 农村居民用地。农村居民的宅基地、自留地、自留山等属于这类。宅基地是农村居民栖身的场所。依照我国法律规定，农村居民经合法批准，可以占用规定面积的土地修建住宅。农村居民的宅基地，既是生活用地，又是生产用地。许多农民除歇息以外，还在宅基地上修建的农舍内养猪、养牛、养羊、养禽、养蚕，从事手工劳动，堆放生产工具，储存粮食等，有的甚至搞一些种植业，发展庭院经济。农村宅基地在农村中的地位是很重要的。

农村居民的自留地、自留山，是我国在实行土地公有制的前提下，在"人民公社化"时期形成的，当时为解决农民吃菜和饲料、燃料等问题，划出一部分土地供农民个体经营，称之为自留地、自留山，所生产的产品由农民私人支配，不纳入集体统一分配，在当时起到了积极的作用。

宅基地、自留地、自留山等都属于该农民所处的农业集体经济组织所有。

(8) 铁路、公路、邮电等线路用地。在农村，铁路、公路、邮电通信用地，几乎深入到农村各地。越是经济发达的地方，铁路、公路和邮电通信线路越多。这是一种特殊用地。铁路、公路运输和邮电通信事业的发展，是一个国家国民经济发展、社会繁荣的象征。没有铁路、公路等交通运输，物资就得不到交流，商品无法流通，生产将受到极大制约，生产出来的东西卖不出去，需要的东西也运不进来，经济当然就无法发展；邮电通信是交流信息、促进社会经济发展的重要手段，信息不灵，经济技术情报得不到交流，生产也很难搞上去。过去那些人烟稀少、生产落后的地方，铁路、公路一通，经济也随之发展起来，许多城市和集镇也因铁路、公路的修建，邮电通信的发展，逐步兴旺起来，尤其是一些新兴的工业重镇，拔地而起，成了我国重要的工业基地。

铁路、公路和邮电通信线路，大多分布在农村，它们的用地受到国家法律的保护，广大农村居民要积极配合有关部门保护好、使用好和管理好。

3. 按土地的自然状态分类

按土地的自然状态划分，可分为陆地和水面土地。陆地如按地形划分，可分为平原、盆地、丘陵地、高原、山地等；按土质划分可分为黑土、黄土、红土、沙土、盐碱土等。各地区应该根据各类土地的不同性质，选择适宜于本地区发展生产的门类，因地制宜地发展农业生产。

此外，土地还可以按行政区划分类。

（二）耕地面积及其变动情况统计

耕地是最重要的农业生产用地。它是专门用于种植农作物的土地，是人们取得基本生活资料的重要条件。耕地的数量和质量直接影响农作物种植业的生产规模和水平，也关系到整个农业和国民经济的发展。

1. 耕地的主要分类

（1）按耕地的水利条件分类，可分为水田和旱地两类。这是反映耕地质量状况的重要分类。

水田是指筑有田埂，可以经常蓄水，用来种植水稻、莲藕、席草等水生作物的耕地。旱地是指除水田以外的耕地。水浇地是旱地中有一定水源和固定灌溉设施，在一般年景下能够进行灌溉的耕地。

根据以上分类的统计资料，可以分别计算耕地和旱地水利化指标，反映耕地和旱地实现水利化的程度。

$$耕地水利化 = \frac{水田面积 + 水浇地面积}{耕地面积} \times 100\%$$

$$旱地水利化 = \frac{水浇地面积}{旱地面积} \times 100\%$$

（2）按耕地的水土保持情况分类，分为水土流失面积和控制水土流失面积。这对规划治水、植树造林、防止水土流失等有重要作用。

此外，还可按耕地类型、地势分组，按高、中、低产田分组等，来反映耕地的质量。

2. 耕地面积变动情况统计

耕地面积的数量和质量是经常变动的。耕地面积变动的原因，一方面是由于开垦荒地、基建占地退耕、河水淤积、平整土地等原因而增加耕地面积；另一方面，由于改林牧，兴修水利，修筑铁路、公路和机场，兴建工矿企业，建筑房屋和因灾废弃等原因而减少耕地面积。

为了全面反映耕地增减变化趋势和原因，需要编制耕地面积统计平衡表，其一般格式见表3-1。该表中各项耕地指标的关系为：年初耕地面积加年内增加耕地面积减年内减少耕地面积等于年末耕地面积。

表 3-1 耕地面积统计平衡表

项目	面积
一、年初耕地面积	
二、年内增加耕地面积	
1. 新开荒地	
其中:国有开荒	
2. 基建占地还耕	
3. 其他原因增加	
三、年内减少耕地面积	
1. 国家基建占地	
2. 乡、村集体基建占地	
3. 农民个人建房占地	
4. 退耕还林还牧	
5. 因灾废弃	
6. 其他原因减少	
四、年末耕地面积	
1. 水田	
2. 旱地	
其中:水浇地	

根据耕地面积统计平衡表资料,便可以进行以下分析:

首先,对比分析年末与年初耕地数量增减变化情况。其中水田、水浇地面积的增加及其占耕地总面积的比重的提高,标志着耕地质量的改善。

其次,分析耕地增减变化的原因:

(1) 通过国家基建占地情况,分析国民经济建设的发展对减少耕地的影响。

(2) 通过乡村集体基建和农民个人建房占地情况,分析农村工业、农田水利建设和农民建房等对减少耕地的影响,调查了解各种基本建设中浪费和损坏耕地的情况,有无非法占用和不合理占用耕地。

(3) 分析新开荒地中有无毁林、毁牧的情况。

(4) 通过因灾废弃耕地资料,分析对现有耕地的保护情况。

总之,要通过综合分析耕地增减变化的各种原因,提出稳定耕地面积、不断提高耕地质量的合理化建议。

(三)农田水利统计

1. 水利设施情况统计

水利是农业的命脉。兴修水利设施是提高农业用地,特别是耕地质量,改善农业生产环境,增加农业生产的基本措施。

农田水利设施包括修建的水库、圹堰、排灌站、抽水站、机电井、灌溉渠道等的数量及其能力,如水库个数和蓄水立方米数,排灌站个数和动力瓦数,灌溉渠道长度千米数等。

2. 农田水利设施的效果指标

农田水利设施是优质耕地不可缺少的条件。反映它的效果的指标有:灌溉面积、旱涝保收面积、实际灌溉面积等。

(1) 灌溉面积是指具有一定水源,地块比较平整,灌溉工程设施配套,在一般年景下能进行正常灌溉的耕地面积,包括灌溉水田和水浇地。它还可以分为计算机电灌面积、喷灌面积。

(2) 旱涝保收面积是指灌溉面积中,抗旱涝灾害能力较强,遇到较大的旱涝灾害时,能够遇旱能灌、遇涝能排,稳产、高产的耕地面积。

(3) 实际灌溉面积是指报告期内实际灌溉的耕地面积。

3. 农田水利化程度

(1) 耕地水利化。其计算公式为:

$$耕地水利化 = \frac{水田面积+水浇地面积}{耕地面积} \times 100\%$$

(2) 耕地灌溉化。其计算公式为:

$$耕地灌溉化 = \frac{灌溉面积}{耕地面积} \times 100\%$$

灌溉面积只包括灌溉水田和水浇地面积。

(3) 人均旱涝保收农田面积。其计算公式为:

$$人均旱涝保收农田面积 = \frac{旱涝保收面积}{人口数}$$

该指标可按农业人口或全部人口计算。

二、农业土地利用统计

我国陆地总面积约为 960 万平方千米,人均耕地仅约为 0.088 公顷,只相当于世界人均占有耕地面积 0.3 公顷的近 30%,是世界上人均耕地较少的国家之一。在我国人多地少的条件下,农业土地是否得到充分合理的利用,是关系到农业生产能否满足国民经济对农产品不断增长需要的一个关键问题。因此,必须全面规划,加强管理,保护和开发土地资源,珍惜每一寸土地。

(一)农业土地分类

农业土地是指土地总面积中,直接或间接用于农业生产及农业可以利用的土地资源。按其生产用途和自然特点不同划分,可分为耕地、园地、林地、牧草地、养殖水面、宜垦荒地以及其他农业可以利用的土地,其中耕地、园地、林地、牧草地和养殖水面等,是直接用于农业生产的土地,通常称为农业生产用地。这种分类对于研究农业生产用地的构成及其变化,研究各地区生产结构经济特点都有重要的意义。

自然因素对农业生产有很大影响,因此,按地势、土壤种类、无霜期长短、降雨量多少等分类,研究农业生产用地构成,对于因地制宜安排农业生产、合理利用土地是非常必要的。

(二)农业土地利用指标

农业土地利用包括两方面内容:一是对土地面积的充分利用,把可以利用的土地都充分合理地利用起来;二是对土地实行集约经营,增加对土地的投资,采用可持续技术,增加土地的生产能力,提高土地的生产率。

根据以上两个方面内容,农业土地统计应从以下几个方面来反映土地的利用情况。

1. 国土利用系数

国土利用系数,是指已利用的各类土地面积与国土总面积之比。所谓已利用的各类土地面积,是指人们经营农、林、牧、渔业生产用地和建设工矿企业、交通运输以及城镇、村庄、旅游点、疗养院等用地之和,它表明一个国家或地区对全部土地面积的开发利用程度。其计算公式如下:

$$国土利用系数 = \frac{已利用的各类土地面积}{国土总面积} \times 100\%$$

2. 农业用地开发指数

农业用地开发指数,是以农业用地与土地总面积相比,说明土地的利用情况。其公式如下:

$$农业用地开发指数 = \frac{农业用地}{土地总面积} \times 100\%$$

3. 土地垦殖率

土地垦殖率,又称垦殖指数,是以耕地面积与土地总面积相比计算的,说明已垦殖的耕地面积占用土地资源的情况。土地垦殖率的高低与土地的自然状况以及土地开发利用的程度有关。

$$土地垦殖率(垦殖指数) = \frac{耕地面积}{土地总面积} \times 100\%$$

4. 森林覆盖率

森林覆盖率,是指土地总面积中森林面积所占的比重。它说明一个国家或地区森林资源的丰富程度,也是反映农业生态环境的重要指标。

5. 农业土地资源的利用程度

农业土地资源的利用程度,是指充分利用农业土地资源,合理开垦和改造荒地,使其成为各种农业生产用地,在生产中发挥作用。为了反映各种农业土地资源的利用程度和尚未利用的土地潜力,应计算下列指标:

(1) 农业土地资源利用率。其计算公式为:

$$农村土地资源利用率 = \frac{农业生产用地面积}{农业土地资源总面积} \times 100\%$$

(2) 宜农利用率。其计算公式为:

$$宜农利用率 = \frac{耕地面积}{宜农地(耕地面积+宜农荒地面积)} \times 100\%$$

(3) 林地利用率。其计算公式为:

$$林地利用率 = \frac{有林地(森林面积)}{林地面积} \times 100\%$$

(4) 草地利用率。其计算公式为:

$$草地利用率 = \frac{牧草地(已利用的牧场和草场)}{草地面积} \times 100\%$$

(5)可养殖水域面积利用率。其计算公式为：

$$可养殖水域面积利用率 = \frac{实行养殖的水域面积}{可养殖的水域面积} \times 100\%$$

6. 现有农业生产用地的利用程度

我国可供开垦的土地潜力有限，而一些未被开垦的土地一般条件较差，开发利用需要较多的投资和经过一段时间才能发挥效益。因此，今后农业发展主要依靠对现有农业生产用地的合理充分利用，从时间上（如复种）、空间上（如间作、套种、增加牧草场的载畜量等）充分合理利用现有农业生产用地的面积，以及光、热、水和其他自然资源的利用。反映这个方面利用程度的主要指标有：耕地复种指数、单位（百公顷）牧草场面积载畜量等。其计算公式为：

$$耕地复种指数 = \frac{全年农作物总播种面积}{耕地面积} \times 100\%$$

$$单位（百公顷）牧草场面积载畜量 = \frac{放牧的各种牲畜头数}{牧场面积} \times 100\%$$

在分析农业生产用地在时间上和空间上的利用时，一方面，要结合现有生产条件、农业技术水平、经济效果来分析利用是否合理，不能笼统地认为耕地复种指数和单位（百公顷）牧草场面积载畜量越高越好。另一方面，对土地的集约经营，提高土地的生产率。土地集约经营是经营土地的一种方式，是指在一定面积的农业生产用地上，投入较多的活劳动和生产资料，采取先进的科学技术措施，改革土壤的理化性能，提高土地的生产力。在我国人均农业土地资源不足的情况下，实行土地集约经营，不断提高土地生产率，是我国农业发展的重要途径。

土地集约经营目前还主要是耕地的集约经营。通常反映土地集约经营的主要指标有：

（1）单位耕地面积机械装备程度。其计算公式为：

$$单位耕地面积机械装备程度 = \frac{主要农业机械设备数量}{耕地面积} \times 100\%$$

（2）单位耕地面积化肥施用量。其计算公式为：

$$单位耕地面积化肥施用量 = \frac{化肥施用量（折纯量）（千克）}{耕地面积}$$

(3) 单位耕地面积用电度数。其计算公式为：

$$单位耕地面积用电度数 = \frac{种植业生产用电总量（度）}{耕地面积}$$

(4) 单位耕地面积固定资产总值。其计算公式为：

$$单位耕地面积固定资产总值 = \frac{农用固定资产总量（元）}{耕地面积}$$

(5) 单位耕地面积生产费用。其计算公式为：

$$单位耕地面积生产费用 = \frac{当年种植业生产的物资费用（元）+人工费用（元）}{耕地面积}$$

7. 土地利用的经济效果

提高土地利用率和土地集约经营程度，是为了使土地在农业生产中发挥更好的经济作用。土地利用得好不好，最终要看土地利用的经济效果如何。反映土地利用经济效果的指标主要有：

(1) 土地生产率。这是指农业生产的实物产量或产值与农业生产用地的比率，可以按每类农业生产用地计算，也可以计算全部农业生产用地的生产率。全部农业生产用地中除耕地外，还包括园地、牧草地、有林地、养殖面积等。除耕地外，其他农业用地面积相对要准确些，因此在计算农业的土地生产率时，一般可用耕地面积代替农业生产用地。

$$单位耕地面积的种植业产值（或农业总产值）= \frac{种植业产值（或农业总产值）（元）}{耕地面积}$$

(2) 单位耕地面积的种植业产值反映耕地的生产率；单位耕地面积的农业总产值则不仅反映耕地的生产率，而且综合反映农业其他部门的生产水平。在农区，农业的其他部门，特别是畜牧业部门，均与种植业的发展密切相关。

(3) 土地收益率。这是评价土地利用效果的另一个重要指标。土地利用的经济效果如何，不仅要看是否增加农产品，而且要看是否增加收益，提高土地收益率。土地收益率指标通常用单位面积纯收入或净产值表示。

另外，对新垦荒地也可以计算新垦荒地生产率、收益率以及开荒投资回收期等经济效果指标。

第二节　农村固定资产统计

固定资产是指可以长期反复使用,并在使用过程中基本不改变原有实物形态的劳动手段和其他物资,如房屋、建筑物、机器设备、运输工具、役畜等。它本身价值按其使用的磨损程度,以折旧形式转移到产品和劳动的价值中去,然后通过产品和劳务价值的实现得到补偿。固定资产经较长时间使用,直至最终报废,才需要在物质形态上进行全部更新。

农村固定资产是指属于农村范围的企业、事业单位,农户和机关团体所拥有的全部固定资产。

一、农村固定资产的数量统计

农村固定资产的数量统计,可分别采用实物量指标和价值量指标。固定资产的实物量统计,就是按照固定资产的物理性能的度量单位计算,如房屋和建筑物的面积用平方米,容积用立方米,生产设备和动力设备用台数和功率,役畜、产品畜用头(只)数计算,这样,可以表明同类固定资产的数量,但不能综合反映农村各类固定资产的全部数量。为了综合反映农村固定资产的全部数量,就需要采用固定资产价值指标。目前我国统计核算中采用的固定资产价值量指标有以下两种。

(一) 固定资产原值

固定资产原值是指购买和建造各种固定资产时实际支付的金额。各类固定资产原值的计算方法是:

(1) 购买的固定资产原值,按购买时实际支付的费用计算,包括买价、运杂费、安装费用等。

(2) 自制、自建的固定资产原值,原则上应按同类资产的国家牌价计算,如无牌价,应按耗用的原材料及支付的劳动报酬和聘请技术人员的工资合理计算。

(3) 自繁自育的幼畜成龄后,转作役畜、种畜、产品畜,可以按市场同类牲畜价格计价。

(4) 国家奖励和外单位赠送的固定资产原值,按购买同类固定资产的价格,并参照其新旧程度计算。

(5) 清点财务时,发现未经计价入账的固定资产,可按新旧程度重新估价。

(6) 农村固定资产原值可以反映农村各部门、各单位的全部固定资产的总额,它是提取折旧费和研究固定资产构成利用情况的依据。

(二) 固定资产净值

固定资产净值是指固定资产原值减提取折旧费后的余额,说明现有固定资产的新旧程度,还有多少价值尚未转到产品中去。

$$期末固定资产净值 = 期末固定资产原值 - 期末累计折旧$$

$$固定资产净值率 = \frac{期末固定资产净值}{期末固定资产原值} \times 100\%$$

二、农村固定资产构成统计

为了研究了解农村固定资产的构成和分配情况,分析固定资产的构成特点和利用情况,必须对固定资产进行分类。农村固定资产通常采用以下几种分类方法。

(一) 按所有制分类

按所有制分类,可分为全民所有、集体所有、新经济联合体所有、个体和农民家庭所有。根据这种分类,便可以研究各种不同所有制单位固定资产的装备情况和对固定资产的利用情况。

(二) 按经济用途分类

按经济用途分类,可分为物质生产性固定资产和非物质生产性固定资产。

农村物质生产性固定资产是指直接用于农村物质生产活动的固定资产,主要包括:① 生产用房屋和建筑物;② 农、林、牧、渔业机械;③ 工业机械;④ 建筑业机械;⑤ 运输、邮电业机械;⑥ 商业、饮食、服务业设备;⑦ 役畜和产品畜;⑧ 大中型铁木农具;⑨ 其他物质生产性固定资产。

农村非物质生产性固定资产是指用于非物质生产部门和农村居民生活的固定资产,主要包括:① 非物质生产用的房屋和建筑;② 科研、文教、医疗、卫生等设备;③ 其他非物质生产性设备。

根据上述分类,便可以计算物质生产性与非物质生产性固定资产占全部固定资产的百分比,分析研究它们之间的比例关系,以及是否有利于农村一、二、三产业的协调发展和保证农村居民的生活需要。

（三）按使用产业分类

农村固定资产按产业部门可分为:农业、农村工业、农村建筑业、农村交通运输和邮电业、农村商业饮食业、农村公用事业和居民服务业、农村卫生体育和社会福利事业、农村教育文化艺术和广播电视事业、农村科学研究和综合技术服务事业、乡经济组织、农村金融和保险业以及其他。这种分类,可以反映农村各产业部门固定资产构成及其对各产业发展的保证程度。

此外,农村固定资产还可按使用状况分类,用以计算使用中的、未使用的和不使用的固定资产分别占全部固定资产的百分比,反映固定资产的利用情况。

三、农村固定资产再生产基本指标

农村固定资产在长期使用过程中,一方面会逐渐磨损、报废或拆除,另一方面由于大修理、基本建设和购置而不断地得到更新、补充和扩大,使固定资产价值和使用价值发生变动,这种变动过程就是固定资产再生产的过程。反映固定资产再生产的基本指标有:

（一）期初、期末固定资产的数量

这是反映固定资产在起始和终结时规模的指标。

（二）固定资产的磨损指标

这个指标表明由于固定资产在使用过程中不断磨损而引起价值的减少。固定资产的磨损额就是固定资产原值与净值的差额。在实际工作中,常将固定资产年折旧额和累计折旧额作为固定资产的年磨损额和累计磨损额。但这里应该指出,固定资产磨损可以经过大修理而恢复其部分磨损价值,延长其使用年限。固定资产年折旧额的计算公式如下:

$$固定资产年折旧额 = \frac{固定资产原值 + 预计清理费用 - 固定资产残值}{固定资产使用年限}$$

固定资产年折旧额是分别以各种(或各类)固定资产计算的。有了固定资产年折旧额,就可以计算固定资产的年磨损系数和累计磨损系数。固定资产年折旧额与固定资产原值相比即为固定资产折旧系数,以此可代替固定资产年磨

损系数。它们的计算公式如下:

$$固定资产年磨损系数 = \frac{固定资产年磨损额}{固定资产原值} = \frac{固定资产年折旧额}{固定资产原值}$$

$$固定资产累计磨损系数 = \frac{固定资产累计磨损额}{固定资产原值}$$

固定资产累计磨损系数,反映固定资产的磨损程度。应该指出,固定资产的折旧额并不等于它的实际磨损。固定资产在使用初期磨损比较缓慢,以后磨损逐渐加快,这就是说固定资产在使用期间磨损是不均匀的,而固定资产折旧额则是按使用年限平均分摊的,因此用折旧额代替磨损额计算的磨损系数与实际的磨损程度不一定完全一致,有时按折旧额计算的累计磨损系数表明固定资产已全部磨损,而实际上该固定资产可能仍在继续使用。

(三) 固定资产报废(拆除)指标

固定资产报废是指固定资产完全不能使用了,其指标是固定资产报废(拆除)系数。其计算公式为:

$$固定资产报废(拆除)系数 = \frac{本年报废(拆除)的固定资产原值}{年初全部固定资产原值}$$

这个指标说明由于报废,使固定资产使用价值减少的程度。

(四) 固定资产的更新指标

这个指标反映由于投资而新增加的固定资产使原有的固定资产数量得到补充和更新的程度。将本年新增固定资产价值与年末全部固定资产原值相比,即固定资产更新系数,说明固定资产更新程度。其计算公式为:

$$固定资产更新系数 = \frac{本年新增固定资产价值}{年末全部固定资产原值}$$

(五) 固定资产的增长指标

固定资产再生产的结果,主要看固定资产是否增长以及增长速度如何。

固定资产增长额通常采用以下计算公式:

$$固定资产增长额 = 新增固定资产价值 - 报废(拆除)固定资产价值$$

或

$$= 年末固定资产价值 - 年初固定资产价值$$

如果固定资产增长额是正值,则表明固定资产积累增加且农村生产、生活物质条件有所改善。将固定资产增长额与年初全部固定资产相比,即得固定资产增长速度,它反映固定资产扩大再生产的速度。

复习思考题

1. 按使用性质来划分,农村土地资源分为哪几类?
2. 反映农业土地资源利用程度的指标有哪些?
3. 简述农村固定资产的分类。
4. 农村固定资产再生产基本指标有哪些?

第四章 农作物种植业统计

本章学习目标

通过本章学习,了解种植业的分类情况及种植业统计涉及的项目;熟悉种植业统计资料的分析方法;掌握种植业作物面积和产量两方面的统计内容与方法。

本章导读

农作物种植业的统计是农村统计的一项重要工作。农作物种类繁多,那么它们是如何分类的?在对农作物的种植面积进行统计时有哪些方法?农作物的种植产量该如何进行统计?在对它们进行统计的时候该注意哪些问题?可以带着这些问题进行本章的学习。

第一节 农作物的分类

农作物的品种是多种多样的。不同品种的农作物不仅生产特点、生产季节不同,而且产品在经济用途上也各不相同。因此,在研究农业生产情况时必须对农作物加以分类。这对农作物分类统计具有重要的意义。

首先,只有按照国家规定的统一标准对农作物进行分类统计,才能正确地反映本单位各种农作物的面积和产量及各种农作物的生产规模。其次,通过对农作物的面积和产量的分类资料,可以研究农业生产的构成和农作物种植业内部的各种比例关系,如粮、棉、麻、油、丝、茶、糖、菜、烟、果、药、杂12项生产之间的比例关系,粮食作物、经济作物和其他作物之间以及各类农作物内部各种产品之间的比例关系。最后,农作物分类统计资料也是合理安排农业生产、编制国民经济计划的重要依据。

对农作物的分类,因研究目的不同,有着不同的分类方法。在农业生产统计工作中,对农作物的分类通常有下列几种方法。

一、按产品的主要经济用途分类

(1) 谷物和其他作物。

① 谷物;

② 薯类:甘薯、马铃薯等;

③ 豆类:大豆、绿豆、红小豆、蚕豆、豌豆、芸豆等;

④ 油料作物:花生果(带壳的干花生)、油菜籽、芝麻、葵花籽等;

⑤ 棉花;

⑥ 生麻:黄红麻、苎麻、线(大)麻、亚麻、茼麻、剑麻和其他麻;

⑦ 糖类作物:甘蔗、甜菜;

⑧ 烟草。

(2) 蔬菜、食用菌、花卉盆景园艺作物。

(3) 其他作物:青饲料、绿肥、牧草、桑叶及采集的野生植物。

二、按农作物产品品种分类

按农作物产品品种分类即按产品的性质、质量和具体用途划分,如稻谷、小麦、杂粮和薯类等。

三、按农作物生产季节分类

为了反映农作物在不同季节的生产情况,各级部门在进行计划、管理、安排全年和各季农作物生产时,就要对农作物(尤其是粮食作物和蔬菜作物)按其生产季节不同进行划分。粮食作物按生产季节划分,因研究目的不同,可以按播种季节划分为上年冬播作物、本年春夏播作物和本年秋播作物几个组别,也可以按收获季节划分为夏(春)收作物和秋收作物等。蔬菜作物可分为早春风障蔬菜、春播露地蔬菜、大秋蔬菜、冬季温室蔬菜等组别。

表4-1为常用的农作物分类目录。

表4-1 农作物分类目录

粮食作物	(一)棉花
夏收粮食作物	(二)油料作物
小麦	花生
冬小麦	油菜籽
春小麦	芝麻
夏杂粮	胡麻籽
大麦	葵花籽
蚕豆及豌豆	其他油料作物
其他杂粮	(三)麻类
薯类	黄红麻
甘薯	苎麻
马铃薯	线麻
秋收粮食作物	亚麻
稻谷	其他麻类作物
早稻	(四)糖类作物
中稻	甘蔗
一季晚稻	甜菜
双季晚稻	(五)烟叶
春小麦	烤烟
秋杂粮	土烟
玉米	(六)药材
谷子	(七)其他经济作物
高粱	其他农作物
其他杂粮	蔬菜
薯类	瓜类(果用瓜)
甘薯	青饲料
马铃薯	绿肥
豆类	其他
经济作物	

第二节　农作物的种植面积统计

一、农作物种植面积的概念

农作物种植面积是指实际播种或移植有农作物的土地面积。农作物总产量是由农作物的种植面积和单位面积产量两个因素构成的。要完成一定的总产量就必须有一定的种植面积来保证。种植面积标志着种植业的生产规模,是计算农作物产量,研究粮食作物、经济作物和其他作物的构成及其比例关系不可缺少的重要依据。种植面积也是进行农业生产活动的基础,无论是中耕、除草,还是施肥、灌溉、打药、收获等项农事工作量的多少,都决定于种植面积的大小。种植面积还是研究耕地利用程度的依据。

二、农作物种植面积的计算方法

农作物的种植面积是按播种季节、作物的不同分别进行统计的,应以每个播种季节结束后进行调查的实际面积计算。不论种植在耕地上还是非耕地上,不论是计划内、计划外,还是合同内或合同外,都应包括在内,种什么就统计什么,种多少就统计多少,一律不得遗漏。

种植面积是播种季节结束时统计的。它是根据统计的种植农作物的实际面积确定的。在统计农作物种植面积时,对一些具体问题和特殊问题,必须按照国家统计部门的规定处理。

（一）补种、改种的面积计算

有些作物,在播种季节基本结束之后遭灾成片补种或改种的,原种植的作物面积仍计算为播种面积。同时,新补种或改种的作物,并在本年收获的,也要按复种作物计算其播种面积。如果因灾害等原因,应该收获却未能收获,也要按原播种面积计算。

（二）间种、混种作物面积的计算

间种、混种是指在同一块土地上,成对种植两种或两种以上的作物。同一亩耕地间种、混种不同作物时,不论以何种方式,只根据每一种作物所占面积的比例折算,分别计入各该作物种植面积项内。各种作物种植面积之和只算一亩,在同一块地上,把两种或两种以上的作物种子混合同时播种、生产、收获,如扁豆麦、豌豆麦等,可将全部地块算成一种主要作物面积,不必分别折算在各种作物面积中。

(三) 复种、套种面积的计算

复种是指在同一年内、同一块地上,连续种植两次或两次以上的作物。套种是指在同一块土地上,先后种植生产两种不同作物,而第二种是在第一种作物快要收获之前种下去的。同一亩地复种或套种两种作物的,应各算一亩种植面积。

(四) 作物生产不齐时的面积计算

有些作物由于某种原因青苗生长疏落不齐或缺苗断垄(条),不论是否补植(补苗),仍应按播过种的全部面积计算播种面积。

(五) 移植作物的面积计算

有些需要移植的作物,如水稻、甘薯、烟叶等,应按移植后的面积计算。原来的秧畦、秧田不应计算为种植面积,如原来的秧畦又种植作物,仍算其种植面积。

(六) 多年生作物的面积计算

多年生作物是指播种后可以连续生产多年的宿根性草本植物,如大黄、圆参、苎麻、苜蓿、韭菜等。本年多年生作物的面积,等于本年新植面积(不包括本年秋冬播种的)加上一年以前种植而留存到本年成活的面积之和,不论本年是否收获产量,均应计算在内。

(七) 再生作物的面积计算

再生作物是在作物收割后留蓄的根茎上再度萌发生产的作物,如再生稻、再生烟、再生高粱等。因为再生作物没有经过播种或移植工作,所以不另算一次种植面积。

(八) 非耕地上农作物面积的计算

在非耕地上种植或间种的农作物,都要按其实际情况计算其种植面积。在园地、林地的空地上间种的作物,其种植面积一般按用种量折算填报。不包括这些土地上已有的果树、茶树、桑树及其他林木实际占用的面积。

(九) 蔬菜种植面积的计算

专业性菜园或固定菜地上种植蔬菜的面积应单独计算。其计算方法是:单独或套种的蔬菜,按实际种植面积计算;韭菜等多年生蔬菜,一年虽收割几次,但在当年只计算一次种植面积,间种或混种的蔬菜,其播种面积按实际占用土地面积的比例进行分摊,或者按用种量进行折算。蔬菜和大田作物套种或轮种,其播种面积应和一般大田作物一样计算。

(十)有两种用途以上产品的农作物种植面积的计算

此时,应按种植的主要目的而确定统计的归属项目,并在统计表下进行附注说明。

农户在田埂、路边、渠边地角零星种植的作物,一般不计算种植面积,如果数量较大,也可折算面积。

在农作物生产期间,由于栽培技术或田间管理的需要,进行筑垄、作畦或临时开挖沟渠所占用的面积,不应从该项作物的种植面积中扣除。

种植面积是分不同季节进行统计的。现行的农作物种植面积季节报表主要有两种:春夏种植面积报表和秋冬种植面积报表。在计算全年的总播种面积时,不是把本日历年度内各季节的播种面积相加求得的。种植面积是一个决定农作物产量规模的指标,因此年度总种植面积原则上是以本日历年度内能够收获产品的作物播种面积为准,计算公式为:

全年总播种面积 = 上年秋冬播种越冬作物面积 + 本年春夏播种面积

或　　　　　　 = 本年夏收作物种植面积 + 本年秋冬收作物种植面积

扩大复种面积,可以扩大农作物生产规模,它是在耕地面积不变的情况下,充分利用土地资源,增加农产品产量的重要途径。为了反映复种面积,应该统计复种面积。

复种面积 = 全年总面积 - 总耕地面积

为了便于不同年份、不同地区或不同单位之间进行对比,反映全年耕地利用程度,即反映在一年内平均种植作物的次数,就要计算复种指数。其计算公式如下:

$$耕地复种指数 = \frac{全年农作物种植面积}{总耕地面积} \times 100\%$$

播种农作物是为收获产品。但是种了不一定就有收成,遭受严重自然灾害和其他人为原因都可能造成有种无收的现象。为了反映农作物的收获情况,还应统计农作物的收获面积。

农作物的收获面积是指在播种面积中实际收获产品的面积,它等于种植面积减去无收面积。

无收面积包括以下三种情况:

(1) 因基建和其他原因被毁掉的面积。

(2) 因水、旱、虫灾等减产九成以上的面积。

(3) 当年不能收获产品的多年生作物面积。

收获面积的计算方法与种植面积的计算方法相同,一般是播种一次,收获一次,就计算一次收获面积。对于具有再生能力的苎麻、韭菜等作物,虽然一年内可以连续多次收获产品,也只计算一次收获面积,不得重复计算。收获了产品的再生作物面积,要单独计算收获面积,但不包括在有关的合计中。按此原则,全年总收获面积等于本年度内取得产品的各项农作物收获面积的总和。

第三节 农作物产量统计

农作物产量是农作物生产最终的成果。一定时期内农作物生产量的多少,是评价这一时期农业经济效益高低的重要标志。

一、农作物产量

农作物产量通常称收获量,是指本年度内生产的各种农作物的总产量。不论是种在耕地上还是非耕地上的农作物产量,也不论计划内、计划外,出售还是自用的产量,都应统计在内。按所有制统计,农作物产量应包括:全民所有制单位经营的场所以及机关、团体、学校、科研机构、部队等的产量,集体所有制的产量,农民自营地的产量等。

农作物产量应以晒干入仓后的产量作为统计标准。农作物产品名称、计量单位、排列顺序应按国家统计制度规定的目录填报。

各种农作物产量的计算方法如下:

(1) 粮食:按原粮计算。杂交水稻制种田的产量,按实际收获量计算,收多少,统计多少。

(2) 玉米：按脱粒后的玉米粒重量计算。

(3) 番薯、马铃薯：按根块重量五斤①折一斤原粮计算，番薯丝或薯粉一斤算一斤原粮。

(4) 豆类：按去豆荚后的干豆计算。

(5) 棉花：按去籽后的皮棉计算。

(6) 络麻：以生麻皮计算，一般情况是一斤熟麻皮可折为二斤生麻皮。

(7) 苎麻：按剥麻皮后的干麻计算。

(8) 线麻：按熟麻皮计算。

(9) 烟叶：按干烟叶计算。

(10) 甘蔗：按蔗茎计算。

(11) 花生：按带壳的干花生计算。

二、农作物单位面积产量统计

农作物单位面积产量是指在一定单位面积上收获的农产品数量，简称单产，也叫收获率。由于我国农作物面积统计一般以市亩为单位，所以也叫亩产。单位面积产量是决定农作物产量的一个重要因素，是反映农作物生产发展水平的主要标志，也是考察农业生产工作质量的主要指标。

农作物单位面积产量指标可以分别按各种作物计算，其中粮食作物还可以计算平均单产。单产是一个平均指标，由于研究目的的不同，它的计算方法有三种。

(一) 按播种面积计算的亩产

这一指标能全面反映农业增产措施的水平，是制定和检查计划的依据。其计算公式如下：

$$某种农作物按播种面积计算的亩产 = \frac{某种农作物总产量}{该种农作物播种面积}$$

(二) 按收获面积计算的亩产

这一指标反映农作物生产实际达到的水平，对于总结生产经验、挖掘生产潜力具有意义。其计算公式如下：

---

① 1 斤 =500 克。

$$某种农作物按收获面积计算的亩产 = \frac{某种农作物总产量}{该种农作物收获面积}$$

(三) 按粮食占用耕地面积计算的亩产

这个指标可以综合反映每亩耕地面积的年生产粮食能力和耕地面积的利用程度。其计算公式如下：

$$粮食占用耕地面积平均亩产 = \frac{全年粮食总产量}{当年粮食作物实际占用耕地面积}$$

第四节 农作物产量调查的组织形式

农作物产量调查的组织形式主要有全面调查、抽样调查两种。近几年，遥感技术也成为农作物产量调查的方式之一。

一、全面调查

农作物产量全面调查是由国家统计部门和农业部门通过统计报表的形式，对农作物产量采取自下而上逐级填报汇总而取得全面统计资料的方法。它包括农作物预计产量调查和实际产量调查。

(一) 农作物预计产量调查

农作物预计产量调查是指在农作物收获前，对农作物产量进行预测的一种调查。现行农作物预计产量统计报表有：夏收谷物和油菜籽预计产量、早稻预计产量，以及全年农作物预计产量报表。这些预计产量一般由基层农业生产单位通过对农作物全面目测估产填报，逐级汇总获得。

(二) 农作物实际产量调查

农作物实际产量调查是指对农作物收获后的入库产量所进行的调查。现行农作物实际产量统计报表有：夏收谷物和油菜籽实际产量、早稻实际产量，以及农业主要产品生产情况报表。上述实际产量，一般由基层单位填报，逐级汇总获得。

全面统计报表涉及范围广、单位多、汇总工作量大、时效性较差，其产量又易受人的主观意识的影响。因此需要加强对农产量的非全面调查，以适应社会主义市场经济建设和农村经济发展的需要。

二、抽样调查

抽样调查是一种非全面调查。它是按照随机原则,从总体中抽选一部分单位进行调查,并据以推算总体的一种调查方法。目前运用于农作物产量调查的方法是对称等距抽样,而这种方法又具体反映在《农村抽样调查网点抽选方案(试行)》中。现行方案及抽样方法简介如下:

(一)《农村抽样调查网点抽选方案(试行)》主要内容

1. 抽样范围

凡是国家统计局统一要求组织的农产量、农村住户和农村经济抽样调查,应以省、自治区、直辖市为范围严格按照本方案提出的抽样原则、抽样方法、抽样数目,抽选确定调查网点,以保证调查工作的科学性和可靠性。

2. 调查内容

在调查网点进行调查的内容主要有:农产量抽样调查、农村住户调查、农村经济基本情况调查。同时,还要根据国家研究制定政策、编制计划的需要,组织一次性专题调查。

3. 抽样原则

农村抽样调查网点的抽选,必须坚持随机原则。按照科学的抽样方法抽选出的调查单位,应对农产量调查、农村住户调查和农村经济基本情况调查,特别是粮食产量、农民的收入都具有充分的代表性。抽选出来的农产量调查村以上调查单位,农村住户调查全部网点,基本固定,连续观察。

4. 抽样方法和抽样数目

农村抽样调查网点的抽选,采用多阶段、随机起点、对称等距抽样方法。一般分为省抽县、县抽乡、乡抽村、村抽地块或农户等几个阶段进行。各阶段抽样方法如下:

(1) 省抽县。

① 抽样数目。各省、自治区、直辖市应抽调查县数合计,应占全国总县数的35%。县数较少的省、自治区、直辖市可大于这一比例;县数较多的省、自治区可小于这一比例。

② 抽样方法。将经过加工整理的各单位的有关标志和辅助资料，按高低顺序排队，编制排队表（抽样框）。排队标志和辅助资料有下列两种：

一是近三年平均每亩粮食产量按由低到高的顺序排队，以粮食作物播种面积为辅助资料，逐单位累计，按规定县数计算抽样距离。

二是近三年平均每人的集体分配收入按由低到高的顺序排队，以参加分配人口为辅助资料，逐单位累计，按规定县数计算抽样距离。

这两种标志的选择，要根据差异程度大小而定，哪一种差异程度大，即以哪一种资料作为排队标志。编出排队表后，先计算抽样距离，再按对称等距抽样方法抽出各调查县。

（2）县以下调查网点的抽选。根据调查内容和要求不同，农产量和农村住户调查分别进行。

① 抽样程序。农产量调查要求在抽中调查县抽选村进行调查。可以先抽乡，从抽中乡抽选村；有条件的也可以由县直接抽选村。

② 抽样数目。县抽乡、乡再抽村的县，每个调查县一般应抽 6~10 个乡。一般每乡抽 3~5 个村。县直接抽取村的，一般可抽 15~20 个村。县直接抽行政村的，可抽 8~12 个行政村，行政村再抽村，一般抽 3 个。

③ 抽样方法。县抽乡时，应将全县各乡的近三年粮食平均亩产作为有关标志，按高低顺序排队。以近三年粮食平均播种面积作为辅助资料，按排队顺序依次累计，制成排队表（抽样框）。然后按规定抽样数目，以对称等距抽样方法抽选确定调查乡。乡抽村的排队标志和辅助资料以及抽选方法，与县抽乡相同。由县直接抽村，或由县抽行政村，再抽村时所用排队资料及抽样方法，也与县抽乡相同。

④ 村内农产量调查内容与抽样方式。粮食播种面积：在抽中村全村范围内进行调查，预计粮食产量，每个季节调查时，在抽中村内核实全部粮食播种面积，查清种植粮食作物的田块，然后逐块进行估产。或从调查地块中随机抽取 10~15 个小面积样本用查穗数粒的方法估算产量。

粮食实测产量：将抽中村的全部粮食作物地块，按调查前的预计亩产高低排队，等距抽选部分地块。北方地块面积较大的，每个村至少抽 7 个地块；南方地块面积较小的，每个村至少抽 15 个地块。在每个调查地块内，按简单等距抽样方法抽 5~10 个样本进行实割实测。

5. 代表性检查

调查县抽出以后,必须进行代表性检查。检查的方法是:以抽中调查县的平均标志值与总体相应标志值进行比较,单产水平出入不超过 2%,收入水平不超过 3% 的为有代表性。县抽乡、乡抽村的代表性检查方法与省抽县相同。代表性检查所用的资料,应为同一口径的全面统计资料。

(二)对称等距抽样方法简介

1. 对称等距抽样方法

对称等距抽样方法,是等距抽样方法之一。它实行随机起点,各个单位都有可能被抽中。而每一套点都是对称等距抽出的,所以有分布均匀、代表性强、随机性鲜明的特点。对称等距抽样,保留了半距起点等抽样的优点,而又避免了用半距起点只能抽出一套网点的限制。对称等距抽样,每一个组距内包含的每个辅助变量单位,均可作随机起点,因而可以抽出很多套网点。

2. 对称等距抽样方法的具体抽选程序

(1)编制抽样框。将总体各单位的有关标志按顺序排队,同时累计辅助变量。例如按亩产排队累计播种面积,或按收入排队累计人口等,编制成的排队表,即为本方法所使用的抽样框。

(2)计算组距。设 N 为总体单位数;n 为样本单位数;f 为总体各单位有关标志的辅助变量,如播种面积、分配人口等;K 为组距,则有:

$$K = \frac{\sum f_i}{n}$$

(3)将总体单位排队表(抽样框)分成 n 个组。

(4)在第一组中随机抽取第一个单位,这就是随机起点 γ。它是一个随机数,在 0 到 K 的范围内取值。

当样本单位(n)为偶数时,从第二个单位起依次用 $2,4,6\cdots$ 倍的 K 值减加 γ 值,即可直接计算出各个样本的位次。设 $u_1, u_2, \cdots, u_n$ 为各个样本单位的位次,其具体确定方法如下:

$$u_1 = \gamma$$
$$u_2 = 2K - \gamma$$

$$u_3=2K+\gamma$$
$$u_4=4K-\gamma$$
$$u_5=4K+\gamma$$
$$u_6=6K-\gamma$$
$$\cdots$$

当样本单位(n)为奇数时,则采用先抽中间再抽两边的办法,按($n+1$)/2 先计算中间组的组数,有两种情况:

① 中间组数为奇数时,则意味着中间样本单位两边要抽取的样本单位数为偶数。中间样本以前,第二个单位起用 2,4,6…偶序数倍 K 值减加 γ 值计算各个样本的位次;中间样本以后,用中间样本数为起点的奇序数倍 K 值加减 γ 值计算各个样本的位次。例如要抽取 9 个样本单位,则中间样本单位为 u_5,即(9+1)/2=5;两边各抽 4 个样本单位;u_5 以前用 2、4 倍 K 值减加 γ 值计算,得:

$$u_1=\gamma$$
$$u_2=2K-\gamma$$
$$u_3=2K+\gamma$$
$$u_4=4K-\gamma$$

u_5 以后用 5 为起点的奇序数 5、7、9 倍 K 值减加 γ 值计算,得:

$$u_6=5K+\gamma$$
$$u_7=7K-\gamma$$
$$u_8=7K+\gamma$$
$$u_9=9K-\gamma$$

u_5 是位于全部总体单位里中央的一个,即含 $\dfrac{\sum f_i}{2}$ 的那个单位。

② 中间组数为偶数时,则意味着中间样本单位两边要抽取的样本单位数为奇数。中间样本以前,从第二个单位起用 2,4,6…偶序数倍 K 值减加 γ 值计算各个样本的位次。中间样本以后,用中间样本数加 1 为起点的奇序数倍 K 值减加 γ 值计算各个样本的位次。例如要抽取 11 个样本单位,则中间样本单位为 u_6,即(11+1)/2=6 两边各抽 5 个样本单位;u_6 以前用 2、4 倍 K 值减加 γ 值计算,得:

$$u_1=\gamma$$

$$u_2=2K-\gamma$$

$$u_3=2K+\gamma$$

$$u_4=4K-\gamma$$

$$u_5=4K+\gamma$$

u_6 以后用 6+1=7 为起点的奇序数 7、9、11 倍 K 值减加 γ 值计算,得:

$$u_7=7K-\gamma$$

$$u_8=7K+\gamma$$

$$u_9=9K-\gamma$$

$$u_{10}=9K+\gamma$$

$$u_{11}=11K-\gamma$$

(5) 代表性检查,是指同一资料来源、同一调查方法取得的样本资料与总体资料的对比。进行这种对比可以使用简单算术平均数。

(三) 关于农村抽样调查样本的轮换

现行农村抽样调查网点是根据《农村抽样调查网点抽选方案(试行)》抽选出来的。近几年来各地的产业结构、作物配置、经营方向都发生了很大变化。为了更加及时反映不断变化着的农村社会经济情况,国家统计局于 2004 年制定了《关于布置农村抽样调查县以下样本轮换工作的通知》和《农村抽样调查县以下样本轮换方案》及其实施细则。

三、遥感技术

(一) 农业遥感技术

农业遥感技术是集空间信息技术、计算机技术、数据库和网络技术于一体,通过地理信息系统技术和全球定位系统技术的支持,在农业资源调整、农作物种植结构、农作物估产和生态环境监测等方面进行全方位的数据管理、数据分析和成果的生成与可视化输出,是目前一种较有效的对地观测技术和信息获取手段。

(二) 农业遥感技术在农作物估产方面的应用

目前主要开展了对小麦、水稻、玉米、大豆、棉花、甜菜等的遥感估产研究。

遥感估产研究是将作物光谱与产量之间建立联系的一种技术,是把遥感信息作为输入变量,建立遥感估产模型,探讨植物光合作用与作物光谱特征间的内在联系,以及作物的生物学特征与产量形成的复杂关系。

(三) 农作物遥感估产步骤

一般的农作物遥感估产有如下八个步骤。

1. 遥感估产区

遥感技术用于农作物生长的动态监测和估产是大面积的应用,而各地区自然条件和社会环境不一致,农作物的生长状况也不大相同,因此需要将条件基本相同的地区归类,以便于作物生长状况的监测与估产模型的构建。

2. 布设地面采样点

遥感估产中的信息主要来自遥感信息,但是为了得到高精度的作物种植面积和产量,光靠遥感信息是不够的,必须在地面布设足够的"样点"监测作物实际生长状况和产量,作为遥感信息的补充和检验。

3. 建立背景数据库系统

在遥感估产中,背景数据库是一项重要的基础性工作,它收集和存储了估产区自然环境等方面的信息,如地形地貌、土地利用现状、种植制度、土地类型和肥力、农业气候资料、农业灾情、历年的单产和总产、种植面积以及人口和社会经济情况的数据信息等。背景数据库在遥感估产中主要起两个方面的作用:一是为遥感图像信息分类提供背景,使分类精度提高;二是在遥感信息难以获取时,支持模型分析,从历史资料和实际样点采集的数据中综合分析,取得当年的实际种植面积和产量。

4. 农作物种植面积的提取

农作物种植面积的提取是农作物估产中的关键所在,常利用数据库进行计算机自动分类,并在卫星资料支持下获取作物播种面积。

5. 不同生长期作物长势动态监测

任何一种农作物从播种到收获都要经过若干个生长期,因此需要跟踪监测不同生长期的苗情并估测其趋势产量。监测的主要方法是采用气象卫星对不同生长期的植被指数进行监测。根据植被指数的变化以及与历年资料的对比,就可以及时获得各种作物在不同生长期的长势,由长势情况就能报出作物的趋势产量。

6. 建立遥感估产模型

建立遥感估产模型是农作物估产的首要问题。遥感估产是建立作物光谱与产量之间联系的一种技术。目前常采用卫星资料计算农作物的植被指数。根据光谱—植被指数—产量之间的关系建立估产模型。

7. 遥感估产精度的分析和确认

在任何估产方法中,精度是人们最为关心的问题,它反映整个估产结构的可信度。遥感估产方法涉及的中间环节多,可能产生误差的因素也很多。为了保证最终的精度要求,总是在每个环节上尽量减少发生误差的可能性。目前,对小麦和玉米遥感估产的精度可达到95%以上。

8. 遥感估产运行系统的建立

利用遥感技术进行农作物种植面积提取、生长状况监测及单产与总产的测报等,都是在计算机系统的支持下实现的,这个系统就叫做农作物遥感估产集成系统。该系统通常包括遥感信息获取、建立背景数据库、估产模型自动生成工具库系统、空间分布图形系统等部分,供用户在实际生产中使用。

从以上农作物遥感估产的过程看,估产主要包括两个关键技术:一是作物识别和面积估算;二是作物长势分析、单产模型构建。一旦获得作物种植面积和粮食单产量,就可得到总产量:

$$总产量 = 种植面积 \times 单产量$$

第五节　种植业统计资料分析

种植业统计资料分析,是指运用种植业生产统计的有关资料,分析研究种植业生产计划完成情况及其发展变化的规律和趋势,以总结经验,挖掘生产潜力,促进农业生产的发展。主要分析内容如下:

一、种植业生产计划完成情况的分析

种植业生产计划一般包括三个方面的内容,即总产量计划、种植面积计划

和单位面积产量计划。由于总产量的多少直接受种植面积和单位面积产量两个因素的制约，所以，总产量计划能否完成，取决于各种作物种植面积与单位面积产量的计划完成情况。用公式表示三者之间的关系，则为：

$$\frac{实际产量}{计划产量} = \frac{实际种植面积}{计划种植面积} \times \frac{实际单产}{计划单产}$$

以某地区 2022 年度稻谷生产为例进行计划完成情况分析。该地区 2022 年度稻谷生产计划完成情况见表 4-2。

表 4-2　某地区 2022 年稻谷总产计划完成情况

项目	种植面积(万公顷)		单产(千克)		总产量(万吨)	
	计划	实际	计划	实际	计划	实际
粳稻	180	200	7 650	8 025	1 377	1 605
籼稻	60	44	200	6 825	432	300
合计	240	244	—	—	1 809	1 905

根据表 4-2 资料可作如下分析：

（1）该地区本年度水稻丰收，实际总产量比计划增加 96 万吨，完成计划的 105%。这是实际种植面积比计划扩大且实际单产比计划提高综合作用的结果。

（2）水稻总种植面积超额完成计划，可见，该地区水稻种植面积不仅超额完成计划，而且扩大了粳稻的种植比例。究其原因，是由于粳稻的质量、销路和市场价格、经济效益等都高于籼稻，因此作了适当调整。

（3）水稻单产之所以超额完成计划，是由于占水稻种植面积较大、单产水平又较高的粳稻，其播种面积和单产均超额完成了计划的缘故。

应该强调的是：影响农作物种植面积和产量计划完成程度的因素是多方面的，如社会因素、技术因素或自然因素等，都将对计划完成程度起作用。因此，在分析种植业生产计划完成情况时，应深入实际，多方调查，全面掌握各种制约因素，分析影响计划的关键所在，才能总结经验和教训，以改进工作。

二、农作物种植面积构成及其变动情况的分析

农作物种植面积构成,是指各种农作物或各类农作物的种植面积在农作物总种植面积中所占的比重。例如,种植业内部粮食作物面积、经济作物面积和其他农作物面积在总种植面积中的比重,经济作物中的油料、棉花、麻类、糖料等作物面积所占的比重等。一个地区或一个生产单位农作物播种面积的构成及其发展变化,可以反映党的方针政策的贯彻执行情况,以及说明该地区、该单位农作物生产的方向及其发展趋势。目前强调种植业结构的调整,但必须在稳定粮、棉的基础上,积极调整和优化农业结构,并从当地生产特点出发,因地制宜,合理安排各种、各类农作物的播种面积。

三、农作物产量增长因素分析

农作物总产量的增长,是由种植面积和单位面积产量两个因素共同作用的结果。因此,要研究总产量的变化,可以从播种面积的变化和单位面积产量的变化两个方面分析它们对总产量的影响,具体分析方法通常是指数分析法。

第一步,分析由于种植面积变化和单位面积产量变化对农作物总产量变动的影响。

第二步,分析由于种植面积结构变动对农作物总产量的变动影响。

农作物平均单位面积产量指标的高低,不仅受农作物单产水平变化的影响,而且受农作物种植面积结构变化的影响。为了观察种植面积结构变动对农作物总产量变动的影响,需要计算一种平均亩产指标。

四、种植业生产统计资料的动态分析

种植业生产统计资料的动态分析,是把若干年的农作物生产资料,按时间先后顺序排列起来,运用统计方法,分析其变化趋势和变动规律,并以此作为对其未来变动进行预测的依据。种植业生产统计资料动态分析的内容很多,如将不同年份的农作物种植面积进行对比,研究种植业生产规模的变化;将不同年份的农产品产量进行对比,研究种植业生产水平和速度的变化;

将不同年份的粮、棉、油产量与需求量进行对比,研究它们供求平衡关系的变化;将不同年份的粮食单产与每吨成本进行对比,研究它们之间的变动关系等。

复习思考题

1. 按产品的主要经济用途分类,农作物分为哪几类?
2. 农作物种植面积计算包括哪几类?
3. 农作物产量调查的组织形式有哪些?
4. 简述农作物遥感估产的步骤。
5. 设计一个村的一种农作物播种面积调查方案。

第五章 畜牧业统计

本章学习目标

通过本章学习,了解畜牧业抽样调查方案的组织实施;熟悉牲畜头数统计、畜群再生产统计、畜产品产量统计、饲料统计的主要内容、指标体系和方法;掌握畜牧业抽样调查方案与指标解释。

本章导读

在农村统计调查中,畜牧业统计一直是比较重要的项目。畜牧业统计指标有哪些?该如何进行相关统计工作?获得畜牧业的统计资料后又该如何分析?可以带着这些问题进行本章的学习。

第一节 牲畜头数统计

牲畜头数是反映畜牧业生产规模和生产成果的基本指标,也是研究牧业再生产过程和计算畜禽产品产量的指标。除科学研究单位专门用于实验研究的牲畜和军马以外,不分大小、公母、品种、用途的牲畜一律包括在内,专业运输组织的运输用牲畜也应包括在内,但商业部门库存的和运输途中的活牲畜不进行统计。

一、牲畜头数统计的分类

(一) 按经济类型分类

按经济类型不同,牲畜可分为全民所有制单位经营、集体所有制单位经营、农户自营和其他经营等类别。

（二）按经济用途分类

按牲畜在农业生产中的主要经济用途不同，可分为役畜和产品畜两大类。役畜是指以使役为主要用途的牲畜，是农业生产动力资源之一；产品畜是指以生产各种畜产品为主的牲畜，如乳牛、肉用牛、猪、山羊、绵羊等。

（三）按牲畜性别和年龄分类

这一分类对于研究牲畜的生产、繁殖和使役能力都有重要的作用，特别是把成年畜种的种公畜和能繁殖母畜分别统计，更有利于畜群再生产的研究。种公畜是指经过选定专门为配种用的公畜，因年龄已老不能配种的公畜不应包括在内。能繁殖母畜是指已经达到繁殖年龄、有生殖能力的母畜，不论是否配种受胎均应算作能繁殖母畜。有的母畜虽未达到或已超过生殖年龄，但实际上配种受胎的也应包括在内。有的母畜虽在生殖年龄内但已丧失生殖能力的则不应统计在内。各种不同牲畜划分为仔畜、幼畜和成年畜的年龄标准见表5-1。

表5-1 仔畜、幼畜和成年畜的年龄标准

牲畜名称	仔畜	幼畜	成年畜
牛、驴	12个月以下	12~24个月	24个月以上
马、骡	12个月以下	12~36个月	36个月以上
骆驼	12个月以下	12~48个月	48个月以上
羊	6个月以下	6~12个月	12个月以上
猪	2个月以下	2~9个月	9个月以上

（四）按牲畜品种分类

这一分类对于分析畜群的品种构成、研究品种改良以及良种的推广程度都有重要作用。牲畜按品种分类，可分为一般畜、良种畜和改良畜三种。

二、牲畜头数统计的主要指标

现行统计工作中常用的牲畜头数指标有以下几个。

（一）实有头数

实有头数是指在调查统计的时点上实际存在的牲畜头数，又称"存栏头数"。农业年报中的"年末存栏头数"，是指12月31日全部存栏头数。牲畜实有头数，反映一定时点上牲畜头数所达到的实际水平，是分析畜群再生产情况的重要依据，也是编制和检查牲畜头数发展计划的重要指标。

一定时点上的实有头数，虽然是反映牧业生产情况的基本指标，但也有局限性。因为它只能反映牲畜头数的增减变化，而不能反映畜产品的质量、商品率和出栏率的变化。如果片面强调"存栏头数"的作用，就可能导致生产单位单纯追求存栏头数，该出栏的不出栏，该淘汰的不淘汰，导致次年牲畜头数很多，但质量不高，畜群周转慢，商品率不高，经济效益低，影响牧业再生产的发展。

（二）平均头数

牲畜的存栏头数只能反映某一时点上所达到的水平，但牲畜头数在一定时期内是经常发生变动的。为了反映一定时期内牲畜发展的一般水平，就要计算一定时期内的牲畜平均头数。它是计算牲畜全年所需饲料量和畜产品产量的主要依据。

牲畜平均头数是一个序时平均数。在原始记录齐全的条件下，可用报告期牲畜的总饲养头日数（每头牲畜饲养一天称为1个饲养头日）除以报告期日历日数求得。其计算公式如下：

$$报告期牲畜平均头数 = \frac{报告期总饲养头日数}{报告期日历日数}$$

按这种方法计算的平均头数是最精确的。但往往由于缺乏按日登记牲畜头数的资料，而是按月或季进行统计，在这种情况下采用如下公式计算：

$$牲畜平均头数 = \frac{\frac{1}{2}x_1 + x_2 + x_3 + x_4 + \cdots + \frac{1}{2}x_n}{n-1}$$

式中：x_n——第 n 期期初或期末的牲畜头数；

n——时点数列的项数。

(三) 全年饲养头数

全年饲养头数是指在一年内曾经饲养过的牲畜头数，是反映饲养规模的指标。通常用于生长快、年内周转速度变动大的牲畜，如猪、羊以及家禽等。其计算公式如下：

全年饲养头数 = 年末存栏数 + 年内出售的头数 + 年内宰杀头数

(四) 出栏头数

我国现行制度规定统计的出栏数，主要是指肉猪的出栏数。当年出栏的肉猪头数，是指年内全民所有制国有农业企业、机关、团体、学校、工矿企业、部队等单位和农村各种合作经济组织、农民家庭以及城镇居民饲养的，供屠宰并已出栏的全部肉猪头数，包括交售给国家的、集市上交易的和农民自食的部分。

出栏头数是畜牧业统计的一个重要指标。利用这个指标可以分析研究改善饲养管理，优化品种，争取多增重、快出栏，加速畜群周转，提高经济效益，为国家多作贡献，使农民增加收入。

(五) 牲畜标准头数

在现行农业统计报表制度中，统计牲畜头数时是以自然头数为计算单位的。但为了某些特定的目的，需要把各种牲畜折合为统一的标准头数单位。一般是将各种牲畜按照统一的折合系数折合为标准羊单位表示，如将牛折合为5只羊单位，将马折合为6只羊单位等。

(六) 牲畜头数变动情况统计

牲畜头数在一定时期内由于繁殖、购入、出售、屠宰、死亡等原因而经常发生变动。为了掌握牲畜头数的变动情况，就需要编制牲畜头数变动平衡表。其基本内容包括：期初实有头数、本期增加头数、本期减少头数、期末实有头数。它们之间的平衡关系是：

期初实有头数 + 本期增加头数 − 本期减少头数 = 期末实有头数

编制牲畜头数变动平衡表，主要是供基层生产单位掌握发展变化的原因，并用来核实牲畜数量。牲畜头数变动平衡表，在基层农牧业生产单位一般一年编一次，也可半年或一个季度编一次。牲畜头数变动平衡表格式如表5-2所示。

表 5-2 牲畜头数变动平衡表

牲畜头数	期初实有头数	本期增加头数				本期减少头数					期末实有头数				
												其中			
		合计	繁殖	购(调入)	其他	合计	售(调出)	屠宰	死亡	其他	合计	役畜	种公畜	能繁殖母畜	仔畜

第二节　畜群再生产统计

畜群再生产是指由种畜配种、母畜繁殖、幼畜成长和牲畜出售、屠宰、淘汰、死亡等环节组成的整个生产过程。合理组织畜群再生产过程是保证牲畜头数不断增加，促进畜牧业生产不断发展的措施。

一、种畜对畜群再生产的保证程度指标

(一) 能繁殖母畜占畜群总头数的比重

能繁殖母畜是牲畜繁殖的必要保障。无论是维持简单再生产还是扩大再生产，都需要拥有足够数量的优质母畜。能繁殖母畜在畜群中所占比重的大小，是直接影响畜群发展的重要因素。其计算公式如下：

$$能繁殖母畜占畜群总头数的比重 = \frac{能繁殖母畜头数}{畜群总头数} \times 100\%$$

(二) 种公畜对母畜的比例

畜群中除了有足够的母畜头数之外，还必须有适当数量的种公畜，才能保证畜群再生产的正常进行。种公畜与能繁殖母畜之间的比例通常是用平均每头种公畜负担的能繁殖母畜头数来表示的。其计算公式如下：

$$平均每头种公畜负担的母畜头数 = \frac{能繁殖母畜头数}{种公畜头数}$$

以上是反映畜群再生产保障程度的两个基本指标。

二、母畜生殖能力的利用程度指标

(一) 母畜配种率

能繁殖母畜的配种率是指一定时期内已经配过种的母畜头数与同期实有能繁殖母畜头数的比率。在全部能繁殖母畜中，已经配过种的母畜头数在其中所占的比重越大，对母畜生殖能力的利用程度就越高。其计算公式如下：

$$母畜配种率 = \frac{年内已经配过种的母畜头数}{年内实有能繁殖母畜头数} \times 100\%$$

在公式中，已经配过种的母畜头数，不论采用何种配种方式，也不论是否受胎，均应统计在内。

能说明母畜生殖能力利用程度大小的另一个指标是良种配种率。它是以良种公畜配种的母畜头数占全部配种母畜头数的百分比来表示的。其计算公式如下：

$$良种配种率 = \frac{良种公畜配种的母畜头数}{全部配种母畜头数} \times 100\%$$

(二) 配种受胎率

受胎率是说明母畜配种效果的指标。其计算公式如下：

$$配种受胎率 = \frac{年内实际受胎的母畜头数}{年内已经配过种的母畜头数} \times 100\%$$

公式中，实际受胎母畜头数，不包括受胎后又已流产的母畜头数。

(三) 产仔率

产仔率是说明保胎工作质量的指标。其计算公式如下：

$$产仔率 = \frac{年内产仔母畜头数}{年内实际受胎的母畜头数} \times 100\%$$

(四) 母畜繁殖率

繁殖仔畜是畜群扩大再生产的基本源泉。它是全面反映母畜生殖能力利用情况和利用效果的综合指标。其计算公式如下：

$$母畜繁殖率 = \frac{年内繁殖的仔畜头数}{年内实有繁殖的母畜头数} \times 100\%$$

实际工作中，计算牲畜繁殖率一般按各种牲畜分别计算。在牧区常常以大牲畜和绵羊、山羊混合头（只）数计算；农区由于猪的繁殖基本不受季节影响，在本年选留的繁殖母猪，当年仍然有可能产仔。因此，计算猪的繁殖率时，在上列公式中的分母应加上年内新选留，并在当年产仔的母猪数。

由于猪是多产类牲畜，母猪的繁殖一年可产两窝，一窝又多仔，所以，评定母猪的繁殖能力时，除了计算其繁殖率之外，还需要计算每窝平均头数，通常称为繁殖力，用来说明多产类牲畜生殖能力利用情况。其计算公式如下：

$$繁殖力 = \frac{年内出生的仔畜数}{年内母畜产仔窝数} \times 100\%$$

三、畜群饲养管理工作质量指标

（一）仔畜成活率

仔畜成活率是说明仔畜保护工作质量的指标。其计算公式如下：

$$仔畜成活率 = \frac{年内繁殖成活的仔畜头数}{年内繁殖的仔畜头数} \times 100\%$$

上述公式就畜群繁殖成活的仔畜数来计算，在有购入或出售仔畜的情况下，则应在上式的分子部分加上购入的仔畜数和年末实有未断奶的仔畜数。同时，分母应加上购入的仔畜数，减去年内出售未断奶的仔畜数。

（二）母畜繁殖成活率

在实际工作中，往往把母畜繁殖率和仔畜成活率结合起来计算母畜繁殖成活率，用来综合反映母畜繁殖和对仔畜的饲养保护工作的全部情况。其计算公式如下：

$$母畜繁殖成活率 = 母畜繁殖率 \times 仔畜成活率$$

或

$$母畜繁殖成活率 = \frac{年内繁殖成活的仔畜头数}{年内实有能繁殖母畜头数} \times 100\%$$

由此可见,牲畜繁殖率高低取决于母畜繁殖率和仔畜成活率的大小,对牲畜总头数的增加和总增率的高低具有决定性的影响。

(三) 牲畜死亡率

由于自然灾害或者饲养管理等原因,牲畜头数会减少。这对于成年母畜和种公畜来说,意味着畜群再生产资料的减少;对于幼畜而言,则标志着减少了再生产资料的补充。反映畜群由于上述原因造成死亡或者丢失情况的指标,是牲畜死亡率。其计算公式如下:

$$牲畜死亡率 = \frac{年内牲畜死亡和丢失头数}{年平均牲畜头数} \times 100\%$$

计算牲畜死亡率,能够在一定程度上反映牲畜饲养管理工作的质量。通过该指标,可以分析造成损失的原因以总结经验、吸取教训,从而促进饲养管理工作水平的提高。

(四) 牲畜出栏率

牲畜出栏率是衡量肉用牲畜的生产水平和畜群周转速度的一项指标。其计算公式如下:

$$牲畜出栏率 = \frac{年内牲畜出栏的头数}{年初牲畜头数} \times 100\%$$

四、畜牧业统计资料的分析

利用牲畜头数统计资料,可以分析成畜头数的增长情况,研究牲畜的构成,计算与分析牲畜的总增率、纯增率和商品率等。这里主要分析研究以下几个问题。

(一) 总增头数与总增率

总增头数是指牲畜在一年内自然增加的头数,即当年繁殖成活的仔畜,扣除当年死亡的幼畜之后所增加的头数。总增率是指总增头数占年初实有头数的比重。其计算公式如下:

$$总增率 = \frac{当年繁殖成活的仔畜 - 全年死亡的幼畜头数}{年初实有头数} \times 100\%$$

总增率是反映畜牧业生产总成果的一个重要指标。总增率越高,生产发展越快;反之,生产发展就越慢。所以只有提高牲畜的总增率,增加牲畜总头数,才能促进牧业生产的发展。

(二) 纯增头数和纯增率

纯增头数(净增头数)是指报告期末牲畜实有头数减去报告期初实有头数的差数。纯增率是指纯增头数占期初实有头数的比重。其计算公式如下：

$$纯增率 = \frac{期末实有头数 - 期初实有头数}{期初实有头数} \times 100\%$$

纯增率也是反映牲畜头数发展的一个重要指标。它反映牲畜的积累与消费的关系。在提高牲畜总增率的前提下,适当增加牲畜的积累,才能加快牲畜的扩大再生产速度。

(三) 商品头数与商品率

牲畜商品头数是指报告期内交售给国家和市场的头数。商品率是指商品头数占报告期初存栏头数的比重。其计算公式如下：

$$牲畜头数商品率 = \frac{期内交售给国家和市场的头数}{期初存栏头数} \times 100\%$$

牲畜头数商品率也可以按年内出栏头数来计算,其计算公式如下：

$$牲畜头数商品率 = \frac{年内交售给国家和市场的头数}{年内出栏头数} \times 100\%$$

商品率是反映一个地区或生产单位饲养牲畜商品化程度高低的重要指标,也是反映生产效果好坏的一个重要指标。

第三节 畜产品产量统计

饲养畜禽的根本目的是不断地获取更多的畜禽产品,以满足国民经济发展和人民生活日益增长的需要。为了掌握畜禽产品的生产情况,研究扩大再生产畜产品的途径,挖掘增产潜力,需要进行畜禽产品产量和畜禽产率统计。

一、畜禽产品的分类

畜禽产品的基本分类如下:

(1) 各种活牲畜的繁殖、增长、增重产品,主要包括牛、马、驴、骡、骆驼和猪、羊的增长、增重产品。这一类产品主要用于计算牧业产值。

(2) 屠宰畜禽后获得的产品,包括肉、皮等。

(3) 获得禽畜产品,包括牛奶、羊奶、羊毛、鲜蛋等。

(4) 其他各种小动物饲养产品,包括蜂蜜、蜂蜡、蚕茧等。

(5) 捕猎野兽野禽产品,包括捕获法律法规许可范围内的野生禽兽及其产品。

二、主要畜禽产品产量计算口径和方法

畜产品产量和种植业一样也有总产量和单位畜产品产量指标(畜产率)。某一地区某种畜产品产量,根据资料来源的不同,其计算的方法有两种:直接法和间接法。直接法就是将各单位的某种畜产品产量直接相加求得,间接法是根据牲畜总头数和抽样调查或典型调查取得的畜产率资料来推算。

利用间接法推算某种畜产品总量时,要保证畜产率具有足够的代表性。因此,必须注意:① 由于畜产品的生产具有较强的季节性,不同季节其产品率有显著的差异。因此,利用畜产率推算总产量时,畜产率指标必须以一年为计算期。② 不同品种、不同年龄以及不同的饲养条件对畜产率有较大的影响,所以利用畜产率资料进行推算时,要求畜产率具有较强的代表性。

下面就几种主要的畜产品,说明畜产品产量和畜产率计算的有关问题。

(一) 肉用牲畜产品的产量统计

1. 牲畜培育产量的计算

牲畜培育产量是指繁殖仔畜,以及对幼畜和育肥畜的培育而使牲畜体重增加的产量,又称为畜群体重总产量或牲畜总增重量,反映报告期内培育牲畜的生产成果。目前,我国绝大多数的畜牧业生产单位对这部分产量不计算,只有少数单位或上级综合部门为了研究的需要才进行推算。其推算的方法,是根据抽样调查或典型调查取得的每组牲畜的平均体重资料,将牲畜头数周转表转换为牲

畜体重平衡表。然后,利用牲畜体重和平衡关系推算牲畜总增重量。

牲畜体重平衡关系如下:

期初牲畜体重 + 当年繁殖仔畜体重 + 购入牲畜体重 + 低年龄组转入高年龄组牲畜已达体重 = 转出时牲畜体重 + 出售、屠宰牲畜体重 + 死亡损失牲畜体重 + 期末牲畜体重

在上列牲畜体重平衡式中,当年繁殖仔畜体重和由低年龄组转入高年龄组时的牲畜体重差额,则是形成体重产量的两个因素。从中扣除死亡损失牲畜体重,即得畜群体重总产量,这就是收入计算法。根据牲畜体重平衡式中,出售和屠宰的牲畜体重中减去期初和期内购入牲畜的体重,也会得到同样的结果。

2. 肉用活畜产量

肉用活畜产量即出栏活畜体重产量,是按出栏牲畜头数乘平均每头牲畜胴体重计算的。其计算公式是:

$$肉用活畜产量 = 出栏牲畜头数 \times 平均每头牲畜胴体重$$

所谓牲畜胴体重,是指牲畜屠宰后,去掉头、蹄、毛、内脏后的重量,又称为屠宰重量。平均每头牲畜胴体重的资料,可以通过抽样调查或者典型调查取得。肉用产量虽然不属于畜产品的统计范围,但这个指标在一定程度上反映了肉用牲畜的饲养成果。

3. 畜群体重生产率

为了反映肉用牲畜饲养培育工作质量,比较不同单位饲养牲畜的生产成果,评价不同单位、不同时期生产水平的高低,就需要计算有关的畜产率指标。常用的指标如下:

(1)平均每头基本母畜的畜群体重产量。这是用来衡量畜群体重生产水平的指标。其计算公式是:

$$平均每头基本母畜的畜群体重产量 = \frac{全年畜群体重总产量}{年初基本母畜头数}$$

采用该指标来评价各地区、各单位或同一单位不同年份的生产成绩时,只有在畜群结构相同的情况下,才能得出正确的结论。

(2)平均每头出栏牲畜的体重。这是说明畜群体重产量的常用畜产率指标。

其计算公式是：

$$平均每头出栏牲畜的体重 = \frac{本年出栏牲畜的总体重}{本年出栏牲畜总头数}$$

该指标的计算对于分析畜群的增重和出栏牲畜的质量以及评价饲养管理工作都具有重要的意义。

(3) 屠宰率（出肉率）。对于肉用牲畜而言，不仅需要出栏多，也要求出肉多。因此计算屠宰率，可以反映肉用牲畜的生产性能，评定其品种良莠，以及推算肉类可供量。其计算公式为：

$$屠宰率 = \frac{胴体重}{牲畜屠宰前活重} \times 100\%$$

$$平均每头屠宰牲畜的胴体重 = \frac{屠宰牲畜胴体重总量}{屠宰牲畜头数}$$

屠宰率的高低，因牲畜种类、年龄、育肥程度等不同而异。因此，这个指标是研究牲畜品种改良和制定肉类产量计划的重要依据。提高出肉率是增加肉类产量、提高劳动生产率和降低肉类生产成本的主要途径。

(4) 净肉重和净肉率。净肉重和净肉率是衡量肉用牲畜产肉能力的指标。净肉重是指胴体重除去骨之后的净肉和脂肪的重量。净肉重高，说明牲畜质量好，产肉能力强。净肉率是指净肉重占胴体重的百分比。同类肉用家畜在饲养条件相同的情况下，净肉率越高，经济效益越大。其计算公式为：

$$净肉率 = \frac{净肉重}{胴体重} \times 100\%$$

净肉重和净肉率的高低，与牲畜品种、饲料质量、育肥方式、育肥期的长短和饲养管理水平有关。为了满足人民生活改善、对动物蛋白日益增长的需要和提高肉用家畜的经济效果，还应注意提高瘦肉在净肉中的比重。

(二) 奶类产品产量和挤奶率

对乳用畜群来说，其重要产品就是各种奶类产品。随着人民生活水平的提高和食物结构的改变，人们对于奶类产品的需求量大大增加。为了掌握奶类产品的供需情况，保障人民生活，促进畜牧业生产发展，必须对奶类产品进行统计。

奶类产品包括牛奶、羊奶，在牧区还包括马奶和骆驼奶等。统计奶类产品产量时，应分别统计各种乳用牲畜的产奶量。奶类产量包括从乳用牲畜身上挤出的全部产量，不论挤出来后出售、供应市场，牧民自食自用，还是饲养单位内部进一步加工，都应计算在内，但不包括仔畜断奶前直接吮食的部分。

统计奶类总产量时，可以直接根据产奶记录进行汇总。综合部门则可以根据所属单位上报的奶类产量进行汇总。如果缺少各单位的奶类产量资料，可以采取抽样调查或典型调查方法，取得平均每头乳用牲畜产奶量，乘以乳用牲畜头数进行推算。

挤奶率是反映乳用畜群产奶生产能力和饲养单位工作质量的重要指标。挤奶率的高低受诸多因素的影响，例如乳牛群，分为饲养乳牛和产奶乳牛。饲养乳牛是指饲养的全部乳牛，其中包括实际产奶和未产奶的乳牛。乳牛从产仔开始泌乳到下次产仔前的两个月左右停止泌乳，这段时间称为泌乳期。而停止产奶的时间则称为干乳期或闭乳期。但是不同品种、不同年龄的乳牛，其泌乳期的长短各有不同，一般是 10 个月左右。因此，计算乳牛挤奶率时，可以用全部饲养乳牛计算，也可以用实际产奶乳牛计算。用全部饲养乳牛计算的挤奶率叫饲养乳牛挤奶率；用实际产奶乳牛计算的挤奶率叫产奶乳牛挤奶率。产奶乳牛挤奶率实质上是平均每个泌乳期的挤奶量，主要说明产奶乳牛的生产能力。饲养乳牛挤奶率，既反映产奶乳牛的生产能力，又反映饲养乳牛产奶的利用程度。其计算公式是：

$$产奶乳牛挤奶率 = \frac{全年牛奶总产量}{实际产奶乳牛头数} \times 100\%$$

$$饲养乳牛挤奶率 = \frac{全年牛奶总产量}{全年饲养乳牛头数} \times 100\%$$

两个挤奶率指标之间的关系如下：

$$饲养乳牛挤奶率 = 产奶乳牛挤奶率 \times 饲养乳牛产奶利用程度$$

即 $$\frac{全年牛奶总产量}{饲养乳牛头数} = \frac{全年牛奶总产量}{实际产奶乳牛头数} \times \frac{实际产奶乳牛头数}{实际饲养乳牛头数}$$

在综合考察各乳牛饲养单位的生产水平时，一般都以日历年度计算挤奶率指标。但有些产奶乳牛的泌乳期可能完全处在一个日历年度内,有些则可能跨年度。在这种情况下,就产生了实际产奶乳牛平均头数的计算问题。在核算制度健全的饲养单位,可以根据泌乳乳牛头日数资料计算。综合部门计算这一指标时,由于缺少产奶乳牛头日数资料,一般采用年内生产的牛犊数来代替,在正常情况下是比较接近实际的。饲养乳牛平均头数的计算,在有饲养乳牛头日数资料的情况下,可以用全年总饲养头日数除以日历日数即得。否则,用月、季、年的期初头数和期末头数来计算平均头数。如果在年内乳牛头数变动比较大,为了比较精确地计算饲养乳牛挤奶率,可以用每月平均产量连加的方法来计算。其计算公式为:

$$\bar{y}=\frac{y_1}{(a_1+a_2)\div 2}+\frac{y_2}{(a_2+a_3)\div 2}+\ldots+\frac{y_n}{(a_n+a_{n+1})\div 2}$$

式中: $\bar{y}$——饲养乳牛挤奶率;

$y_1, y_2, \cdots, y_n$——各月的挤奶量;

$a_1, a_2, \cdots, a_n, a_{n+1}$——期初饲养乳牛头数。

除了计算乳牛奶产量和挤奶率外,还应计算奶类产品的质量指标。衡量奶类质量的指标是乳脂率,是指单位原乳中含脂肪的比重。其计算公式为:

$$乳脂率(含脂率)=\frac{单位原乳内的乳脂重量}{单位原乳重量}\times 100\%$$

在核算制度较健全的乳牛饲养场,一般都对不同品种的乳牛每月按时提取牛奶样品,作含脂率测定。根据每月测定的含脂率,计算整个泌乳期所产牛奶的平均含脂率。或根据每头乳牛产奶的含脂率,计算整个乳牛群的平均含脂率。计算时,均采用加权算术平均法。其计算公式为:

$$全年平均含脂率=\frac{(各月挤奶量\times 该月测定的含脂率)}{全年牛奶总量}\times 100\%$$

(三)毛类产品产量及其剪毛率

毛类产品是纺织工业的重要原料和出口换汇的重要物资。毛类产品包括绵羊毛、山羊毛、山羊绒、驼毛、驼绒、马鬃、马尾、猪鬃和兔毛等。其中绵羊毛是最主要的组成部分。

绵羊由于品种不同,所产羊毛可分为粗羊毛、细羊毛、半细羊毛。根据羊毛的净度不同,则又可分为净羊毛、污羊毛和赶羊毛。所谓赶羊毛,是指在剪毛前将羊赶入水中略加清洗后剪下的羊毛。由于不同品种和品级羊毛的使用价值不同,计算羊毛产量时,则分别按品种品级来进行统计。一般计算下列指标:

1. 每只羊的污毛产量

羊的污毛产量是指从每只羊身上剪下来未经洗涤的毛(绒)产量。这是我国当前衡量羊的产毛(绒)能力的指标,是计算畜牧业企业在一定时期内(通常为一个日历年度或牧业年度)羊毛(绒)总产量的基础指标。

2. 每只羊的净毛(绒)产量

羊的净毛(绒)产量是指把剪下来的污毛,经过工业处理,除去沙土、杂质,达到国家规定的净毛率标准的羊毛(绒)产量。这是衡量毛用为主的绵羊、山羊生产性能的一个重要指标。每只羊的净毛量越多,说明实际的产毛量越多,质量越好,经济效益越高。

3. 剪毛率

剪毛率是反映羊毛的生产水平和工作质量的指标。其计算公式为:

$$剪毛率 = \frac{羊毛总产量}{绵羊总头数} \times 100\%$$

应当指出:绵羊总头数中有剪毛绵羊和饲养绵羊的区别,所以以剪毛绵羊头数计算的剪毛率,是平均每只剪毛绵羊的产毛量,反映绵羊剪毛的生产能力;按饲养绵羊头数计算的剪毛率,则不仅反映绵羊的生产能力,而且反映绵羊剪毛利用程度。

4. 净毛率

净毛率是指洗净羊毛在公定回潮率条件下的重量占污毛重量的百分比,是衡量羊毛质量的指标。其计算公式为:

$$净毛率 = \frac{洗净羊毛重量}{污毛重量} \times 100\%$$

净毛率分为普通净毛率和标准净毛率。我国目前采用普通净毛率。其要求是:公定回潮率为 15%~16%,并允许有不超过 1.5% 的油脂和 1% 的植物杂质。

标准净毛率是国际贸易中规定和采用的净毛标准,要求绝对净毛占80%以上,水分占12%以下,油脂占1.5%以下,灰分占0.5%以下。净毛率越高,表示羊毛实际产量越多,质量越好,经济效益越高。目前我国细毛羊的净毛率,一般为35%~45%,半细毛羊的净毛率为50%,粗毛羊的净毛率为60%~70%。

公定回潮率是指国家统一规定的羊毛纤维中吸入水分的标准,是羊毛纤维中吸入水分重量占羊毛绝对干燥重量的百分比。

(四)其他动物饲养业产量统计

在畜牧业生产中除饲养上述主要家畜外,养禽、养蜂、养兔、养貂等,也是畜牧业的重要组成部分。下面就养禽业、养蜂业产量统计进行简述。

1. 养禽业产量统计

养禽业是指家禽的饲养业。狭义的养禽业中,饲养家禽的种类仅限于鸡、鸭、鹅等。但随着现代化养禽业的发展,人类饲养家禽的种类很多,扩大了家禽的概念。所以,现代养禽业中家禽不仅指鸡、鸭、鹅,还包括火鸡、鹌鹑、鸽、乌鸡等。

发展养禽业的主要目的是取得禽蛋和禽肉产品,反映养禽业生产情况的主要指标有:

(1)禽蛋总产量及产蛋率。禽蛋总产量是母禽在一年中的产蛋总量,是衡量母禽生产能力的指标。我国计算禽蛋总产量的时间,一般从头年11月1日产蛋开始到第二年10月31日产蛋结束,也可按一个日历年度计算。在国有、集体养禽场,养禽专业户可以根据产蛋记录进行禽蛋总产量统计。对农民家庭零星饲养的家禽产蛋量,则可根据住户调查资料进行推算。

平均每只成年母禽产蛋量,是反映养禽业生产水平的重要指标。其计算公式为:

$$平均每只成年母禽产蛋量 = \frac{禽蛋总产量}{成年母禽饲养只数}$$

衡量成年母禽产蛋效率的指标是产蛋率。其计算公式为:

$$产蛋率 = \frac{当日产蛋量}{当日饲养的蛋禽只数} \times 100\%$$

(2) 家禽总产量。肉用禽产量主要是以家禽体重总产量来反映。由于家禽成熟快,饲养周期短,变动大,一般养禽场是按全年家禽净增加只数加年内出售和自食只数乘以每只家禽平均体重来计算。其计算公式为:

家禽总产量 = [(年末家禽只数 − 年初家禽只数)+ 年内出售和自食只数] × 平均每只家禽体重

上式中,平均每只家禽体重可以通过典型调查或抽样调查取得资料。

2. 养蜂业产量统计

我国是世界上养蜂业发达的国家之一,而且我国养蜂资源丰富,有蜜源植物 1 000 多种,分布广、面积大,可以一年四季转地放养。

养蜂业的主要产品是蜂蜜和蜂蜡等。其产量的多少,与养蜂的规模有直接关系。规模的大小,则取决于蜂群数。蜂群数通常以蜂箱数表示。反映养蜂生产情况的指标是养蜂产品率,是以平均每群蜂的产蜜量来表示的。其计算公式为:

$$养蜂产品率 = \frac{全年产蜜量}{蜂箱数} \times 100\%$$

第四节 饲料统计

牲畜的饲养有圈养和放牧两种方式,它们在饲料资源的统计方面各有不同的特点。现分述如下:

一、圈养牲畜饲料资源量的计算

圈养牲畜所需饲料种类很多,各种牲畜对饲料的要求也不同,为了掌握饲料资源的种类、构成及其对牲畜的保证程度,以及饲料的利用效果,必须对饲料进行分类。

(一) 饲料的分类

饲料的种类很多,可以根据不同的标志进行分类。例如可以按饲料的性质划分,也可以按饲料的营养特性划分。通常是将饲料的性质和营养特性结合起来进行分类。

1. **植物性饲料**

植物性饲料可分为粗饲料、青饲料、多汁饲料和精饲料。粗饲料是指干草、秸秆、薯藤、谷糠及其他农作物副产品;青饲料是指从人工草场、饲料基地收割的青草、青贮、玉米、猪草等;多汁饲料是指农作物的块根、块茎或果实等,如饲用甜菜、瓜类、薯类、胡萝卜等;精饲料包括各种谷物饲料、豆饼、油饼、麸皮等。对植物性饲料的细分类各地不完全统一,有的将青贮饲料与多汁饲料归并在一类,有的则把青贮饲料划入粗饲料,而把多汁饲料列入精饲料之中。

2. **动物性饲料**

动物性饲料主要是指动物性产品加工而得的产品或加工后的副产品再加工而得的产品,如血粉、鱼粉、骨肉粉等。

3. **矿物性饲料**

矿物性饲料是指利用矿物质作为补钙的饲料,如食盐、磷酸钙等。

4. **添加饲料**

例如维生素、微量元素、生长促进剂、饲用酵母等。

随着畜牧业向现代化方向进步和饲料工业的发展,配合饲料被越来越广泛地使用。配合饲料有两种类型:

一是全价配合饲料。它是根据不同畜禽在不同生长发育阶段对各种营养成分的需要,进行科学配方加工而成的饲料。利用全价配合饲料不仅可以充分利用当地的饲料资源,节省饲料费用,而且可以提高饲料报酬率,缩短饲养育肥期,为社会生产和人民生活提供更多的畜产品。

二是配合添加剂饲料。它是根据不同畜禽在不同生长发育阶段对各种营养成分的需要而制成的某一种营养成分的添加剂。饲养单位可根据需要按一定的配方,混合加工制成全价饲料。

(二) 饲料资源量的计算

饲料资源量应结合饲料来源和种类,采用不同的方法来计算。对于精饲料可直接根据有关的资料来计算。至于粗饲料、青贮饲料等,一般采用堆垛、窖藏等方式贮存,数量多、体积(容积)大,不便于称重。所以通常是根据草垛的体积或贮料窖的容积乘以单位体积或容重来推算,或根据这些植物的种植面积估算。对于农作物副产品可根据种植面积乘以每亩副产品产量或以主副产品比例来计算。

为了反映饲料的资源与使用情况,可编制饲料资源平衡表。其参考表式如表 5-3 所示。

表 5-3　饲料资源平衡表

项目	计量单位	饲料种类						
		精饲料	粗饲料	青贮饲料	多汁饲料	鱼粉	配合饲料	垫圈草
一、资源量总计								
1. 上年结存								
2. 饲料地生产								
3. 可供利用的农作物副产品								
4. 农产品加工副产品								
5. 购入饲料								
二、需要量总计								
1. 牲畜需要								
2. 保险储备								
3. 向国家交售								
4. 其他出售								
三、年末结存								

牲畜对各种饲料的需要量,是根据各种牲畜头数乘以对各类饲料的消耗定额计算的。利用饲料资源量与饲料的需要量对比,可以确定全年饲料的保证程度。应该指出:这种保证程度只是一种可能的或粗略的保证程度。因为在资源量部分只有上年结存的是实际数,其余均为预计数。另外,在研究饲料的保证程度时,还应分别就不同种类的饲料分析其保证程度。因为各种饲料的营养价值不同,各种牲畜对饲料有不同的选择,而且随着生长发育阶段不同对饲料的需求也不同。所以研究饲料的保证程度时,不仅要从总量上来衡量,还要按照不同种类的牲畜对不同饲料的需求量与相应的资源量来对比分析。

可以按不同种类的饲料来计算饲料资源量,有时需要折合成标准饲料单位来计算。标准饲料单位一般是以一千克燕麦所含的营养价值作为标准,对其他饲料求出折合系数,然后再计算饲料资源总量。计算公式为:

$$折合为标准饲料单位的饲料资源总量 = \sum 各种饲料的资源量 \times 该种饲料的折合系数$$

二、放牧牲畜饲料资源量的计算

放牧牲畜需要利用天然草场进行放牧以取得畜产品。当然,在越冬阶段还需要一定数量的饲料进行补饲。补饲部分的资源量与需要量,可参照圈养期的计算办法计算。

放牧牲畜牧草资源量,主要是根据不同草场的面积和产草量来推算。

(一)草场分类

目前我国对草场是以植被为基础,考虑地形、气候、土壤、水分等因素综合进行分类的,即分为草原、草山草坡、滩涂草地三大部分。草原主要分布在北方广大牧区,根据植被类型、地形、气候、土壤、水分等因素又可分为草甸草原、干旱草原和荒漠草原三大类型。草山草坡主要分布在长江以南,牧草种类繁多、生长旺盛、产量高,发展畜牧业的潜力很大。草山草坡也有草丛、灌丛和疏林三种类型。滩涂草地主要分布在沿海一带,草丛虽然繁茂,但品质较差。不同类型的草场有着不同的生产量,适合于不同的牲畜。草场分类不仅有助于牧草资源量的计算,而且对合理配置畜群,调整畜种结构,实行以草定畜都是必要的。草场还可以按季节划分为夏草场、冬草场、春秋草场等。

(二)草场面积

草场面积是计算牧草资源量的基础,也是安排畜群数量的依据。目前我国大多数牧区缺乏准确的草场面积资料,这对合理利用草场、制定草场改良规划造成了一定的困难。因此,必须逐步做好草场面积统计。其办法为:结合草场承包、土地规划等工作的开展,在草场分类的基础上运用填图法和测量法取得资料,或通过丈量取得资料。

(三)草场产草量

放牧期草场产草量:一般采取推算的办法,即在放牧开始前抽取一定面积的样本,实割实测,然后推算亩产量和总产量。推算时应考虑草场植被的草种情况,包括再生能力以及不可食的比重。这样计算的产草量,实际上是一种可能产草量。

(四) 放牧期牧草对牲畜的保证程度

放牧期牧草对牲畜的保证程度可用以下两个指标反映。

1. 平均每头牲畜所摊得的草场面积,或单位草场面积的载畜量

平均每头牲畜所摊得的草场面积越大,说明牧草对牲畜的保证程度越高。但也不是绝对的,因植被类型不同,产草量也不同。注意这里有一个适度载畜量的问题。产草量高,载畜量小,草场得不到充分利用;产草量低,载畜量大,造成过牧,促使草场退化,所以要具体分析。

2. 牧草对牲畜的保证程度

该指标是用平均每头牲畜所摊得的可能产草量与平均每头牲畜的定额需要量对比来反映的。关于平均每头牲畜所摊得的可能产草量的计算如前所述。至于平均每头牲畜的定额需要量,从科学养畜的要求来看,应根据不同牲畜、不同生长阶段对饲草饲料的要求制定出饲料消耗定额,这方面的资料可从畜牧科技部门取得,也可以向有经验的牧民了解。利用这个数据乘以放牧日期,可以求出每头牲畜在一个放牧期对牧草的需要量;然后用放牧期平均每头牲畜可摊得的可能产草量与之对比,就可以分析牧草对牲畜的保证程度。

三、饲料利用效果的分析

畜牧业生产过程,就是通过牲畜把饲料转化为畜产品的过程。科学喂养和饲料利用的经济效果,是反映饲养管理工作质量的重要标志。提高饲料利用的经济效果,就是用同样多的饲料消耗,为社会提供更多的畜产品。反映饲料利用效果的指标有:

(一) 饲料报酬

饲料报酬也称为饲料利用率或饲料转化率,是反映畜牧业生产和经营管理水平的一个重要指标。这一指标可以用单位畜产品的饲料消耗量来表示,也可以用单位饲料消耗所生产的畜产品数量来表示。

$$单位畜产品的饲料消耗量 = \frac{饲料消耗总量}{某种畜产品总产量}$$

$$单位饲料消耗所生产的畜产品 = \frac{某种畜产品总产量}{饲料消耗总量}$$

上式中饲料消耗总量可用全部饲料消耗量来计算（可按标准饲料单位计算），也可用精料粮或配合饲料来计算，还用饲料费用来计算。

（二）单位草场面积提供的畜产品量

对牧区，常用每百亩草场所提供的畜产品数量（或产值、收入）来反映草场的利用效果。

第五节 畜牧业抽样调查方案与指标解释

一、畜牧业抽样调查方案

（一）目的

根据国家统计局关于统计调查以普查为基础，抽样调查与全面统计相结合的精神，以准确把握畜牧业统计数据，提高统计调查效率，改革畜牧业统计调查制度方法，开展畜牧业抽样调查为目的制定调查方案。

（二）调查范围

各省、自治区、直辖市所有农户及非农户生产单位。

（三）调查内容

猪、牛、羊、禽等主要畜禽的产品产量、出栏及存栏。

（四）调查方法

1. MPPS（多变量与规模成比例的概率抽样）抽样调查

（1）非农户生产经营单位实行全数调查、逐级上报。畜牧业抽样方法是采用MPPS抽样方法，其抽中的基层推算点为调查村。

（2）农户（含规模饲养农户）采取抽样调查，根据MPPS抽样方法确定抽中调查（行政）村，调查工作在调查村中进行。具体调查方法如下：

① 抽中村规模饲养农户要进行逐个调查。

② 非规模饲养农户，可在抽中村抽取20~30农户进行记账调查，也可选取1~3个有代表性的村民小组进行逐户记账调查。具体方法由省级调查队根据实

际情况统一制定。

③ 规模户、非规模户确定后,年内进行固定观察。年末根据全年实际情况对规模户做一次性核定,并作为下年规模户进行调查。

2. 单主题多阶段平衡系统抽样

(1) 非农户生产经营单位实行全数调查、逐级上报。

(2) 农户(含规模饲养农户)采取抽样调查,全部调查工作在国家调查(行政)村进行。抽中村中规模饲养农户要进行逐个调查。非规模饲养农户,应按每户出栏数或产量从低到高(或从高到低)的顺序排队,逐户累计,采取随机起点、平衡系统抽样的方法抽选 10 个有代表性的农户进行入户调查访问。

(五) 调查数据的推算方法

1. 推算全省主要畜种产量数据

(1) 非农户产量由全省内全面调查汇总得出。

(2) 农户分品种畜牧业饲养量推算公式如下:

$$X = \sum_{i=1}^{m} \sum_{j=1}^{l} (x_{ij} \cdot w_{ij} + x'_i) \cdot w_i \cdot k \cdot (1/r)$$

式中:X——推算出的某一畜种(猪、牛、羊、禽)某一指标(存栏、出栏)数量;

x_{ij}——第 i 个行政村第 j 户(规模以下散养户)的饲养量;

x'_i——第 i 个行政村所有规模户的饲养量;

w_i——每个样本村的权数(扩展因子);

w_{ij}——第 i 个村第 j 个散养户的权数,它等于整个行政村散养户数量除以抽中的散养户数量的值;

k——国家调查县所有村的数量与构成抽样框的样本村数量的比值;

r——国家调查县畜牧业饲养总量占全省所有县畜牧业饲养总量的比率。

(3) 全省主要畜种生产量推算:

全省某一畜种产量(Z)= 农户产量(X)+ 非农户产量(Y)

不论是对规模以上饲养户进行的全面调查,还是对规模以下饲养户进行的抽样调查,现场调查都要同时调查主要家畜——猪、牛、羊,以及家禽的存栏与出栏等主要指标。

畜牧业规模临界点的计算,是在对总体中每个农户的畜牧业饲养量排序的基础上,假设在某一点将总体分成全数调查层和抽样调查层,如果在给定的抽样精度下按简单随机抽样计算的抽样层的样本量,加上全数调查层的样本量,两者之和达到最小值,则这一点就是我们要确定的规模临界点。畜牧业规模临界点作为规模户调查标准,由各地区根据计算结果确定,并报总队备案。

2. 单主题多阶段平衡系统抽样

在一些地区,有些畜种由于分布不均,进行多主题抽样不能抽出比较具有代表性的网点时,可采用原来的单主题多阶段平衡系统抽样,如牛、羊等。推算方法与原制度相同。具体推算方法如下:

(1) 散养户畜禽产量的推算。

① 计算出某调查村散养农户的比例:

$$R_{Mi} = \frac{全村散养农户数}{全村户数}$$

② 计算全部抽样调查村散养农户的比例:

$$R_{M抽} = \frac{各调查村散养农户比例之和}{调查村数}$$

③ 了解抽样总体中空白村的户数,计算空白村的农户数与抽样总体所有农户的比重:

$$R_{空} = \frac{抽样总体中空白村农户数}{抽样总体所包含村的总户数}$$

④ 计算全省调查农户户均(散养)畜禽产量:

$$\bar{y}_M = \frac{全省调查农户(散养)畜禽产量合计}{全省调查户数(散养)}$$

⑤ 推算全省抽样部分散养农户畜禽产量:

$$Y_{M目} = \bar{y}_M \times N \times R_{M抽} \times (1 - R_{空})$$

式中:N——全省乡村户数。

(2) 规模养殖农户畜禽产量的推算。

① 计算出某调查村规模养殖农户的比例:

$$R_{Mi} = \frac{全村规模养殖户数}{全村户数}$$

② 计算出全部抽样调查村规模农户的比例:

$$R_{M抽} = \frac{各调查村规模养殖农户比例之和}{调查村数}$$

③ 计算抽样总体中养殖村户数占抽样总体全部村总户数的比例:

$$R_{M目} = \frac{抽样总体中养殖村户数}{抽样总体所包含村的总户数}$$

④ 全省调查村规模农户户均畜禽产量:

$$\bar{y}_M = \frac{全省调查村户均规模养殖畜禽产量之和}{全省调查村数}$$

⑤ 推算全省抽样部分规模养殖农户畜禽产量:

$$Y_{M目} = \bar{y}_M \times N \times R_{M抽} \times R_{M目}$$

式中:N——全省乡村户数。

在全省范围开展畜牧规模养殖调查的,对规模养殖部分不作上述推算。

(3) 全省全部畜禽产量:

全省全部畜禽产量 = 散养部分的产量 + 规模养殖部分的产量 + 非农户饲养部分的产量

(六) 调查周期与基层上报时间

(1) 农户(含规模农户)全年调查4次,上报时间为4月5日前报一季度数据,7月5日前报上半年数据,9月30日前报前三个季度数据,次年1月5日前报全年数据。次年调查时,要求农户填报上年同期数据。

(2) 非农户生产单位上报时间同上。

(七) 其他

(1) 出栏标准:以农业普查规定为准。

(2) 胴体重:通过抽样调查制定全省统一标准。

二、畜牧业抽样调查指标解释

(1) 期初存栏,指在期初时点所饲养畜禽总量,包括正在育肥的畜(禽)、各种仔畜(禽)及没有达到出栏标准的壳郎猪、架子牛、半大羊、种畜(禽)等的数量。

(2) 期内增加,指在期内通过自繁自育、购入、亲友赠送等所增加的数量。

(3) 生产,指在期内自繁自育增加的仔畜(禽)数量。

(4) 购入,指在期内从各种渠道购入的数量。

(5) 期内减少,指在期内由于出栏、出售、死亡、赠送亲友等所减少的数量。

(6) 出栏,指在期内供屠宰和自食的成畜(禽)数量。

(7) 出售,指在期内出售的各种仔畜(禽)及没有达到出栏标准的壳郎猪、架子牛、半大羊等的数量。

(8) 期末存栏,指在期末时点所拥有的畜禽饲养总量,包括正在育肥的畜(禽)、各种仔畜(禽)及没有达到出栏标准的壳郎猪、架子牛、半大羊、种畜(禽)等的数量。

(9) 后备母猪,指仔猪到 3 个月分栏时留作后备繁殖用的母猪数量。

(10) 繁殖母猪,指能够受怀、繁殖的母猪数量。

(11) 妊娠母猪,指正在怀孕的母猪数量。

(12) 役牛,指在成牛中能够供使役的牛的数量。

(13) 经产母牛,指最少有一次以上产仔经验的母牛数量。

(14) 产奶乳牛,指已经开始产奶的乳牛数量。

(15) 日平均产奶量,指每头牛一日产奶的平均数量,如果一户养 5 头产奶乳牛,日平均产奶量就是 5 头乳牛一日产奶的总量除以 5 后的平均值。

(16) 羊毛产量,指在期内所饲养的能够产毛的绵羊所产羊毛的总量。

(17) 种禽,指专门用于繁殖家禽的种鸡、种鸭、种鹅的数量。

(18) 蛋禽,指以产蛋为主要目的的家禽数量。

(19) 肉禽,指以供屠宰食肉为主要目的的家禽数量。

(20) 产蛋量,指所饲养的蛋禽产蛋的总量。

复习思考题

1. 简述牲畜实有头数、牲畜平均头数、全年饲养头数、牲畜出栏头数、牲畜标准头数的含义。

2. 反映畜群饲养管理工作质量的指标有哪些?

3. 简述畜牧业抽样调查方案的构成。

第六章 林业、渔业统计

本章学习目标

通过本章学习，了解林业和渔业统计的主要内容和方法；了解林业和渔业统计调查方案的组织实施；掌握林业和渔业产量统计和分析方法。

本章导读

林业和渔业作为我国农业的重要组成部分，二者的统计工作也尤为重要。在林业统计中有哪些方法？该注意哪些问题？渔业统计又该如何进行呢？可以带着这些问题进行本章的学习。

第一节 林业的统计方法

林业是从事林木栽培和林产品生产的物质生产部门，在国民经济中占有十分重要的地位。大力发展林业生产，不仅能为社会提供大量木材和各种林产品，满足国家经济建设和人民生活的需要，而且对涵养水源、调节气候、保持水土、防风治沙、减少自然灾害等都起着重要的作用。

一、森林面积统计

森林是成片林木的总称。反映森林资源数量的森林面积，是衡量林业生产规模和水平的重要指标，既可评估木材蓄积量和林产品的多少，又可揭示生态环境的优劣。

森林面积 = 人工经营的森林面积 + 天然森林面积

人工经营的森林面积,是指人工经营的成片林木面积,不论是成林还是幼林,是当年营造还是往年营造,也不论林木的经济用途,只要是人工营造的,其面积都应统计在内,但不包括林中空地、采伐迹地、火烧迹地、林中道路、防火线和苗圃占用的面积。

天然森林面积,是指未进行人工抚育改造的森林面积,属于森林的自然资源。

森林面积一般按年末实有面积进行统计,将其与土地面积和人口数对比,可以计算一个国家(地区)的森林覆盖率和人均森林面积。森林覆盖率是一个重要的经济效益和生态效益指标。根据森林面积,还可以计算林地利用率,即林业用地中,林地面积占林业面积的比重。

森林资源还可以按林木的用途、经济类型和造林方式进行分类,并分别统计其面积。

(一) 按林木用途分类

按林木用途分类,森林可分为防护林、用材林、经济林、薪炭林、特种用途林。

1. **防护林**

防护林是以防护为主要目的的森林和灌木丛,包括水源涵养林、水土保持林、防风固沙林、农田和牧场防护林、护岸和护路林等。

2. **用材林**

用材林是以生产木材为主要目的的林木。

3. **经济林**

经济林是以生产果品、食用油料、饮料、调料、工业原料和药材等为主要目的的林木。

4. **薪炭林**

薪炭林是以生产燃料为主要目的的林木。

5. **特种用途林**

特种用途林是以国防、环境保护、科学实验为主要目的的林木,包括国防林、实验林、母树林、环境保护林、风景林、名胜古迹和革命纪念地林木、自然保护区的林木。

(二) 按经济类型分类

按经济类型分类,森林可分为国有造林、国家和集体合作造林、乡村集体造林和农民个人造林。

1. 国有造林

这是指林权属于国家的造林,包括国有林场全民所有制企业、事业单位所造的林木。

2. 国家和集体合作造林

这是指国家和乡村集体组织合作所造的林木,根据双方活劳动和物化劳动的投入,通过合同分享林权。

3. 乡村集体造林

这是指林权归乡村集体所有的造林。

4. 农民个人造林

这是指农民在承包的林地、自留山以及房前屋后所种植的林木,林权归农民个人所有。鼓励农民个人造林,是绿化我国20亿亩宜林荒山荒地的重要举措。

(三) 按造林方式分类

按造林方式分类,森林可分为人工造林和飞播造林。

1. 人工造林

这是指用人工直播和定植的造林。

2. 飞播造林

这是指在大片荒山、荒地用飞机撒播树种的造林。飞播造林面积,反映了造林的现代化水平,可以完成人迹罕至地带的造林任务。

对于森林面积,还可以按林木年龄统计幼林和成林面积,或按省、地、县、区等行政区划统计造林面积,揭示森林面积的地理分布,并计算各地的森林覆盖率、林木蓄积量、人均森林面积和人均蓄积量等指标。

森林面积应包括竹类面积。它是我国第二大森林资源,约达400万公顷,居世界首位。竹是建筑和造纸良材,纺织工业的天然原料;竹副产品为食用保健佳品,不少被列为绿色食品。竹类是优良的生态绿化树种,生长快、周期短、产量高,以竹代木,竹木并举。发展竹类,已成为全人类克服森林资源危机的共识。

二、林业再生产统计

在林业再生产过程中,一方面,每年会有一部分林木为满足国民经济建设的需要而被采伐;另一方面,为了保证林业的再生产和扩大再生产,每年都要进行植树造林。反映林业再生产情况的主要统计指标如下:

(一)采种量和育苗面积

采种、育苗是保证林业再生产和扩大再生产的前提。

采种量是指为造林和更新所采集或收购的各种林木的种子数量,包括本地区范围内各采集单位自行采集及直接或委托商业部门收购的全部种子数量,不包括从外地调入的种子量。种子量应以处理后的种子计算。不得以坚果、荚果、毛果计算。凡属提供人们食用或作为工业原料用的如油茶籽、油桐籽、核桃等,因已统计为林产品产量,就不能再重复计入采种数量内。

育苗面积是指为了造林和更新而进行的苗木培育所实际利用的苗圃面积,包括新育、留床、移植等占地面积。育苗面积应按实测后的实际占用土地面积计算。用营养杯、砖育苗,因不占用苗圃地,故不应计入育苗面积,只计入产苗量。

(二)造林面积

造林面积是指本年度内在荒山、荒地、沙丘等一切可以营造林木的土地上,采用人工播种、植苗、飞机播种等办法新植的成片乔木林和灌木林。年末调查时经过检查成活率达到85%(含85%)以上的面积;在水旁、路旁种植树木4行以上,连续面积在1市亩以上,也应该计入造林面积。但零星植树不应折算为造林面积。在原有林地进行的补植面积、治沙种草面积、经济林垦复面积、迹地更新面积和次生林改造面积,也不应该计为造林面积。造林面积以实测面积计算。

造林成活率是评价植树造林工作质量的指标,通常采用抽样法推算全部面积的成活率。其计算公式如下:

$$造林成活率 = \frac{成活的树木株数}{种植的树木株数} \times 100\%$$

(三)零星植树

零星植树是指在村旁、路旁、宅旁、水旁等地零星栽植的树木和竹子的成活株树,包括耕地上的零星植树株树。零星植树按年末实际成活株树计算。

(四)迹地更新面积

迹地更新面积是指在采伐后的林地和火烧后的林地上进行人工更新,或人工促进天然更新的面积。但不包括天然更新面积、补植面积和重造面积。如本年内更新成活率在85%以下,则需要进行重造。未重造的,应在更新面积中扣除。

(五)次生林改造面积

次生林是指森林经过天然和人为的破坏以后,再次生长起来的林木。对这些林地进行间伐、疏林,以及对生长不良的林木分别进行补植和改变树种、林种的面积,称为次生林改造面积。

(六)幼林抚育面积和幼林抚育作业面积

幼林抚育面积是指为了促进幼林的成长壮大,对3~5年以内的新造幼林和迹地更新的幼林进行中耕、除草、灌溉等实际抚育工作面积。幼林抚育面积按实际面积计算,即在同一块幼林地上,报告期内不论进行了几次作业,都按这块幼林的实际面积计算,不得重复,它主要反映幼林抚育的实际规模。幼林抚育作业面积是指按作业面积计算的,即进行一次作业,就计算一次面积,它等于幼林抚育实际面积和抚育次数的乘积。如幼林3亩,年内抚育了3次,其作业面积为9亩。它主要反映幼林抚育的工作量。

(七)成林抚育面积

成林抚育面积是指为了改善林木组成,提高林木质量,促进林木生长,对3~5年及以上的林木进行间伐、修枝、松土等抚育工作的面积。成林抚育面积按实际面积计算。

三、林产品产量统计

林产品是营林生产的直接成果,其产量是评价林业生产的重要指标。林产品产量,包括人造林生长量和其他林产品产量。

(一)人造林生长量

这是指在一定时期内人造林木的树高和直径生长所增加的材积数量。人造林生长量,可采用直接和间接两种方法计算。用直接法计算林木生长量的任务颇为繁重,在我国林业生产统计实践中,多采用间接法进行估算,即用当年实际进行抚育管理的幼林和成林面积的生产费用来进行估算。

(二) 其他林产品产量

(1) 人工经营的树木未经砍伐而获得的林产品(如核桃、板栗、油桐籽、花椒、生漆、棕片等)和副产品(如木耳、香菇、笋干等),其产量应按全部实际准确统计,可根据出售量加自用量进行估算。产品计算应按统一规定,如油菜籽、油桐籽、核桃,以去掉外壳按干籽量统计;棕片、竹笋,以干片计量;生漆、松脂以新从树上割取的数量计算等。林产品不包括采集野生林木上的产品。

(2) 人工抚育改造林木过程中进行间伐、修枝等所获得的种子、果实和枝叶(如荆叶、柳条、蒲葵叶等)。

(3) 村及村以下所采伐的竹木。木材和竹材的采伐本应属于森林工业的范围,但按我国现行的统计制度,将村及村以下的竹木采伐统计在林业产品内。

四、林业生产统计资料分析

林业生产统计资料分析主要包括以下几个方面。

(一) 造林面积变动情况的分析

通过造林面积统计资料的分析,可以研究林业生产的规模和发展速度。

除了对造林总面积统计资料分析外,还可分析造林面积内部的结构变化,以及按不同经济形势分析造林面积的发展变化情况。首先,可比较不同时期主要林产品产量的增减变动情况,分析由于产量的增减对加工工业、出口和农民收入的影响;其次,可分析主要林产品产量的变动原因,计算并研究林产品的收获率高低,气候条件和林产品价格水平等因素的变化,对林产品产量增减变化的影响。

林产品的收获率高低,是通过计算单位面积的林产品产量来反映的。其计算公式如下:

$$\text{林产品单位面积产量} = \frac{\text{林产品收获量}}{\text{实际收获面积}}$$

(二) 森林面积及森林覆盖率资料的分析

森林面积的多少及森林覆盖率的高低,是反映一个地区和单位林业生产发展水平的主要标志之一。通过对森林面积及覆盖率资料的研究,分析一个地区或单位森林面积占全部土地面积的比重及其变化的原因,挖掘潜力,促进林业生产的进一步发展。森林覆盖率的计算公式如下:

$$\text{森林覆盖率} = \frac{\text{年末实有森林面积}}{\text{全部土地面积}} \times 100\%$$

(三) 森林采伐与更新资料的分析

造林与更新速度快于采伐速度,才能保证森林面积逐步扩大,使更新与采伐相适应。例如,某林场森林更新和采伐面积见表 6-1。

表 6-1　某林场森林更新和采伐面积

项目	单位	2022 年	2017 年	2022 年比 2017 年增减 (%)
造林更新面积	万亩	500	250	100
森林采伐面积	万亩	300	250	20

表 6-1 的数据表明,该林场的林业生产发展较快。2022 年与 2017 年相比,造林更新面积增长 100%,快于同期森林采伐面积增长 20% 的速度,坚持了造林更新速度必须快于采伐速度的方针。同时,采伐面积占造林更新面积的比重,也由 2017 年的 100% 下降为 60%,从而使采伐速度大大慢于造林更新速度。

另外,还必须重视木材蓄积量的增减变化情况的分析,为国家建设用材的增长提供依据。

第二节　渔业的统计方法

渔业是农业生产的重要组成部分,在国民经济中占有重要的地位。发展渔业生产,不仅可以改善城乡人民的生活,提高全民的营养水平,同时还能为工业和医药提供原料,为农牧业提供肥料和饲料,对促进农村经济的发展有十分重要的意义。

一、渔业生产统计的分类

按渔业生产性质分类,可分为养殖与捕捞。凡是人工放养繁殖的水产品划分为养殖(养殖产量一律以捕捞的产量计算,虽养成而未捕捞的,不包括在内);捕捞天然生长的水产品划分为捕捞。

按生产活动场所分类,可分为海水产品的养殖与捕捞和淡水产品的养殖与捕捞。

按生产种类分类,可分为海水产品和淡水产品。海水产品包括海水的鱼类、虾蟹类、贝类和藻类。淡水产品包括淡水的鱼类、虾蟹类和贝类,但不包括淡水水生植物。

二、水产品产量统计

水产品产量是指本年度内国有企业、事业单位,各种渔业专业组织,农渔兼营组织,农村各种合作经济组织和农户,以及机关团体所捕捞的水产品产量,包括人工养殖的水产品和天然生长的水产品。不论自食还是出售的水产品,都计算在内。

在统计水产品产量时,有以下五条具体规定:

(1) 全年水产品产量按月历年度统计。有些渔船年内到外地捕鱼至12月31日尚未返回的,为了便于统计,其产量可以等返航时计算在下年度的产量内,不作本年度产量统计。

(2) 水产品由生产单位所在地进行统计,到外地捕鱼而产品又在外地出售的,其产量应该统计在本地的水产品产量中,外地不统计该产品的生产量。同理,本地的水产品产量中也不应该统计外地渔船到本地停泊出售的数量,以免重复计算。

(3) 用作继续扩大再生产的水产品,如鱼苗、鱼种、亲鱼、鱼饵及转塘鱼、存塘鱼等,都不作水产品产量统计。

(4) 在渔业生产单位出售之前已经变质或因残次不能食用的水产品,不论是改作饲料、肥料还是其他用途,也不作水产品产量统计。

(5) 水产品产量计算标准。海蜇按三矾后的成品计算;藻类和海参按干品计算;贝类中的牡蛎(蚝)按鲜肉计算;蚶、蛤、蚌按5千克鲜品折1千克计算;蛏、贻贝、江瑶贝带壳计算;其余各种水产品都按鲜品计算。

水产品产量应按海水产品和淡水产品分别统计。

(一) 海水产品

海水产品包括海洋鱼类、虾蟹类、贝类和藻类。

(1) 海洋鱼类,包括各种海水鱼(大黄鱼、小黄鱼、带鱼等),墨鱼、鱿鱼、海蜇、海参和海兽等也按海水鱼类产量统计。

(2) 虾蟹类,包括各种海水虾和蟹,如对虾、龙虾、梭子蟹等。

(3) 贝类,包括牡蛎、蚶、蛤、贻贝、扇贝、江瑶贝、鲍鱼、红螺、响螺等。

(4) 藻类,包括海带、紫菜、裙带菜、石花菜等。

海水产品除了按产品的性质分类统计外,还可以按养殖和捕捞海域的地理位置,分别统计远洋渔业、外海渔业、近海渔业和沿岸渔业产量,以揭示海洋渔业产量的构成。

(二) 淡水产品

淡水产品包括淡水鱼类、虾蟹类和贝类。

(1) 淡水鱼类,包括各种淡水鱼(如鲤鱼、鲫鱼、鲭鱼、草鱼、鲢鱼、鲟鱼、白鱼、银鱼等),鳝鱼、泥鳅、龟鳖等也按淡水鱼类产量统计。

(2) 虾蟹类,包括各种淡水虾和蟹。

(3) 贝类,包括蚌、田螺等。

三、养殖面积和产品率统计

(一) 养殖面积统计

养殖面积是反映养殖生产规模的主要指标。水产品养殖面积是指人工投放鱼、蛏、各种贝类、鱼苗等水产苗种以养殖鱼、虾、贝、藻等水产品的人工养殖水面面积。

1. 海水养殖面积

这是指利用海滩、浅海、港湾放养海带苗、蛏、各种贝类、鱼苗等水产苗种以养殖鱼、虾、贝、藻等水产品的人工养殖水面面积。

2. 淡水养殖面积

这是指已放养鱼苗、鱼种等水产品苗种,并进行人工饲养管理的池塘、湖泊、水库、沟渠的养殖水面面积。稻田养鱼和水生植物的栽培面积不包括在内。

(二) 养殖产品率统计

养殖产品率是指养殖面积的单位面积产量。其计算公式如下:

$$养殖单位面积产量 = \frac{全年捕捞量}{养殖面积}$$

这一指标一般是按实际捕捞的养殖面积来计算,它用以说明养殖面积的实际生产能力。对于鱼类,由于实际捕捞的养殖面积往往不易计算准确,所以一般都按全部养殖面积计算。

(三)捕捞规模和捕捞产品率统计

捕捞分为海水捕捞和淡水捕捞。反映捕捞规模的常用指标有渔船、渔具和劳动力的数量等。

通过捕捞规模可计算捕捞产品率,用以反映捕捞生产的水平,揭示捕捞的效率。捕捞产品率通常用以下指标统计:

1. 平均每吨位捕捞量

捕捞产量与渔船吨位的大小有直接关系。为了对比吨位不同的渔船生产率的高低,可按每作业单位渔船吨位计算平均捕捞量。其计算公式如下:

$$平均每吨位捕捞量 = \frac{该作业单位全年捕捞量}{该作业单位渔船吨位数}$$

在计算这个指标时,渔船的总吨位按船只全部容积来计算。通常是每100立方英尺①或2.83立方米作一个吨位。

2. 平均每马力捕捞量

捕捞产量与渔船马力多少也有直接关系。为了对比马力不同的渔船生产率的高低,就要计算渔船平均每马力捕捞量。其计算公式如下:

$$平均每马力捕捞量 = \frac{该机动渔船的全年捕捞量}{该机动渔船的马力数}$$

3. 平均每劳动力捕捞量

这是报告期捕捞量与平均劳动力数之比。它用以说明不同单位、地区从事渔业捕捞的劳动生产率。

$$平均每劳动力捕捞量 = \frac{报告期捕捞量}{该期平均劳动力数}$$

---

① 1立方英尺 =0.028 317 立方米。

复习思考题

1. 森林面积的含义是什么?
2. 林业再生产统计主要包括哪些指标?
3. 林产品产量统计包括哪些指标?
4. 简述渔业生产统计的分类。

第七章　农业总产品统计

本章学习目标

通过本章学习,了解反映农业总产品的价值量指标,即农业总产值、中间消耗和增加值的核算方法;掌握农业总产值具体的统计指标与核算方法。

本章导读

农业总产品统计是指用实物量指标来反映农林牧渔业的生产成果。但由于不同产品的实物产量不能直接相加,就不能如实地反映农业生产总的规模、水平和成果。因此,为了计算农业产品的总量指标,就必须作价计算。用价值量表示的农产品产量,叫做农产品产值。农业总产品统计主要有哪些内容?我们又该如何进行统计呢?可以带着这些问题进行本章的学习。

第一节　农林牧渔业总产值统计

一、农林牧渔业总产值的概念及作用

农林牧渔业总产值是指以货币表现的农林牧渔业的产品总量,以及对农林牧渔业生产活动进行的各种支持性服务活动的价值总量。它反映一定时期内农林牧渔业生产总规模和总成果,是观察农林牧渔业生产水平和发展速度,研究农林牧渔业内部比例关系的重要指标,同时也是计算农林牧渔业劳动生产率和农

林牧渔业增加值的基础资料。

　　1957年以前的农林牧渔业总产值中包括了厩肥和农民自给性手工业产值（如农民自制衣服、鞋、袜，自己从事粮食初步加工等）。1958年及以后，林业中增加了村及村以下竹木采伐产值；牧业中取消了厩肥产值；副业中取消了农民自给性手工业产值，增加了村及村以下办的工业产值；渔业中增加了海洋捕捞水产品产值。1980年及以后，在副业中增加了农民家庭兼营工业商品部分的产值。从1984年起村及村以下工业产值划归工业。从1993年起取消副业，将野生动物的捕猎划入牧业，野生植物采集和农民家庭兼营商品性工业划归农业。从2003年起，执行新的国民经济行业分类标准，农林牧渔业总产值中包括了农林牧渔及农林牧渔服务业产值。林业中增加了森林采运业产值。农业中取消了家庭兼营商品性工业产值，将野生林产品的采集划归林业。第一次农业普查以后，由于畜牧业产品年报数据与普查数据之间存在一定的差距，国家统计局农调总队将畜牧业年报数据与普查数据进行衔接，对畜牧业产值进行相应调整。

　　计算农林牧渔业总产值的意义和作用在于：

　　（1）该指标反映农林牧渔业生产的规模、水平和速度。由于各种农林牧渔产品的实物产量只能说明某项生产成果，反映不出农林牧渔业生产的总成果。农林牧渔业总产值是农林牧渔业全部产品产量的总价值，它能够反映农林牧渔业物质生产部门在一定时期生产的全部产品和价值，体现农林牧渔业生产的总成果。在目前统计和经济工作中，农林牧渔业总产值常用于观察整个农林牧渔业生产的发展水平和发展速度。

　　（2）该指标结合工业总产值指标，反映工业与农林牧渔业生产的比例关系及变化趋势和规律。

　　（3）该指标反映农、林、牧、渔和农林牧渔服务业五业的比例关系和种植业内部粮食与经济作物的比例关系，还可结合农村社会总产值指标，研究农村产业结构的变化趋势。

　　（4）该指标是计算农林牧渔业增加值和其他经济效益指标的基础。

二、农林牧渔业总产值的计算范围

　　农林牧渔业总产值的统计范围是辖区内各种经济组织类型、各个系统的全部农林牧渔业生产单位和非农行业单位附属的农林牧渔业生产活动单位。军委系统的农林牧渔业生产(除军马外)也应包括在内,但不包括农业科学试验机构进行的农业生产。

农林牧渔业总产值的核算执行日历年度。对于收获期延长到次年年初的个别农产品(如甘蔗),仍然把延期收获的部分算在本年度内。其具体内容是:

(一) 农业产值

1. 谷物和其他作物产值

除谷物(所包含的种类在此不再赘述)外,其他作物产值包括以下方面。

(1) 薯类、豆类产值:按各种产品主副产品的产量乘以单价的方法计算。豆类包括大豆、绿豆、红小豆、蚕豆、豌豆、芸豆等豆类作物的主副产品。大豆具体指黄豆、黑豆、青豆三类。薯类包括红薯、马铃薯等薯类作物的主副产品,不包括芋头、木薯等。大中城市(50万人以上和省会城市)和郊区(市辖区,不包括市辖县)作为蔬菜青吃的毛豆、蚕豆、豌豆和马铃薯(土豆、洋芋)等按蔬菜计算产值,其他地区一律按豆类、薯类计算产值。如果缺乏副产品产量和价格资料,副产品的价值可以通过主副产品的比例来推算。

(2) 油料作物产值:包括花生果(带壳的干花生)、油菜籽、芝麻、向日葵和其他油料作物主副产品的产值,但不包括木本油料和野生油料的产值。

(3) 棉花产值:指籽棉和棉秆等主副产品的产值,但不包括木棉。

(4) 生麻产值:包括黄红麻、苎麻、线麻、亚麻、苘麻、剑麻和其他麻的主副产品产值,但不包括野生麻类产值。

(5) 糖类作物产值:包括甘蔗的蔗秆产值、甜菜的块根产值。甘蔗包括糖蔗和果蔗。甜菜不管用途如何,都要计算在内。

(6) 烟草产值:包括烤烟、晒(土)烟等干烟叶的产值。

(7) 其他农作物产值:包括青饲料、绿肥、牧草、桑叶及采集的野生植物等的产值。这些作物的产值一般以产量乘单价计算。青饲料和绿肥一般没有价格,也缺乏产量数据,其产值计算可按播种面积乘平均每亩种植成本来计算。种植成本是指种植作物所耗用的种子、肥料、农药、修理费、机耕费等费用。每亩种植成本可用抽样调查(或重点调查)的方法取得,播种面积可从农业生产年报取得。桑叶产值按饲养家蚕用的桑叶量乘价格计算,而饲养用桑叶量可以根据生产每担蚕茧耗用的桑叶数量来计算。野生植物采集的产值按采集的各种野生药材、纤维原料、油料、淀粉原料等原料产品(未经加工)的数量乘这些产品的单价计算。产量数字可从收购部门了解并应加上自留部分。

2. 蔬菜、食用菌、花卉盆景园艺作物产值

蔬菜、食用菌产值：包括叶菜类、瓜菜类、块根菜类、块茎菜类、茄果菜类、葱蒜类、菜用豆类、水生菜类、食用菌类及其他蔬菜的产值。按各种蔬菜的产量分别乘以这些蔬菜的价格计算。其中食用菌类产值按各种食用菌类产量(干鲜混合)分别乘其单价计算。

花卉盆景园艺作物产值：包括商品性的鲜切花和盆栽类观赏植物的产值。城市中生产鲜花的企业产值按销售额计算，乡村及农户为出售而培植的花卉，按出售收入计算。有条件的地方可以直接用商品量乘以价格的方法计算；没有条件的地方可以通过工商、税务、农业等部门了解，或者通过住户调查资料进行推算。

3. 水果、坚果、茶、饮料和香料产值

此类产值按各种水果、坚果、茶、饮料和香料的产量分别乘以其价格计算。

4. 中草药材产值

此类产值是指人工种植的金银花、红花、黄芪、甘草、枸杞等各种药材的主、副产品产值。如果缺乏产量资料，可以按种植面积推算，也可以和收购部门研究，按收购额推算。

（二）林业产值

1. 林木的培育和种植

目前采用以费用代替生长量计算产值，即按从事人造林木各项生产活动的成本计算。也就是说，先从林业生产统计报表中取得育苗面积、造林面积、零星植树株数、迹地更新面积、幼林抚育面积和成林抚育面积等数据。然后分别乘以上述各项生产活动的每亩成本求得(零星植树按每株成本计算)。林业生产中的其他费用，如造林前的调查设计费用和护林防火费用等因与林木生长成间接关系不包括在内。

2. 木材、竹材采运产值

该指标是指对林木和竹木的采伐，并将其运出山场至贮木场的生产活动产

值。2003 年以前，林业产值中仅包括村及村以下木材、竹材的采运活动产值。从 2003 年定期报表开始，原来划归工业部门的木材、竹材采运活动划归林业。因此，该指标为全社会口径木材、竹材的采运活动产值。该产值按各种木材、竹材采伐产量乘以产品价格计算。

3. **林产品产值**

各种林产品的产值按产量乘价格计算，不包括桑叶、茶叶、水果、食用菌、核桃和板栗等坚果的产值，它们是属于种植业的产值。

（三）牧业产值

1. **牲畜饲养的产值**

牲畜饲养的产值包括年内出栏的牛、羊、马、驴、骡等主要牲畜的产值和奶、毛绒等牲畜产品的产值。牲畜饲养的产值均按出栏量计算，包括淘汰的耕畜、奶牛。牧区冬季饿死、冻死的羊只，三头折一头成年羊计算产值。死亡的只数只在牧区计算，而且只算冬季死亡只数，农区一般不必计算。

牛奶、羊奶产量中只包括人工挤出的数量，牛犊、羊羔直接吮食的数量不应计算。羊毛、驼毛、鬃毛、肠衣等产量中不包括屠宰牲畜后所获得的产品。牲畜出栏量和牲畜产品产量，可以从农林牧渔业统计调查资料中获得。出肉率由省统一调查确定。

2. **猪的饲养产值**

猪的饲养产值包括出栏肉猪的产值和猪的副产品产值。出栏肉猪的产值按出栏头数乘以平均每头的价格计算。猪的副产品产值不包括肉猪屠宰后所获得的副产品。本年肉猪出栏头数与猪肉产量由当年畜牧生产统计年报中取得，出肉率由省统一调查确定。

3. **家禽饲养产值**

家禽饲养产值包括家禽主产品的产值和蛋类、羽绒等家禽副产品的产值。家禽饲养产值一般可按各种家禽的出栏只数乘以成年家禽价格计算；蛋类产量包括孵雏用的种蛋数量在内；宰杀后所获得的羽绒等产品就不应当再算产值。

4. **狩猎和捕捉动物产值**

狩猎和捕捉动物产值按捕猎所得产品的数量乘以价格计算。其产量可从农林牧渔业统计调查资料中获得，但应注意，不要把人工饲养的产值包括在内。

5. 其他畜牧业产值

其他畜牧业产值按产量乘以价格计算。对于以取得毛皮为目的的毛皮兽饲养业，以毛皮产量乘价格计算产量。其他动物饲养的产品产量一部分可以从农林牧渔业统计调查资料中取得，另一部分可以从收购部门获得。

（四）渔业产值

1. 海水产品产值

海水产品产值按捕捞的天然海水产品和海水养殖的水生动物产品产量及海藻的采集量乘以这些产品的价格计算。

2. 淡水产品产值

淡水产品产值按捕捞的天然淡水产品和淡水养殖的水生动物产品产量乘以这些产品的价格计算。没有捕获而留在水中的数量不计算产值。鱼苗和鱼种的培育是渔业生产的一个过程，不是渔业生产的最终产品，因此不计算渔业产值。从外地购回水产品屯养后出售，不能计算产值。它已属商业活动的一部分，而且产地已经计算在渔业产值内，应避免重复。计算渔业产值所需的各种产量资料，可从水产统计报表中获得。

（五）农林牧渔服务业产值

农林牧渔服务业产值等于农林牧渔服务业营业收入。经济普查年份数据资料来源于单位基本情况表，非普查年份数据资料主要是通过测算年度增加值，然后用上年度增加值率来反推得到。

（六）附记指标

该指标是指农民家庭兼营的商品性工业产值，即以从事农林牧渔业生产为主的农民家庭兼营的工业，只计算农民家庭为出售而生产的工业品价值。其产值以出售价格计算。退耕还草产值，按退耕还草面积乘以单位面积的成本（投入）计算，不包括用以出售的草坪草皮的产值。该项活动的产值已在园艺作物中计算。

三、农林牧渔业总产值的核算方法

根据农业生产特点，农林牧渔业总产值采用"产品法"进行核算，即用产品产量乘以价格求出各种产品的产值，然后把它们加总求得各业的产值，最后各业产值相加求出农林牧渔业总产值。当年生产的各种农产品都要计算产值,并且每种产品都按全部产量计算,不扣除用于当年农产品生产消耗的那部分产品的产值。

(一) 产品产量的取得方法

总产值统计的报告期分为年报和定期报表,主产品产量可以从农林牧渔业生产统计报表中获得,凡是有抽样调查数据的均使用抽样调查数据;副产品产量,可以根据农林牧渔业生产统计报表中各种作物的收获面积和通过典型调查了解的每亩地上各种作物副产品产量的资料来推算,也可根据了解的各种农作物主、副产品的比例来推算。

(二) 总产值计算价格的确定

合理确定农产品的价格也是计算农林牧渔业总产值必须解决的一个重要问题。计算农林牧渔业总产值时,一般采用两种价格:现行价格和不变价格。

1. 现行价格

现行价格是指农产品生产价格,即生产者第一手出售农产品的价格。生产价格统计资料中没有涵盖到的少数农产品,可以用集贸市场价格资料代替;没有市场价格的农作物用生产成本代替。农产品的现行价格不包括利润分成、价格补贴(助)及生产扶持费在内。按现价计算的产值主要反映生产的总规模和水平。

2. 不变价格

不变价格是全国通用的某一固定年份的农产品价格。按不变价格计算农林牧渔业总产值主要是为了观察农业的发展速度,消除不同年度的价格变动、不同地区之间价格差别的影响,使得农林牧渔业总产值具有可比性。新中国成立以来,我国先后制定过1952年、1957年、1970年、1980年、1990年的农产品不变价格,并于2001年制定了2000年农产品不变价格。

在不变价格中对于某类产品规定有混合价格,这是在缺乏细分的产品产量情况下需要估算产值时应用的。在正式估算产值时,应尽可能利用分项产品的价格。

国家统计局规定,从2004年定期报表开始,在全国范围内实施用价格指数缩减法计算农业发展速度。此后,不变价格被逐步取消。

3. 不同时期不变价格的换算

不变价格每隔一段时间调整更换一次,采用新的不变价格后,如何解决历史资料对比的问题？解决的办法有两种：

第一种是按照新的不变价格重新计算历年的农业总产值。这种办法在年代不久远的情况下是可行的，如果年代久远，每调整更换一次不变价格就重新计算一次，就会碰到很多困难。一是年份多、工作量太大。二是年代久远，各种农产品的价格升降幅度不一致，重新计算的结果与当时实际情况不符。三是有些老产品被淘汰，已没有这些老产品的价格，不便于重新估算。

第二种是采用指数换算的办法。这种办法是在采用新不变价格的第一年，同时按新旧两种不变价格计算农业总产值，并据此求出按新的不变价格与旧的不变价格相比较的价格指数。如果要计算较长时间的农业总产值发展速度，就可利用价格指数来进行计算。

四、计算农业总产值应注意的问题

（一）农业总产值与农村经济总收入的关系

农业总产值与农村经济总收入是两个既有联系又有区别的统计指标。它们的联系在于都从各自的角度来反映农业发展的规模、水平，而它们的区别主要有以下几点：

一是根据国民经济的部门分类，农业仅仅是工业、农业、建筑业、运输业、商业五个物质生产部门中的一个部门。农业总产值只包括农、林、牧、渔及农林牧渔服务业五业，五业都有各自的内容，而农村经济总收入，除了从农业生产中得到外，还包括从工业、建筑业、运输邮电业、商业等物质生产部门得到的收入；除了从物质生产部门得到的收入外，还包括从非物质生产部门得到的收入。由此可见，农村经济总收入的范围比农业总产值大得多。

二是农业总产值反映全年的生产劳动成果，不管这些成果是否在当年加以利用。以造林为例，虽然当年植树造林不能当年采伐，但植树造林这件事本身就是当年的劳动成果，所以造林也要计算产值。农村经济总收入是用来说明各地农村和农民的收入水平和收益分配情况，因而只计算当年可以利用或可分配的收入。仍以造林为例，只有等经济林结了果实，用材林已经采伐才能计算收入。

三是农业总产值必须按现行价和不变价两种价格计算，在不同地区和不同年份之间进行对比时，一般采用不变价格，而农村经济总收入只按实际获得产品的收入计算,无两种价格之分,用于不同地区和不同年份之间对比时,只能用实际获得的产品收入进行比较,无法消除价格因素的影响。在明确了农业总产值和农村经济总收入的关系后,在计算农业总产值时就不应简单地以收入代产值,更不应将不属于农业总产值的范围包括进来。

(二) 农业总产值与乡镇企业总产值的关系

乡镇企业是农民兴办的以工业为主的集体或个体企业。它既包括乡镇办企业和村办企业,也包括部分农民联营的合作企业和个体工业企业;不仅有工业,还有建筑业、交通运输业、商业饮食业、服务业,还包括乡村集体兴办的农林牧渔场等。乡镇企业总产值中,只有农业部分才属于农业总产值,其余部分都不属于农业总产值的范围。

(三) 计算估计性指标应力求接近实际

农作物主副产品比例、木柴、野生杂草、蔬菜、瓜类等指标,计算时估算成分和弹性系数较大。估算偏高或偏低,会使农业总产值的增长速度和比例关系受到人为的影响,就不能客观地反映生产情况。因此,各基层单位在计算时,应按各地的具体规定执行,以消除人为因素的影响。

此外,计算农业总产值翻番应实事求是,如实反映农业的发展成就。

第二节 农林牧渔业中间消耗核算方法

一、中间消耗的概念

中间消耗(中间投入)是指农林牧渔业生产经营过程中所消耗的货物和服务的价值,包括物质产品消耗和非物质性服务消耗。物质产品消耗是指农林牧渔业生产过程中所消耗的各种物质产品的价值,包括外购的和计入总产出的自给性物质产品消耗。非物质性服务消耗是指支付给非物质生产部门的各种服务费,如畜禽配种费、畜禽防疫医疗费、科研费等。计算农林牧渔业中间消耗的资料主要从以下途径获得:一是从主要农产品中间消耗调查获得单位产品(面积等)的中间消耗定额或技术比率,推算各业的中间消耗;二是从农林牧渔业生产统计报表中获得;三是通过典型调查或从有关管理部门了解。

二、中间消耗核算的范围和方法

（一）用种

农业用种包括已计入总产值的谷物豆类、油料作物和其他农作物的种子，不包括种（秧）苗；林业用种包括育苗、造林用的各种树木种子、种苗；牧业用种包括已计入了总产值的孵育雏禽用的种蛋、产蚕仔的种茧。各种农作物的种子消耗量，一般可按每核算单位平均用量分别乘以各种作物的面积来计算。育苗、造林用的种子、种苗消耗量分别按每单位面积平均用量乘以育苗面积、造林面积来计算。种蛋消耗量按家禽饲养量加一定比例的损耗来计算。种蚕消耗量按实际用种蚕茧数量计算。

（二）饲料

饲料包括用于牧业中各种家畜、家禽、蚕、兔、蜂等及发展养殖、养鱼业，所消耗的各种精饲料和粗饲料。各种畜、禽的饲料消耗量，各种大牲畜可以按平均每头饲料消耗量分别乘以各种大牲畜的年平均存栏头数计算。猪、羊、家禽可按年平均每头（只）饲料消耗量分别乘其出栏头数求得。计算饲料消耗量的过程中，要注意饲料资源与使用之间的平衡关系。有的产品为多种用途，如油饼，既可作饲料，也可作肥料；又如，农作物秸秆，既可作饲料，又可作肥料，还可作建筑材料、工业材料、生活用燃料。这就需要采用算平衡账的办法来进行计算，验证饲料资源量与使用量是否基本相等，使计算出来的数据能反映客观实际情况。

（三）肥料

肥料指农业、林业的生产过程中，所使用的化肥、饼肥、绿肥和农作物副产品（如秸秆还田用作肥料）。肥料的使用量可通过调查取得平均每核算单位使用肥料的数量乘以农作物面积来计算；化肥、绿肥的施用量也可直接使用农林牧渔业生产年报数据，通过中间消耗调查资料推算在各业（各种产品）的分摊比例来进行分摊。

（四）燃料

燃料指农林牧渔业使用的各种机械所消耗的汽油、柴油、煤炭等燃料。润滑油计算在其他燃料消耗量中。燃料消耗量，除了通过中间消耗调查资料进行推算外,一般可根据商业部门对农村销售的燃料加上从工业部门直接购买的燃料,再加上农村乡镇企业自己生产又用于农业生产的燃料来计算。有条件的地方,应采用各种机械的燃料平均消耗定额乘以各种机械的作业数量来计算。

(五)农药

农药指农业、牧业、林业的生产过程中,所使用的各种农药(包括粉剂和水剂)。农药施用量,可通过调查取得平均每核算单位使用农药的数量乘以生产的规模(面积)来计算,也可直接使用年报数字进行分摊。

(六)农用塑料薄膜

农用塑料薄膜指农业生产中用于地膜和塑料大棚以及其他生产用途消耗的塑料薄膜,按当年实际购买价值除以薄膜使用年限进行计算。

(七)用电量

用电量指农林牧渔业生产过程中消耗的全部生产用电量(包括外购的和本单位发电用于农业生产的部分)。可通过调查取得平均每核算单位用电数量乘以生产规模来计算,也可按年报中的农村用电量扣除农民生活用电量和其他非农业生产用电量来分摊计算。

(八)小农具

这是指农业生产过程中所消耗的小农具的价值。凡是当年购买、价值在50元以下、使用时间在两年以下的小农具,其费用都应计算在内。小农具购置数量和费用可通过中间消耗调查获得,也可根据农经调查资料估算,还可以直接采用商业部门的销售量加上农村合作经济组织和农民自己生产又用于农业生产的数量来推算。

(九)办公用品

办公用品指农林牧渔业生产经营单位在生产过程中购买的各种办公用具,包括纸张、笔墨等低值易耗品,但是不包括各种设备、器具等属于固定资产的用具。

(十)畜牧用药品

这是指农牧业生产单位在外购买的用于本单位对各种牲畜进行配、育种及对畜禽进行防疫、治病所消耗的各种药品、器械等物质消耗。可以通过调查取得每头(只)畜禽的药品器械费用分别乘以畜禽数量进行计算。由专门单位进行的畜禽防疫、配种而支付的费用则计入非物质生产部门劳务支出。

(十一) 生产服务支出

这是指在农林牧渔业生产经营过程中支付给物质生产部门和非物质生产部门的各种服务费用,包括修理费、生产用外雇运输费、生产用邮电费、畜禽防疫费、配种费、保险费、广告费、职工教育费、科技咨询费、差旅费、会议费等。这些数据可以根据中间消耗调查资料或生产单位的成本核算资料进行估算。

三、调查方案

(一) 调查目的和任务

调查的目的是,掌握农林牧渔业中间消耗水平及变动情况,满足农业增加值核算和国民经济核算的需要。调查的任务是:系统地调查、收集和整理主要农产品中间消耗项目资料,计算主要农产品单位消耗定额或技术比率,据此测定农林牧渔业中间消耗水平和变动情况,为统计工作提供基础数据。

(二) 调查范围和对象

调查范围为全部农业生产经营单位,包括农户和非农户。调查对象为农产品中间消耗调查网点。

(三) 调查方式

调查可采取抽样调查和现场调查的方式。抽样调查要求在国家统一抽选的中间消耗调查网点上登记中间消耗台账。现场调查要求由调查队派员会同辅助调查员按照调查周期深入选中的农业生产经营单位(农户、农业企业等)调查访问,重点复核关键数据,掌握当年农产品生产状况的变化及问题,对确定的调查品种在生产过程中实际发生的中间消耗项目(物质费用和生产服务支出)进行合理计算和分摊,整理填报"农产品中间消耗基层报表"。在计算分摊各种农产品的中间消耗时,既不能超出调查对象的总投入,也不能过多地低于调查对象的总投入。特别是对于间作套种、立体养殖或生产周期较长的产品,就视具体情况按生产规模、产品价值及其他合理的办法做好品种或年度之间的分摊。

(四) 调查内容

1. 调查类别及产品

调查类别及产品为各省(区、市)按国家局统一要求确定的农产品调查类别及产品,根据当地实际情况和工作需要,可适当增加地方主要产品及生产和销售前景较好的产品,为取得统一编码,增加的调查产品需向国家报批后执行。

2. 调查项目

调查项目包括种子、饲料、肥料、燃料、农药、农机具等物质消耗与修理、运输、防疫、技术咨询等生产服务支出。计入中间消耗的项目必须具备两个条件:一是与总产出相对应的生产过程中消耗的物质产品和服务活动;二是本期消耗的不属于固定资产的低值易耗品。固定资产的消耗,不应计入中间消耗,而以折旧的形式直接计入增加值。

(五)汇总和推算

(1)汇总方法:调查数据实行分品种、分项汇总。

(2)推算方法:采取加权平均计算的方法。

(3)粮食年度中间消耗根据各季节中间消耗与其产量比重加权求得,畜产品年度中间消耗用上、下半年中间消耗简单平均求得。

(六)调查周期和上报内容及方式

1. 调查周期

原则上调查周期与产量调查周期相同。

(1)粮食和棉花:粮食分夏粮、早稻和秋粮进行三次调查。夏粮上报时间为 7 月 15 日前,早稻 8 月 20 日前,秋粮 11 月 30 日前。棉花上报时间与秋粮相同。

(2)畜牧业产品一年调查两次,半年报于 7 月 15 日前上报,年报于次年 1 月 20 日前上报。

(3)其他农产品一年调查一次,按年报上报,时间为次年 1 月 20 日前。

(4)农林牧渔服务业中间消耗采用重点调查方法,一年调查一次。计算方法采用增加值率倒推。

2. 上报方式

各调查队从网上直接向国家统计局农村司和所在省(区、市)调查总队上报原始数据。各调查总队向国家统计局农村司报综合数据。凡届时农村统计调查信息网未开通的地区,由各调查总队统一上报原始数据和综合数据。

第三节 农林牧渔业增加值的概念与核算方法

一、农林牧渔业增加值的概念

农林牧渔业增加值是指农、林、牧、渔及农林牧渔服务业生产产品或提供服务活动而增加的价值,为农林牧渔业现价总产值扣除农林牧渔业现价中间投入后的余额。增加值也叫附加价值或追加价值,是指各单位生产经营的最终成果,即本单位或本行业对社会所作的贡献。从宏观上来说,增加值是计算国内生产总值的基础,即各部门增加值之和就是国内生产总值;从微观上来说,增加值能客观反映行业或企业的投入、产出和效益等情况。因此,计算增加值不仅是国民经济宏观管理的需要,也是微观的企业和行业管理的需要。增加值和总产值相比较,一个最大的优点在于增加值避免了中间产品的重复计算,消除了总产值计算时的重复因素,计算结果是社会最终产品的价值。

二、农林牧渔业增加值的核算范围和核算方法

(一)农林牧渔业增加值的核算范围

农林牧渔业增加值的核算范围同农林牧渔业总产值核算范围。

(二)农林牧渔业增加值的核算方法

农林牧渔业增加值采用"生产法"和"分配法"两种方法计算。

生产法是目前各地计算增加值普遍使用的一种方法,即由现价农林牧渔业总产值减去农林牧渔业中间消耗(不包括固定资产折旧及大修理基金)的方法。

分配法也称收入法,是根据各种生产要素在生产过程中应取得收入份额来进行计算的一种方法。

为了细化农林牧渔业现价增加值的计算方法,在具体计算时要划分农业、林业、牧业、渔业及农林牧渔服务业五个细分行业分别计算,农业、林业、牧业、渔业用生产法核算;由于农林牧渔服务业产值和中间消耗资料难以取得,其增加值主要采取分配法或增加值率的方法进行计算。

农业增加值 = 农业总产出 − 农业中间消耗

林业增加值 = 林业总产出 − 林业中间消耗

牧业增加值 = 牧业总产出 − 牧业中间消耗

渔业增加值 = 渔业总产出 − 渔业中间消耗

农林牧渔服务业增加值 = 农林牧渔服务业产值(营业收入) × 增加值率

增加值率根据投入产出调查或第三产业普查资料确定；非普查年份依据劳动工资、工商部门的资料、投入产出资料及其他相关资料，按分配法(收入法)进行推算。

复习思考题

1. 简述农林牧渔业总产值的计算范围。
2. 简述农业总产值与农村经济总收入的关系。
3. 简述农林牧渔业中间消耗的核算范围。

第八章 农产品成本与价格统计

本章学习目标

通过本章学习,了解农产品成本的含义和构成,农产品成本统计的主要任务及相关指标的计算方法;了解农产品价格统计的特点、内容、种类;熟悉农产品成本调查的方案及农产品价格指数的编制方法;掌握农产品成本价格的综合分析方法。

本章导读

农产品成本是农产品价值的重要组成部分。在市场经济条件下,及时、准确地了解和掌握农产品的生产成本水平,对于制定合理的农产品价格与流通政策,加强农业宏观调控,科学有效地组织指导农业生产,优化农业生产结构,促进农业生产的稳步发展,具有重要的意义。

第一节 农产品成本统计

一、农产品成本的含义及构成

(一)农产品成本的含义

农产品成本是以货币表现的生产农产品所消耗的物质资料费用与劳动用工费用之和。农产品的生产过程,既是物化劳动和活劳动的消耗过程,又是价值转换和增加新价值的创造过程。

(二) 农产品成本的构成

农产品成本包括两部分内容。

1. 物质资料费用

物质资料费用是指农产品生产过程中所消耗的物质资料的价值。它又包括直接生产费用和间接生产费用。

(1) 直接生产费用,是指可直接计入某种作物成本的物质费用。

① 种子费。它是指实际播种使用的自留种子和购买种子、种苗、秧苗等支出。种子费的核算办法是:自购的按购进价格加运杂费计算;农户自留种子同样要按照正常购买期相同质量和等级的种子市场价格计算,种子市场价格一般应按种子公司出售价格计算。农户自育种子所发生的各项人工、肥料、农药、农膜、灌溉等支出,应分别计入有关成本费用,不计入种子费,以免重复核算。

② 农家肥费。农家肥主要包括粪肥、绿肥、饼肥和菌肥。购买的农家肥均按实际购买价加运杂费计算;自积的粪肥,按当地规定的价格或市价计算;自产的饼肥,按当地规定的价格或市价计算;绿肥、菌肥按成本作价;用以沤肥的农作物副产品,应作价计入农家肥费内。

③ 化肥费。化肥费按实际购买价格计算。

④ 塑料薄膜费。塑料薄膜费主要包括棚膜费和地膜费,两项费用分摊方法不一样。其中,地膜支出一次性计入地膜费,棚膜按两年分摊计算。当然,有的地区地膜可以多次使用,可以按照实际情况多次分摊。

⑤ 农药费。购买的农药按实际价格加运费计算,自产的农药参照同类产品市场价格或生产成本作价。除草剂费用计入农药费中。

⑥ 畜力费。租借畜力耕种的,按实际支付的费用计算。自有畜力的费用有两种计算方法:一是参照当地习惯按一个畜工相当于几个人工计算;二是按当地的畜力价格计算。

⑦ 机械作业费。机械作业费是指使用各种农业机械进行翻耕、播种、收获、脱粒、运输等作业的费用。注意机械作业费中不包括排灌费,排灌机械作业费用单独核算填报。机械作业费中,由他人作业的,按实际支付的费用计算;自己作业的,参照当地市场价格计算。

⑧ 排灌费。请人排灌的,按实际支付的费用计算;自行排灌的,按实际发生

的费用计算；由集体经济组织或企业统一负担，不需要农户支付的排灌费，应按实际排灌费用分摊计入排灌费；多种作物同时排灌的，应按各作物用水量情况分摊排灌费。一些地区为节省水资源而收取水资源费，虽然水资源费与实际排灌可能关系不大，为方便核算，可以将水资源费计入排灌费中。

⑨ 燃料动力费。燃料动力费是反映烤制烟叶、烘炒茶叶等初制加工，蔬菜大棚保暖等生产过程中耗用的煤、柴油、电等燃料动力的支出。也就是说，除了烟叶、茶叶及大棚蔬菜外，其他品种均没有燃料动力费这项支出。这一点务必注意。机种、机收、机播等机械作业，排灌时所耗用的燃料费用计入相应的机械作业费和排灌费，不计入燃料动力费。

⑩ 棚架材料费。这是指用于温室育苗、防寒、防冻、防晒及农作物支撑物等所发生的棚架材料费用，如木杆、钢架、草帘、遮阳瓦、防雨篷等费用支出，不包括农膜支出。它是生产过程中所消耗的低值易耗品，一般价值较低，使用年限在一年以内。对于金额较大、使用年限在一年以上的，应按使用年限分摊其费用。

以上10项由国家补贴或优惠扶持的费用，计算时应按市场价格计入成本中。

⑪ 其他直接生产费用。其他直接生产费用指在直接生产过程中发生的、直接用于该品种生产的、各项直接费用指标不能包含的费用。如种植业中主要包括雇工支出超过当地工价部分的费用、购买桑叶的费用等。如果成本数据表中出现其他直接费用数额较大的情况，很可能是有些费用应分别计入前面各项费用而没有分列出来。

(2) 间接生产费用，是指与两种以上作物有关，需要经过分摊才能计入成本的各项费用。

① 固定资产折旧费，指与生产过程有关的各种设施、设备，如生产用房屋和建筑物、机器、机械、运输工具、池塘、网箱、船网工具、经济林木、防护林、产役畜等固定资产的折旧费。各种生产用具和设备单位价值在100元以上、使用年限在一年以上的可列为固定资产(不包括农膜)。各项固定资产的综合折旧率统一定为10%。要注意几点：第一，租赁承包经营的，承包费中已包括原有固定资产折旧，不应再计提折旧，只计提经营者新购置的固定资产折旧。在前面各项已经计提的折旧不要重复计算。第二，1994年以后集体或个人修建的水库、堤坝、水

渠、机井、水泥晒场等都要提取折旧,但政府投资修建的不提取折旧。第三,在机械作业费、排灌费、畜力费等指标中,有的已经包含了一部分固定资产的费用,如机械作业费中使用自有机械作业的,已经包含机械的折旧费。使用自有排灌设备的,排灌费中也已包含了排灌设备的折旧费;使用自有耕畜的,畜力费已包含耕畜的折旧费时就不应重复计算。

② 初期生产费用,包括统一秋翻(翻、压、耙、磨)土地和平整土地发生的费用支出。

③ 小农具购置及修理费。小农具购置费指当年购置小件农具、工具、用具等的费用。价格低的,可以一次摊销,价格高的可以分年摊销。修理费指当年修理农机具、各项生产设备和生产用房等费用。需要注意,这些费用已计入直接生产费用的部分不要重复计算。

④ 土地承包费。在实际生活中,承包户向发包人支付的承包费中,除租用土地及其附着物的费用外,常常包括其他一些费用,如提留统筹费、管理费、统一排灌费、机耕费、水利费等,这些费用不应属于承包费。实际工作中应注意几点:第一,应尽可能将那些可以分离出来的费用从承包费中分列出来,分别填报。第二,一次性交纳承包费,可经营多年的,按经营年限分摊。第三,没有使用承包土地的品种不要分摊承包费。第四,没有收取土地承包费的不计算。

⑤ 其他间接生产费。其他间接生产费是不能计入小农具购置或修理费等项目的其他与生产间接相关的费用。种植业中的其他间接生产费包括记账用的文具、账册费用,与直接生产有关的差旅费,当年受益的小型农田水利和平整土地的费用以及与生产经营直接相关的保险费等。

⑥ 销售费用,是指为销售该产品而发生的费用。

2. 劳动用工费用

劳动用工费用包括直接生产用工费和间接生产用工费。

(1) 直接生产用工费,指可直接计入某种作物的用工费用,包括:

① 播种前翻耕整地用工费用;

② 种子准备及播种用工(包括育苗和秧苗管理用工)费用;

③ 施肥用工费用;

④ 排灌用工费用;

⑤ 田间管理用工(包括中耕除草、打药治虫、看护庄稼用工)费用;

⑥ 收获用工(包括收打入库)费用;

⑦ 初制加工用工费用;

⑧ 其他直接生产用工费用。

(2) 间接生产用工费,指需在两种及两种以上作物分摊的用工费用,包括:

① 初期生产用工分摊,指与"初期生产费用"相对应所发生的用工费用,两者分摊方法一致。

② 积肥用工费用,指积造农家肥所耗用的工日,按各种作物的施肥用工数量分摊。此项用工也可以折价计入直接生产费用中的"农家肥费"项目,但不能重复计算。

③ 经营管理用工费用,指进行经营管理活动的用工,如购买生产资料用工、学习生产技术用工等费用。

④ 义务工与积累工费用。依照国务院《农民承担费用和劳务管理条例》的规定,农民每年应承担义务工和积累工。出人工的,按实际出工数计算。实行以资代劳的,可不计算用工,而直接将出资额计在间接生产费中的"其他间接生产费"项目下,以避免重复计算。一些地区农村费改税改革后取消义务工与积累工,则不再计算。

⑤ 其他间接用工费用,指不能计入上述各项,又与农业生产有间接关系的用工费用。

以上5项,应按播种面积在各种作物之间进行分摊。

⑥ 销售用工费用,指到市场销售农副产品所发生的用工费用,按实际发生情况计入相应的作物成本。

相互换工或临时雇工的,区别情况计入成本。相互换工管吃的,只计算用工量,不计算其他开支;单方面雇工,既付工资又管吃的,所发生的工资和伙食费用一并计入"其他直接生产用工费用"项目,不再计算用工量。

⑦ 农业劳动者必要劳动所创造的价值,指补偿劳动者个人及其家属生活所必需的生活资料价值和劳务价值之和。

此外,农产品成本有个别成本与社会成本之分。个别成本是各个农业生产单位的农产品生产成本。它反映该单位农产品生产的费用支出水平,是表明农业生产单位经济效益的一个重要指标。农产品社会成本是生产某种农产品的社会必要劳动消耗,即生产某种农产品所需的社会平均成本。社会成本是制定和调整农产品价格的重要依据。农产品成本统计包括这两部分内容。

二、农产品成本的特点

(一)农产品成本受自然条件影响大

农业生产是经济再生产和自然再生产相结合,受自然条件和土壤肥力等影响较大的活动。自然条件好的年份,土壤肥力高的地区,农产品产量高,成本就低;反之,成本就高。

(二)农产品成本应以劣等地、中等经营管理水平的产品成本为基础

这是由于土地是有限的,是农业生产不可替代的生产资料,而土地肥沃贫瘠程度不同,自然气候条件不同,经营中等、劣等地要比经营优等地耗费更多的劳动和资金,同样的投入在面积相等而肥力不同的土地上,会产出不等量的农产品。因此,为了保证经营劣等土地的农业生产单位也能顺利地进行再生产,作为制定农产品价格主要依据的农产品成本,也应该以耕种劣等土地的中等经营管理水平的农业生产单位的成本为基础。

(三)农业生产周期长,并有较强的季节性

农业生产周期长,并有较强的季节性,因此,计算农产品成本,一般要在一个农业生产年度或一个生产过程结束后才能进行。同时,较大型的农田基本建设工程,不一定当年受益,而是一年或多年后受益;农作物生产中又有套种、间种等方式,因此,计算农产品成本,还需要在各年度之间或各种农产品之间分摊费用。

(四)活劳动消耗的计算具有多样性和复杂性

国有农业企业职工的劳动报酬采用工资制,活劳动消耗可以按工资标准计算。而集体和农民家庭自营农业经济的劳动报酬没有统一标准,因此,农产品的活劳动消耗计算比较困难。

三、农产品成本统计的主要任务

正确收集和整理农产品成本的资料,分析研究农产品的成本水平及其变化

情况,为各级管理部门制定合理的农产品价格、指导农业生产、规划农业生产合理布局提供经济依据。

运用农产品成本资料进行对比分析,从而认识和掌握农产品成本变动的规律,为农业企业寻找成本高低的原因和找出不断降低成本的途径提供依据。

检查和分析各农业企业农产品成本计划完成情况,从中总结经验、挖掘潜力,不断提高经营管理水平。

积累农产品成本资料,为计算农业净产值和制定农产品物质消耗定额提供参考。

四、农产品成本统计指标

对农产品成本,由于研究的任务和目的不同,常常采用各种不同的成本计算指标。总的来说,可以归纳为农产品成本的完全指标和不完全指标两类。所谓农产品成本的完全指标,是指既包括物质费用又包括用工作价的农产品成本,而只计算物质费用的成本叫做不完全成本指标。我们通常讲的农产品成本是指完全成本指标,主要包括:

(一)单位面积成本和单位产品成本

这两个指标既有联系又有区别,前者用以说明单位面积上所耗费的成本,而后者用以说明单位产品所耗费的成本。综合运用这两个指标分析、比较农业生产经济效果更为全面,更能发挥经济核算的作用。其计算公式如下:

$$单位面积成本 = 单位面积物质费用 + 单位面积用工折价$$

$$单位产品成本 = \frac{单位产品生产成本}{单位产品产量}$$

(二)单位面积纯收益和单位面积盈利率

纯收益或利润是农业企业的最终成果,是扩大再生产的物质基础。在价格不变的前提下,净产值、纯收益及利润多,则经济效益好。因此,一切农业生产单位必须努力降低农产品成本,增加纯收益,提高盈利率。其计算公式如下:

$$单位面积净产值 = 单位面积总产值 - 单位面积物质费用$$

$$单位面积纯收益 = 单位面积总产值 - 单位面积成本$$

$$单位面积盈利率 = \frac{单位面积纯收益}{单位面积生产成本} \times 100\%$$

(三) 每头牲畜饲养成本

该指标是以某种牲畜饲养过程中费用支出总额除以饲养该种牲畜头数来计算的。其计算公式是：

$$某种牲畜每头饲养成本 = \frac{某种牲畜饲养过程中费用支出总额}{饲养该种牲畜头数}$$

(四) 每百元产值的物质费用和生产成本

这两个指标的计算公式如下：

$$每百元产值的物质费用 = \frac{单位面积物质费用}{单位面积总产值} \times 100$$

$$每百元产值的生产成本 = \frac{单位面积生产成本}{单位面积总产值} \times 100$$

(五) 农业单位工作量成本

农业生产具有生产周期长、季节性明显的特点，因此，农产品成本往往需要在一个农业生产过程结束以后才能计算。为了在生产过程中及时控制成本的消耗，监督和检查计划的执行情况，平时需要计算农业单位工作量成本。它包括各项工作量成本和综合工作量成本。各项工作量成本直接表明各项工作的费用开支水平，其计算公式是：

$$某项作业单位工作量成本 = \frac{完成某项作业支出的全部费用}{该项作业量}$$

综合工作量成本是综合表明多项工作费用支出的水平，由于多种不同工作的工作量无法直接相加，因此通常先用折合系数折成标准的工作量指标后再进行计算。

五、农产品成本统计指标确定中应注意的问题

(一) 调查面积

调查面积按生产单位和所调查品种当年实际种植面积计算，不按耕地面积、收获面积和计划播种面积计算。如遇灾害全部或部分改种其他作物，则按各

种作物实际种植面积计算。间作、套种的作物按各种作物占有面积折算,不要多算或少算。多年生作物(如苎麻、甘蔗)按当年留存的可收面积计算。在核算时要注意以下几个问题。

1. 多茬(季)作物的核算问题

种植业产品要按每亩每茬(季)计算。对于一年多茬的,在填报农本调查表时,不能将几茬的成本数据累加填列,而应当将几茬的数据按茬数平均后填列(一般可采用简单平均方法)。茬与茬之间产量、生长期、费用和用工情况相差较大,可按产量或生长天数加权平均。如两茬作物,应当将两茬的各项指标相加后除以 2;三茬作物相加后除以 3;以此类推。注意,多茬作物是指一年可以收获多次,且收获期间隔时间较长的作物,与日常所说的一茬意义并不完全一样。像韭菜那样随割随长,收获期间隔很短的作物,一般不作为多茬品种处理。现在温室技术发达,许多蔬菜品种一年可以生长和收获多次,有应季蔬菜,还有反季蔬菜等,这种情况一般应作为多茬(季)作物处理,也就是说其产量、成本和费用均按每茬(季)分别核算,年终计算出其平均每茬(季)的成本收益数据,但不能加总。

2. 套种、间种作物面积和产量核算问题

套种、间种是指在一种作物生长期间同时或先后种植其他作物,以充分利用气候和土地条件的耕作方法。套种、间种作物的种植面积,一般分别按不同作物所占的耕地面积比例计算。如棉麦套种一亩地,其中小麦占地约为 60%,棉花占地约为 40%,则小麦种植面积按 0.6 亩计算,棉花种植面积按 0.4 亩计算。套种、间种期间共同发生的费用,按两种作物面积或生长天数分摊。

(二) 主产品产量和主产品产值

这两项指标是农产品成本核算指标体系中最重要的指标。

1. 关于主产品产量

根据农业的特殊性,主产品产量,粮食按原粮计算,其中大豆按去豆荚后的干豆计算,薯类按鲜薯计算,棉花按皮棉计算,花生按带壳干花生果计算。实际工作中要注意以下几方面的问题:

(1) 产量计算单位。2001 年开始,全国农本调查使用新的调查表,所有数量指标一律采用千克核算,在填报调查表时应注意这一点。

(2) 产量计算标准。这个问题在东北地区填报玉米产量时尤应注意。由于东北玉米含水量大，其实际水分远超过国家规定的安全水分，计算产量时应按水分折算公式将实际产量折算为标准水分计算的产量。折算公式为：

$$实际产量 \times (1-实际水分)/(1-标准水分)$$

例如，黑龙江某县平均一亩玉米实际产量为 600 千克，实际含水率为 20%，国家规定的标准水分为 14%，则折算成标准水分的产量为：

$$600 \times (1-20\%)/(1-14\%) = 558（千克）$$

注意，玉米产量应按标准水分折算，但产值不能变动，即按农民出售玉米后实际得到的产值计算，而不能按照标准水分的价格来核算产值。

(3) 产量不要过于偏离社会水平。由于调查样本设置不够合理而导致主产品产量明显偏高或偏低，与社会平均水平相差较大的，核算时要注意调整。

2. 关于主产品产值

主产品产值是指主产品通过各种渠道出售后所得到的收入和自食自用部分折价计算的收入之和。自食自用的产品原则上都要按照市场平均价格计算。对于生产过程和销售过程基本完结的产品，这一项比较容易核算。但对于一些产品，尤其是上报直报调查表时，由于地域的差异，总会出现上报截止日期之前产品生产过程没有完全结束或者产品销售过程尚未开始，这就给产值的核算带来一定困难。实际工作中要注意以下几方面的问题：

(1) 有市场价格的，按照当时市场价格核算。

(2) 签订了购销合同的，按合同规定的价格核算。

(3) 市场上没有交易价格或采价很困难的，按上年价格结合当时形势进行预测，按预测价格核算。不要因为尚未销售就不填列产值数据。

(4) 产值不要过于偏离社会水平。

(5) 主产品价格与产量之乘积。其中已出售部分按实际出售价格计算；剩余部分（农民自己留用和待售的）粮食、油料按当地大量上市时的平均市场价计算。棉花、糖料按国家规定的收购价计算。

（三）副产品产值

对于大多数农产品来说，其副产品都会有一定的价值。凡是可以利用的副产品，不管生产单位、农户是否将其入账列为收入，都要计算。向市场出售的副产品按实际出售收入计算；未出售的副产品，价值较高的，不管是否加以利用，凡当地有市场价格的，一律按市价折价计算(注意要扣除运杂费)。没有市场价格的，可由省级或地级物价部门统一作出规定。例如，有些副产品价格极低，如运到市场上出售，运费甚至超过价格，这种情况下副产品产值可以不填列。

计算副产品产值时，一定要把副产品与间种、套种作物区分开来。副产品指与主产品密切相关的、一般与主产品属于同一作物不同部分的产品，如水稻，其主产品是稻谷，副产品是稻草；棉花主产品是去籽后的皮棉，副产品是棉秸、棉籽等。而与主产品不属于同一作物的，如棉花地里套种向日葵，西红柿地里间种豆角等，其套种、间种作物产值不能按副产品产值计算，而只能按照套种、间种作物所占耕地面积分别计算。主要农作物主、副产品产量关系参考比例见表8-1。

表8-1　主要农作物主、副产品产量关系参考比例表

作物	主：副	作物	主：副
稻谷	1：0.9	籽棉	1：3.4
小麦	1：1.1	花生果	1：0.8
玉米	1：1.2	油菜籽	1：1.5
大豆	1：1.6	芝麻	1：2.2
薯类	1：0.5	黄红麻	1：1.9
其他杂粮	1：1.6	烤烟	1：1.6

注：为了便于统一核算，我们统一规定100千克籽棉折换皮棉33千克。

副产品产值等于副产品价格与产量之积，已出售部分按实际出售价格计算，其余均按当地平均市场价计算。

（四）关于因灾减产或减收的成本核算问题

农产品成本调查既要充分保证调查数据的真实性、准确性，也要保证其代表性。有的调查户，成本、费用和用工情况都很正常，但由于某些特殊原因，如虫害、水灾、旱灾，造成产品的产量和质量严重下降，产出很小甚至完全无产出，应当根据不同情况分别处理：

（1）完全无产出的，如属个别现象，主产品产量、产值等按当地平均水平填报；如属普遍现象，则该调查点数据不参与汇总。

（2）产出很小的，如属普遍现象，该调查点情况有代表性，则应该计入；属特

殊情况和个别现象的,费用和数量按实填报,产量和产值按当地平均水平填报。

(3) 质量严重下降的,如属普遍现象,按实计算其产量和产值;如属个别现象,按当地平均等级核算产量,并按重新核算后的等级计算其产值。

第二节　农产品价格统计

农产品价格是生产农产品所消耗的社会必要劳动量的货币表现。农产品价格水平的高低一方面受农产品成本水平的影响,另一方面受商品供求关系的制约。农产品除部分供其自身再生产使用之外,大部分作为乡村和城市居民的生活消费品与轻工业原料。所以,农产品价格是整个国民经济价格体系的组成部分,其价格水平的变动对轻工业生产和城市人民生活水平将产生重要的影响。

一、农产品价格统计的特点

(一) 农产品价格统计的复杂性

农产品生产受自然条件的影响大,生产周期长,其价格形成和价格水平受多种因素的影响而不断发生变化,如气候条件、土壤条件、年景丰歉、劳动生产率水平、不同消费习惯的影响等,这些因素影响农产品价格的形成,并使农产品价格经常处于波动之中。农产品价格的这些特点使农产品价格统计要根据各种复杂的情况,对价格进行系统的整理与分析,以达到全面、准确、系统地反映农产品价格变化规律的要求。

(二) 农产品价格统计的多样性

目前,我国的农产品价格是多种多样的。从流通环节划分,有收购价格、批发价格、调拨价格、零售价格;从价格形式划分,有国家定价、国家指导价、市场调节价;从产品内容划分,有种植业产品价格、养殖业产品价格;等等。这就要求农产品价格统计根据不同的环节、不同的价格形式、不同的产品计算不同的价格和综合平均价格。

(三) 农产品价格统计对象的相对固定性

工业品中同一种商品由于规格、牌号、花色不同,其价格也各不相同。而且工业品品种复杂,经常更新换代,工业品价格统计的对象缺乏相对固定性。而农产品则相反,农产品品种是相对稳定的,因此,农产品价格统计的对象具有相对固定性的特点,其价格统计资料在历史上的对比差异较小,可比性强。

(四)农产品价格统计调查的非全面性

我国农村面大、分散,特别是实行家庭联产承包责任制后,生产单元变小,而且各种农产品的生产经营特点各不相同。因此,难以对农产品价格进行全面的调查。农产品价格统计只能用非随机抽样和典型调查的方法进行调查、收集资料。

二、农产品价格统计的基本内容

农产品价格统计既包括国家统计部门的统计,也包括各业务主管部门的统计。统计的基本内容是:

(一)收集、整理农产品价格资料

这是农产品价格统计的基础,主要通过建立调查联系点,对农产品价格通过抽样调查、典型调查采集;建立农产品价格台账,连续登记,积累资料,然后根据需要进行资料整理。

(二)编制价格指数,反映农产品价格变动的程度和趋势

这是农产品价格统计的中心任务。目前,我国有国家统计部门编制的农副产品收购价格指数、集市贸易价格指数、鲜菜零售价格指数等,还有业务主管部门编制的各种农产品收购价格指数、零售价格指数。

(三)农产品价格变动统计

这主要由物价部门根据各级部门管理的农产品价格调整情况,计算农产品价格调整总额及对国家财政、农民收支的影响。

(四)计算农产品差价、比价

这是指考察农产品价格之间及农产品价格与工业品价格之间的关系。

(五)分析农产品价格的变动情况

这是农产品价格统计的主要目的,主要分析农产品价格变动的原因和对各方面的影响以及农产品价格政策的贯彻执行情况。

(六)积累资料

积累农产品价格的历史资料,研究与掌握农产品价格变化的规律,为农产品价格的趋势预测提供历史资料。

三、农产品价格的调查整理

由于农产品种类繁多,分布地区广泛,农产品价格水平参差不齐。在对农产品价格进行调查时应选择有代表性地区的代表性品种作为调查对象,并对农产品价格的变动情况做连续而详细的登记。农产品价格的调查资料要经过整理才能作为进一步统计分析的基础数据。对农产品价格资料整理是指将只能说明某一地点、某一时间、某一品种的价格资料,整理成能够说明某一地区、某一时期、某一类或全部主要农产品价格水平的资料。

农产品价格整理的方法主要有:

(一) 简单算术平均法

这是指把某一时期内的某一种农产品在各个时点或地点上的价格相加,然后除以项数得出简单平均价格的方法。

(二) 间断点序时平均法

这是指根据各个时点的价格,计算序时平均数的方法。

以上两种方法都是假定某一种农产品在各时点、各地区的购销量相同或波动不大的条件下运用的,计算出来的平均价格代表性较差。

(三) 按购(销)日数加权算术平均法

这是指以某种农产品价格调整前后的购(销)日数作权数来计算平均价格的方法。

(四) 按购(销)量加权算术平均法

这是指以某种农产品在不同时点或地点上的购(销)量为权数,来计算农产品在某一时期或某一时点的平均价格的方法。

(五) 混合平均法

这是指直接以某一类不同农产品的总购(销)额与总购(销)量对比计算某类农产品平均价格的方法。

四、农产品价格的统计指标

农产品价格是个非常复杂的经济范畴,必须从各方面进行研究。就统计角度来说,一般将其分成下面两类七种统计指标来分析研究。

(一) 差价统计

1. 购销差价

这是指在同一市场、同一时期内同种农产品收购价格与销售价格之间的差额。合理的购销差价,可以保证商业利润的合理分配,正确处理国家、集体和个人的关系。为了反映购销价格的差异程度,还要计算购销差价率指标。

$$农产品购销差价 = 产地零售价格 - 收购价格$$

$$农产品购销差价率 = \frac{购销差价}{收购价格} \times 100\%$$

2. 地区差价

这是指同一时期,同类商品在不同地区规定不同的收购价格。制定合理的地区差价,可以活跃城乡之间、地区之间的物资交流,发展农业生产。为了说明地区差价的差异程度,需要计算收购价格的地区差价率。

$$收购价格的地区差价 = 集散地收购价格 - 产地收购价格$$

$$收购价格的地区差价率 = \frac{收购价格的地区差价}{产地收购价格} \times 100\%$$

3. 质量差价

这是指在同一市场、同一时间,同种商品因质量不同而发生的价格之间的差额。农产品形成质量差异的原因多种多样,如品质、品种、等级、规格、老嫩、新陈、死活等不同,都可以形成差价。我们应贯彻优质优价、同质同价、次质次价的原则,合理地制定质量差价。这有利于提高质量,增加优良品种,促进农业向优质化发展。计算质量差价时,应划分商品类别,制定标准品。标准品一般应选择产销量大、质量中等、生产比较正常的产品。

$$质量差价 = 非标准品价格 - 标准品价格$$

$$质量差价率 = \frac{质量差价}{标准品价格} \times 100\%$$

4. 季节差价

这是指同一品种在同一市场不同时期上市的农产品价格之间的差额。季节差价比较突出的是蔬菜类产品。一般地说,初上市的蔬菜,成本较高、产量较低,因此价格较高;到了旺市期,产量较高、成本较低,因此价格较低。此外,有的农产品由于需要支付储藏、保管费,或需要补偿损耗,价格会上升些。所以,制定合理的季节差价可以使农产品均衡上市或增加某种农产品淡季货源。

$$季节差价 = 初上市价格 - 旺市期价格$$

$$季节差价率 = \frac{季节差价}{旺市期价格} \times 100\%$$

5. 批零差价

这是指同一农产品在同一市场同一时期内批发价和零售价之间的差额。零售商业负担着批发商业没有完成的工作,把商品直接送到消费者手里,它要耗费一定的劳动,支付短途运输、经营管理、商品损耗等费用,这些费用必须追加到批发价格之上成为零售价格,这是合理的。为了反映批零差价的差异程度,就要计算批零差价率。其计算公式如下:

$$批零差价 = 零售商业的零售价格 - 批发商业的批发价格$$

$$批零差价率 = \frac{批零差价}{批发商业的批发价格} \times 100\%$$

(二) 比价统计

1. 农产品比价

这是指在同一市场上,同一时期内各种不同农产品收购价格之间的比例关系,也就是农产品交换数量之比。如棉花与小麦的比价是 1 : 8,即 1 斤棉花的价格等于 8 斤小麦的价格。其计算公式如下:

$$某种农产品与某种粮食比价 = \frac{某种农产品收购价格}{某种粮食收购价格}$$

2. 工农业产品比价

这是指在同一市场、同一时期,农产品收购价格和农村工业品零售价格之间的比例关系。它反映工农业之间、城乡之间两种社会主义公有制之间的关系。这种比价有单项比价与综合比价之分。

(1) 农产品对工业品的单项比价。这是指农民出售一定数量的某种农产品可换回某种工业品的数量。

$$\text{农产品对工业品的单项比价} = \frac{\text{某一种农产品收购价格(交换品)}}{\text{某一种工业品零售价格(被交换品)}}$$

(2)农产品对工业品的综合比价。这是指多种农产品与多种工业品的平均比价,说明全部收购的农产品与全部供应农村的工业品之间的价格关系。计算综合比价,两者都采用价格指数对比。

$$\text{农产品对工业品的综合比价} = \frac{\text{农产品收购价格指数}}{\text{工业品零售价格指数}}$$

五、农产品价格指数的编制方法

农产品价格指数是说明农产品价格动态的相对数。编制农产品价格指数的目的在于了解农产品价格水平的升降程度,以说明农产品价格变动对工农业生产的影响和人民生活水平的变化情况。农产品价格指数,按其流转环节可分为农副产品收购价格指数、批发物价指数、零售物价指数;按其采用的不同基期,可分为定基物价指数和环比物价指数;按其范围可分为单项农产品价格指数、类指数和总指数。下面选取几个价格指数加以说明。

(一)农副产品收购价格指数

农副产品收购价格指数是反映各种经济类型的商业企业及其他单位,以各种价格形式(包括国家定价、国家指导价和市场调节价),直接从农村乡(镇)、村集体农业生产单位和农民收购农副产品的价格综合变动趋势和程度的相对数。它用以观察和研究其价格总水平变动对国家财政支出和农民货币收入及各类商业企业和收购单位的影响,为国家制定、检查农副产品收购政策,研究农副产品收购价格水平、差价政策和比价政策提供科学依据,为计算和研究工农业商品剪刀差价变动提供基础数据;同时,它也是用于分析研究市场零售价格水平变动的重要因素。我国20世纪50年代开始编制农副产品收购价格指数。由于长期以来,国家对农副产品采取统购、派购政策,国家统计局主要从各业务主管部门收集有关资料,按年度编制国有机构(包括供销合作社)收购农副产品的价格指数。1977年至1984年,采用"差额法"编制了包括议价和超额加价在内的农副产品收购价格总指数。1985年以后,国家取消了统购、派购政策,实行合同订购和市场调节相结合的收购政策,为此农副产品收购价格指数改为按综合平均价格编制。1988年国家统计局重新修订了农副产品收购价格指数编制方法,把从业务部门收集价格资料,改为直接选择重点调查点,在基层收购站设点采价;改年报为半年报,一年后又改为季报,提高了农副产品收购价格指数的准确性和及时性。编制农副产品收购价格指数的商品,按农、林、牧、渔的性质,结合商业用途分为粮食、经济作物、竹木材、工业用油漆、禽畜产品、蚕茧蚕丝、鲜果、干鲜菜及调味品、药材、土副产品和水产品等大类,大类下又分食用植物油及油料、棉花、麻、烟叶、糖料、茶叶、木材、竹材、工业用油脂油料、工业用漆胶、肉畜、禽蛋、皮张、鬃毛、其他畜产品、瓜果、干果、鲜菜、干菜、调味品、海水鲜品、淡水鲜品、其他水产品等小类,小类之下再选择260多种商品作为编制价格指数的具体商品。国家统计局和各省、自治区、直辖市统计局分别承担全国和分地区价格指数的编制任务。全国抽中进行农副产品收购价格调查的调查点是按照所规定调查商品的主产区,且收购量较大,价格变动有代表性的原则分层选择的。各省(区、市)定期派员或聘请辅助调查员直接调查各调查点的收购价格和数量;用抽中调查点的农副产品的收购价格,按该商品收购金额加权平均计算本省(区、市)报告期的综合平均价格,并与基期进行比较,计算单项商品的收购价格指数。以报告期代表规格品所在商品集团的实际收购金额为权数,采用调和平均公式计算类指数,再以类指数的实际收购金额为权数,用同样公式计算农副产品收购价格指数。其计算公式为:

$$农副产品收购价格指数(\bar{K}) = \frac{\sum P_1 Q_1}{\sum \frac{P_1 Q_1}{K}} \times 100\%$$

式中:P_1——报告期价格;

Q_1——报告期收购数量;

K——单项农产品价格指数。

(二) 单项农产品价格指数

单项农产品价格指数也称个体物价指数,它只反映某一种农产品价格变化的程度。

$$单项农产品价格指数 = \frac{报告期价格}{基期价格} \times 100\%$$

用符号表示：

$$K = \frac{P_1}{P_0} \times 100\%$$

因为这个指数通常是用两个时期的平均价格计算的，所以其确切的计算公式是：

$$K = \frac{\overline{P_1}}{\overline{P_0}} \times 100\%$$

式中：$\overline{P_1}$——报告期平均价格；

P_0——基期价格；

$\overline{P_0}$——基期平均价格。

(三) 类指数和总指数

类指数是在单项指数的基础上编制的，反映某一类农产品的价格变化程度。总指数是反映全部农产品价格水平的变动情况，它是在单项指数和类指数的基础上计算出来的。

第三节　农产品成本、价格的综合分析

一、农产品成本分析

农产品成本的高低，在很大程度上取决于各项费用的支出，特别是对主要项目的支出影响更大。在农产品构成的项目中，对于比重大的成本项目，要分析其增减变化的原因，以确定其经济性状是否合理。对产量影响较小的成本项目，可以每亩的成本直接对比；对产量影响大的成本项目，要把每亩成本换算成每千克主产品费用来对比。在评价某种农产品成本是否降低时，要以单位主产品成本为依据。

分析农产品成本，不仅要从成本构成来分析，还要分析其变化，分析农产品成本的变化，将报告期某种农产品的成本与基期相对比，借以分析该种农产品成

本变化的发展速度,进而了解农产品成本变动的原因,总结经验,寻求降低成本的途径。

二、农产品成本与价格的关系分析

农产品成本与农产品价格是密切联系、不可分割的。农产品价格是价值的货币表现,价格必须以价值为基础。产品价值由 $C+V+m$ 三部分组成,而 $C+V$ 就构成了农产品生产成本,m 为盈利,所以农产品生产成本是价格构成的主要部分,是制定价格的最低界限。一般来说,农产品价格应略高于它的价值量,才能使农产品生产者除了补偿生产成本外还有合理的收益。各种农产品之间价格与成本及盈利的关系,是评价生产经济效果和考察各种农产品间比价是否合理的主要经济依据。

三、农产品之间比价分析

农产品之间比价一般是指各种农产品与粮食的比价,如棉粮比价、油粮比价、糖粮比价、猪粮比价等。

合理安排农产品比价应掌握下列原则。

1. 必须贯彻价值规律所要求的等价交换原则

要使各种农产品之间的价格比例与其价值量的比例相适应,从而使农业生产者生产任何一种农产品,在正常年景、正常生产、合理经营的前提下,都能获得大体平均的收益。

2. 以粮食价格为中心安排各种农产品比价

粮食是人们最基本的生活资料,对国计民生影响极大,所以我们在进行比价分析时,都应把粮食作为"参照系"来建立合理的农产品内部比价关系。

3. 要有利于农业生产因地制宜,促进农业生产专业化发展

我国各地区在农业发展中各有长处和短处。这就要求在农产品比价的安排上保证主项都有合理的大体平均的收益。就同一地区的不同品种而言,最适于发展的品种,收益要高;在粮食基地,种粮食的收益要高于其他品种;在林业基地,林业的收益要高于其他品种;等等。这样,就有利于农业生产的专业化,有利于提高农产品的商品率。

4. 安排农产品比价还要考虑不同农产品的供求状况

一般地,对长期供不应求的农产品,适当提价,以鼓励生产、限制消费,对长期供过于求的农产品则适当降价,以限制生产、鼓励消费、平衡供求。

在实际工作中通常采用下面四个统计指标来分析农产品比价:

(1) 每亩净产值(每亩收入与每亩物质费用的差额)。

(2) 每亩纯收益(每亩收入减每亩总成本和税金)。

(3) 每个劳动日净产值(每亩净产值与每亩用工之比)。

(4) 每亩盈利率(每亩纯收益与每亩成本的比率)。

四、农产品差价分析

(一) 农产品质量差价分析

农产品质量差价有品种差价、品质差价和等级差价等多种形式。分析农产品质量差价的目的,就是观察农产品质量差价是否合理,有没有贯彻按质论价、优质优价、劣质低价、同质同价的原则。

形成农产品质量差价有多种原因。同种商品不同质量之间所产生的价格差额,是由于生产上投入的社会必要劳动量的差别所引起的。质量好的商品,所耗费的社会必要劳动量就多;反之则少。因此,要按商品的价值量定价,价格上就有差别。

此外,同种农产品的质量差别还受到自然因素的影响,自然条件不同,质量就有差别。例如珠江三角洲的甘蔗、东北的甜菜、浙江温州的蜜橘等,由于自然条件适宜,不但产量高,而且质量好。这说明农产品使用价值的形成受自然力的影响,所以因地制宜种植,可以提高农产品的质量。因自然条件不同而形成的价值差别,同样是价值规律作用的结果。

(二) 农产品地区差价分析

地区差价在价格体系中占有重要的地位。规定合理的地区差价,有利于调动各地农业劳动者的生产积极性和充分利用自然资源,有利于农业生产的合理布局。

农产品地区差价的形成也具有种种原因。我国幅员辽阔,各地区的自然条件和经济条件不尽相同,地理位置和交通条件也存在差别,因而生产同一种农产品所消费的劳动是不相同的。农产品由分散的产地流向集散市场和销地,必然要花费装卸搬运费,这些装卸搬运费是形成地区差价的客观基础。这种由商品流通所引起的地区差价,是地区差价的基本内容。此外,在新老产地之间、主次产地之间,由于生产情况不同,必然引起价格差异。这种价格差异也属于地区差价的范畴。

(三) 农产品季节差价分析

形成农产品季节差价的客观因素主要有两个。

(1) 农业生产的季节性和消费经常性的矛盾,使得有的农产品在离开生产领域进入消费领域之前,需要进行储藏和保管,这是农产品季节差价形成的客观原因之一。

(2) 由于不同季节生产同品种、同质量的农产品所消费的社会劳动不同,如冬季就比春、夏季种植同种蔬菜所消费的劳动要多,生产成本就不同。以不同生产成本为基础,制定不同的季节价格,必然形成不同的季节价格之间的差额。这是农产品季节差价形成的另一个客观原因。

同时,有些农产品在旺季可能供过于求,在淡季可能供不应求,也有必要利用季节差价调节供求关系。

复习思考题

1. 农产品成本有哪些特点?
2. 农产品成本统计的主要任务是什么?
3. 农产品价格指标包括哪些?
4. 如何进行农产品成本分析?

第九章 农村社会经济效益统计

本章学习目标

通过本章学习,理解农村社会经济效益的概念;熟悉农村社会经济效益的相关指标;掌握农村各部门经济效益的统计方法及评价指标体系。

本章导读

改革开放以来,我国农村的社会面貌发生了翻天覆地的变化,经济迅速发展,农民生活水平显著提高,农村基础设施得到有效完善,国家对农村地区的投入不断加强。同时,农村社会经济快速发展的过程中也相继出现了一些问题。因此,真实反映农村社会经济发展水平对党中央、国务院制定农村经济政策,指导农村经济改革与发展尤为重要。农村社会经济效益统计是一项基础工作,利用统计数据进行正确评价有利于农村社会经济健康持续发展。

第一节 农村社会经济效益的概念

农村社会经济效益是指农村各物质生产领域中,以较少的活劳动消耗和物质消耗,生产出尽可能多的符合社会需要的农产品。

讲求农村社会经济效益,就是以尽可能少的劳动占用和消耗,取得符合社会需要的最多、最佳的产品和服务。物质生产是农村社会经济活动的基础,研究农村社会经济效益,首先要研究农村物质生产的经济效益。但农村社会经济活动,除物质生产活动外,还有其他社会经济活动。这一切活动都要发生劳动占用和劳动消耗,并相应产生不同形态的成果。通常把劳动占用和劳动消耗称为投入,把有效成果称为产出。因此,农村社会经济效益也就是指在一定的地点和时间条件下,农村社会经济活动中产出与投入的数量对比关系。用公式表示为:

$$农村社会经济效益 = \frac{农村经济劳动成果}{农村经济劳动消耗} = \frac{产出(所得)}{投入(所费)}$$

农村社会经济活动的产出量与投入量比较的结果,反映了农村社会经济活动达到目的的状态和所得效益的程度。单位劳动占用和劳动消耗产出的有效成果的数量越多,质量越好,农村社会经济效益就越高;反之,则农村社会经济效益就越低。

农村社会经济效益因投入和产出内容不同,有多种表示方式。从投入来看,劳动占用和劳动消耗的作用和经济意义不同,不能将两者简单加总,因此,通常分别表示它们的经济效益。劳动占用的经济效益可分为土地和资金占用的经济效益,通过有效成果与占用的土地面积、资金量的比较,分别反映土地和资金占用的经济效益。劳动消耗可分为活劳动消耗和物化劳动消耗,也可以通过有效成果与活劳动消耗量(或物化劳动消耗量)的比较,来反映活劳动消耗(或物化劳动消耗)的经济效益。从产出来看,可根据不同的研究目的,采用不同的成果指标。劳动成果既可用实物形态表示,也可用价值形态表示。单项经济效益可同时采用实物形态和价值形态反映,而综合经济效益则只能采用价值形态反映。

有些农村社会经济活动往往表现为多方面的成果,既有经济性成果,又有非经济性成果;既有直接经济成果,又有间接经济成果。因此,农村社会经济效益包括直接经济效益和间接经济效益。间接经济效益涉及面广,有的还不易量化。在研究经济效益时,应以直接经济效益为主,但不应忽视间接经济效益。

对农村社会经济效益可以从不同层次、不同范围和不同方面进行考核、评价。就其层次而言,可分为物质生产部门和非物质生产部门。物质生产部门可分为农业及农村工业、建筑业、运输业和商业;非物质生产部门可分为金融业、服务业以及教育、卫生、文化、科技业等。

第二节 农村社会经济效益的基本指标

评价农村社会经济效益,可采用定性和定量方法,对农村社会经济活动的影响和作用后果及其变动进行客观分析比较,确定农村社会经济活动达到目的的状况和程度,找出农村社会经济效益的成绩和差距。

现阶段,农村社会经济效益的计算、考核和评价、分析,侧重于物质生产部门;对于非物质生产部门的经济效益状况,如果出于专题研究的需要,可单独进行计算和分析。这样,用于综合反映农村社会经济效益的基本指标可概括如下:

一、农村劳动生产率

这是指一定时期(通常为一年)内农村生产劳动成果与其劳动消耗量的对比,表明农村劳动者的劳动效率。只有提高农村劳动生产率,才能增加农村物质财富,增加积累,提高农村居民生活消费水平。因此,它是衡量农村社会经济效益的重要综合指标之一。

就农村物质生产部门而言,农村劳动生产率是农村社会净产值(或总产值)与农村物质生产部门劳动力年平均人数的比值。其计算公式为:

$$农村劳动生产率 = \frac{农村社会净产值(或总产值)}{农村物质生产部门劳动力年平均人数} \times 100\%$$

这一指标表明农村物质生产部门平均每一个劳动力一年所创造物质产品的价值量。指标的数值越大,劳动生产率越高,经济效益越好,两者成正比关系,这时该指标称为劳动生产率的正指标。

农村劳动生产率也可用生产单位劳动成果价值量所消耗的劳动时间来表示。单位劳动成果价值量消耗的劳动时间越少,劳动生产率越高,经济效益越好,两者成反比关系,这时该指标称为劳动生产率的逆指标。

在计算农村劳动生产率指标时,如果没有农村社会净产值(或总产值)资料,通常可用农村经济总收入(或纯收入)或农村生产的主要工农业产品产量指标代替。但在对比时,应注意指标间的可比性。

$$农村劳动生产率 = \frac{农村经济总收入（或农村经济纯收入）}{年平均农村劳动力人数} \times 100\%$$

$$农村劳动生产率 = \frac{主要工农业产品产量}{年平均农村劳动力人数} \times 100\%$$

二、农村资金生产率

农村资金生产率是指农村物质生产部门一定时期内的社会净产值（或总产值）与资金占用额的对比，表明农村资金占用的经济效益状况。其计算公式如下：

$$农村资金生产率 = \frac{农村社会净产值（或总产值）}{农村生产资金占用额} \times 100\%$$

上述指标表明投入单位资金所取得的生产成果。单位资金取得的社会净产值越多，资金占用的经济效益就越好。该指标的逆指标是平均每元（或百元）农村社会净产值占用的生产资金额，指标数值越小，表明资金占用的经济效益越好。

农村资金按其周转的性质不同划分，可分为固定资金和流动资金。通过分别计算固定资金生产率和流动资金生产率来考核它们的经济效益。考核固定资金生产率，可以促进采用先进设备和改造现有设备，提高设备利用率；考核流动资金生产率，有助于加速流动资金周转，使其占用更合理。

目前，我国生产建设和资金短缺的矛盾十分突出，能用于农村建设的资金是有限的。因此，考核农村资金生产率，促进农村资金的合理运用，最大限度地发挥农村资金的使用效能，对于加速农村经济发展具有特别重要的意义。

三、农村社会总产值物耗比重及降低率

农村社会总产值物耗比重及降低率公式为：

$$农村社会总产值物耗比重 = \frac{物质消耗值}{农村社会总产值} \times 100\%$$

农村社会总产值物耗比重降低率 = 报告期物质消耗值占农村社会总产值比重 - 基期物质消耗值占农村社会总产值比重

根据农村社会总产值物耗比重公式，还可以计算农村社会净产值占总产值

比重。计算公式为：

$$农村社会净产值占总产值比重 = \frac{农村社会净产值}{农村社会总产值} \times 100\%$$

$$= \frac{农村社会总产值-物质消耗值}{农村社会总产值} \times 100\%$$

$$=1- 农村社会总产值物耗比重$$

四、农村经济商品率

农村经济商品率是反映农村商品生产发展水平的经济指标。它以农村出售产品的商品产值与相应的总产值相比较来求得。根据目前农村统计的现有资料，可以计算按农村出售工农业产品的商品产值与农村工农业总产值相比较的农村工农业产品商品率。

$$农村工农业产品商品率 = \frac{农业商品产值+农村工业产品产值}{农业总产值+农村工业总产值} \times 100\%$$

五、农村人均纯收入

农村社会经济效益的提高，最终反映在农村人均纯收入的增长方面。计算公式为：

$$农村人均纯收入 = \frac{农村居民纯收入}{农村人口}$$

用报告期农村人均纯收入与基期农村人均纯收入相比得出农村人均纯收入发展速度，也可以得出农村人均纯收入的增长幅度。农村社会经济效益越高，农村人均纯收入的增长幅度越大。

农村人均纯收入增长的程度，与农村人口增长有一定的关系，但主要取决于农村经济的发展程度和农村经济经营管理水平的提高程度。

第三节　各部门经济效益统计及评价

进行农村经济的综合效益统计是非常必要的，同时为了合理调整农村的产业结构,考察农村各部门的经济效益,还必须进行农村各部门经济效益统计及评价。

一、农业经济效益统计

农业是自然再生产和经济再生产相结合的生产活动,农业的投入生产过程以及农业产品的作用都与其他部门有着不同的特点,这就要求在设置农业经济效益指标时,必须充分考虑产业本身的特点。

首先,土地是农业最基本的生产资料和物质投入。考察农业经济效益,不仅要把生产成果与劳动消耗和资金占用对比,还必须与农业占用的土地面积相比,以反映土地占用的经济效益。其次,农业产品是人类生存的基本物质条件,与国计民生关系重大。考察农业经济效益,不仅要从价值量上衡量,而且要结合农产品的实物量进行,以反映国民经济对农产品需求的满足程度。最后,考察农业经济效益,不仅要力求指标方法的准确和完善,而且要考虑现阶段农业管理水平较低的现实,做到切实可行。根据上述特点,农业经济效益指标主要应该包括以下几个方面:

(一) 农用土地生产率

这是指农业生产中占用的土地面积与其生产成果的比较。它可以表明农用土地利用的经济效益。每单位土地提供的农产品越多,说明土地生产率越高,经济效益也就越好。

农用土地是农业生产中不可替代的基本生产资料。土地的数量、质量和构成对农业产量的高低、费用的大小有很大影响。因此,农业经济效益首先要考察投入单位土地面积所提供的农产品产量、产值和收入的多少。一般可用下列指标来说明土地生产率。

(1) 单位耕地面积上的产量、产值或收入。它是反映农作物种植业生产水平和耕地利用的经济效益的重要指标。可以分别计算每亩播种面积,每亩收获面积,每亩粮食占用耕地面积,每亩耕地面积所提供的农产品产量、产值和收入。

(2) 单位林地面积上的产量、产值和收入。它是反映林业生产水平和经济效益的重要指标。

(3) 单位草地、牧场上的载畜量、畜产量、产值或收入。它是反映畜牧业生产水平和经济效益的重要指标。该指标的分子可以是牲畜头数、肉产量、奶产量、毛产量、产值或收入等,可以从不同角度说明草地、牧场的利用程度和经济效益。

(4) 单位水面面积的水产品产量、产值或收入。例如,每亩养殖面积产量、每亩水面面积产量等,从不同角度说明水面利用程度和经济效益。

(5) 单位农用土地面积的农业总产值、净产值、商品产值或农业总收入、纯收入、利润。

(二) 农业劳动生产率

农业劳动生产率是农业产量与农业劳动消耗量的对比,其公式为:

$$农业劳动生产率 = \frac{农业产量}{农业劳动消耗量} \times 100\%$$

这个指标反映单位劳动消耗量提供的农业产量。生产同样多的农产品,但节约了农业消耗量,或用同样多的劳动消耗量,生产了更多的农产品,都意味着农业劳动生产率的提高。农业劳动生产率的高低是说明农业经济效益大小的一个重要指标。农业劳动生产率还可以按农业净产值、农业商品产值和农业总收入、纯收入与农业劳动力相比较计算,也可以按主要农产品产量与农业劳动力相比较,逐一计算平均每一农业劳动力生产粮食、棉花、油料、猪(牛、羊)肉、鲜蛋、水产品等主要农林牧渔业产品的数量。

(三) 农业资金生产率

农业资金生产率是农业净产值或农业总产值与农业生产中占用的全部资金额(包括固定资金和流动资金)的对比。其计算公式如下:

$$农业资金生产率 = \frac{农业净产值(或总产值)}{全部农业资金占用额}$$

该指标的分子为农业净产值时,称为农业资金净产值率;指标分子为农业总产值时,称为农业资金总产值率。指标分子采用农业纯收入或总收入计算时,称为农业资金收入率。

由于资金一般分为固定资金和流动资金,因此还可以分别考察农业固定资金和流动资金的利用效果。

(四) 农产品商品率

农业生产提供的产品、商品量越多,农民对国家建设的贡献、农业在国民经济中所起的作用就越大。因此,农产品商品率也是反映农业经济效益的重要指标。农产品的商品量占全部农产品产量的比重,即农产品商品率。以农业商品产值与农业总产值相比较,便可综合反映农业生产部门农产品商品化程度。

(五)农民家庭平均每人农业纯收入

农民家庭生产经营收入,目前大部分来自农业生产收入。平均每人农业纯收入也是反映农业经济效益的重要指标。

二、农村其他物质生产部门的经济效益统计

(一)农村工业经济效益统计

我国农村工业发展迅速,已成为农村物质生产的重要部门之一,特别是在经济发达地区,农村工业产值已占较大的比重。提高农村工业经济效益,不仅关系农村工业的发展,而且关系整个农村经济的发展。农村工业经济效益是以农村工业所产出的劳动成果与投入生产的劳动消耗之比来反映的。根据现有的农村工业统计资料,可以从不同方面、不同角度来反映农村工业经济效益的状况。农村工业经济效益一般应包括如下指标:

1. 农村工业劳动生产率

这一指标通常以农村工业总产值与农村工业劳动力相比较来计算,综合反映农村工业劳动力的使用效果。它还经常以农村工业主要产品实物量与农村工业劳动力相比,称为实物劳动生产率。

2. 每万元农村工业总产值的原材料、燃料、动力消耗

这是指生产每万元农村工业总产值平均实际消耗的原材料、燃料、动力价值。原材料、燃料、动力消耗价值是指与农村工业总产值相对应的整个生产过程中所消耗原材料、燃料、动力的全部价值。为分别反映原材料、燃料、动力的节约效果,可以分别计算每万元农村工业总产值的原材料、燃料、动力消耗数量(或价值),也可以计算单位产品的原材料、燃料、动力消耗量来反映节约效果。

3. 农村工业产品合格率

这是指农村工业合格品产量占全部制品数量(包括次品、废品)的比例。

4. 农村工业产值利税率

该指标是按报告期内实现的利润和上缴税金与农村工业总产值相比较来

计算的。

5. 每百元固定资产原值实现的产值

该指标是按全年农村工业总产值与农村工业固定资产原值全年平均数来计算的。

(二) 农村建筑业经济效益统计

农村建筑业是农村新兴的生产部门。建筑业所提供的物质产品，其性质各有不同，可以通过实物工程量和工作量来反映。实物工程量是指完成土方工程、混凝土工程的立方米，抹灰工程的平方米，道路工程的平方米，设备安装的吨（台）等。建筑安装工作量是所生产的建筑安装产品的价值量。为了综合反映建筑业生产活动成果，必须采用产品的价值总量。

反映农村建筑业综合经济效益的主要指标如下：

1. 农村建筑业劳动生产率

该指标是以农村建筑业总产值（或主要产品的实物量）与相应的建筑业劳动力相比较来计算的。

2. 农村建筑业资金生产率

该指标是以农村建筑业净产值（或利润额）与相应的建筑业投入的资金（包括固定资金和流动资金）相比较计算的。

3. 农村建筑业工程竣工率

该指标是以农村建筑业竣工工程产值与全部施工工程的价值相比较来计算的。

另外，单位工程优良品率、施工机械设备时间利用率、产值利税率、工程成本降低率等，也都是建筑业的经济效益指标。

(三) 农村运输业经济效益统计

提高农村运输业经济效益，不仅有利于农村自身的发展，而且对促进农村商品经济发展和城乡物资交流有着重要作用。农村运输业经济效益以农村运输业的生产成果与投入的劳动消耗之比来反映。其主要指标为：

1. 农村运输业劳动生产率

这一指标即农村运输业总产值（或货运周转量）与相应的运输业劳动力之比。该指标可以综合反映农村运输业劳动力的使用效果。

2. 载货汽车百吨千米耗油量

这一指标即载货汽车运输过程中的汽油(柴油)消耗量与货物周转量之比。另外,还有载货汽车吨位产量、产值利税率等其他经济效益指标。

(四) 农村商业经济效益统计

农村商业是专门组织农村商品流通的物质生产部门,它在社会再生产过程中的主要作用是实现商品的价值和转移商品的使用价值,沟通生产与消费的联系。农村商业经济效益以农村商业的生产成果与投入的劳动消耗之比来反映。农村商业经济效益的主要指标如下:

1. 农村商品流通费用率

这是指商品流通费用额与商品纯销售额对比的相对指标。其计算公式如下:

$$农村商品流通费用率 = \frac{商品流通费用额}{商品纯销售额} \times 100\%$$

农村商品流通费用率越低,经济效益越好。

2. 农村商业劳动生产率

这是指商业经营成果与商业活劳动消耗的对比。通常用平均每一农村商业人员实现的商品纯销售额(或商业产值)表示。其计算公式如下:

$$农村商业劳动生产率 = \frac{商品纯销售额(商业产值)}{全部农村商业人员数量} \times 100\%$$

3. 农村商业资金利用率

这是指商业经营成果与其占用资金额的对比,计算公式如下:

$$农村商业利润率 = \frac{商业利润额}{全部资金平均占用额} \times 100\%$$

$$农村商业资金利用率 = \frac{商品纯销售额}{全部资金平均占用额} \times 100\%$$

还可以计算平均每百元固定资金或流动资金实现的销售额,分别反映各类资金占用的经济效益。农村商业需要占用大量的流动资金,因此,加速流动资金的周转,提高流动资金占用的经济效益,是提高农村商业经济效益的重要内容。

流动资金周转次数和周转天数是从资金周转的速度方面来反映流动资金

的占用效益。计算公式如下:

$$流动资金周转次数 = \frac{商品纯销售额}{流动资金平均占用额} \times 100\%$$

$$流动资金周转天数 = \frac{流动资金平均占用额}{商品纯销售额} \times 报告期日历日数$$

此外,还可用商品纯销售额与利润额进行对比,计算销售利润率指标。以单位商品销售额提供利润额的多少来反映经济效益状况。

三、各部门经济效益的评价

计算农村各部门经济效益指标以后,还要对其进行考核和评价。通过评价,能够全面地反映农村各部门经济效益的真实水平,总结经济效益提高的情况和存在的问题,提出解决问题和进一步挖掘经济效益潜力的措施和建议,为正确处理农村经济发展中的速度、比例、平衡与效益的关系提供依据。

正确评价农村各部门经济效益,要注意以下相关步骤和问题。

(一) 确定评价指标

农村经济效益指标体系的各项指标之间存在着错综复杂的关系,不但各指标的水平会存在差异,而且指标的数值还可能出现相互矛盾的现象。例如,从一个指标看,经济效益提高了;从另一个指标看,经济效益则可能降低了。面对指标数值参差不齐的情况,用一个指标进行评价或者用各个指标分别进行评价,显然都不能全面而概括地说明经济效益的状况,必须采用多项指标进行综合评价。为此,首先必须确定评价指标。确定评价指标应当从核算条件和评价要求出发,选择那些能够从不同角度反映经济效益状况的指标,通常是以一定经济效益指标体系的全部指标或其中有代表性的主要指标作为综合评价指标。

(二) 确定评价标准

通常根据评价目的不同,评价标准主要有:

1. 历史标准

历史标准即以上年同期水平、历史最高或最低水平、特殊历史时期水平作为评价标准,将报告期经济效益指标的实际水平与之对比,反映经济效益变动的方向和幅度。

2. 现实标准

现实标准即以报告期全国或地区的平均水平、先进水平或平均先进水平作为评价标准,将各地区、各单位报告期经济效益指标的实际水平与之对比,反映地区之间、单位之间经济效益的差别。

3. 计划标准

计划标准即对制定有计划指标的经济效益指标,以计划水平作为评价标准,将实际水平与之对比,反映经济效益指标的计划完成情况。

(三) 确定评价方法

经济效益的评价方法从指标多少来划分有单项指标评价法和综合评价法两种。

1. 单项指标评价法

单项指标评价法是指用农村经济效益统计指标体系中某一项指标,与计划对比,与不同时期对比,与不同单位或地区对比,来考核一个地区或部门农村经济效益的高低。这种以单项指标进行比较分析的方法比较简单,具有局限性。

2. 综合评价法

综合评价法是指运用多个指标对多个方案进行评价的方法,即将多个指标转化为一个能够反映综合情况的指数来进行评价。

该方法可以分为两步:先评分,后综合。所谓先评分,是把选定的评价指标的数值分别与确定的相应标准进行对比,得出评价指数或评价分值。评分可以采用专家打分的方法,也可以采用计算的方法,如将评价指标数值与标准数值相比,得出评价指数的方法。通过评分使各评价指标具备综合的基础。所谓后综合,是在各评价指标均已评分的前提下,进一步综合汇总各指标的分值,最终形成一个能够说明情况的综合量——总分值。比较各方案总分值的大小,即可评价各方案的优劣。

在综合评价中,考虑各指标对方案的重要程度,可分成两种综合方法:简单综合与加权综合,从而综合评价法也相应分为简单综合评价法与加权综合评价法两类。所谓简单综合,是把各评价指标同等看待,认为它们对方案同等重要,因而综合时采用直接汇总方法。所谓加权综合,是把各评价指标分等看待,认为它们对方案有轻重之别,因而综合时给较重要指标以较大的权数(一般以百分数表示),对于较次要的指标则给较小的权数,然后进行加权综合汇总。

(四) 分析评价结果

将各经济效益指标的结果进行综合计算,形成综合评价值,在此基础之上分析农村社会经济发展的实际情况,反映农村社会经济效益提高或降低的趋势,为政府相关部门制定农村经济改革和发展政策提供依据。

复习思考题

1. 什么是农村社会经济效益?
2. 农村社会经济效益统计的基本指标有哪些?
3. 简述农村各部门经济效益评价的步骤。

第十章　农村社会与生态发展的监测系统

本章学习目标

通过本章学习,掌握农村全面小康、农村生态服务系统监测指标与评价方法;了解农村全面小康、农村生态服务价值的内涵与意义。

本章导读

农村社会的和谐与稳定,关系整个社会和谐的大局;农村的发展事关我国社会主义现代化建设的成败。对农村社会与生态发展进行监测与评价,是农村社会统计与调查的重要内容,是科学制定农村发展政策的客观依据,对于促进农村经济社会快速健康发展具有重要的意义。

第一节　农村全面小康进程监测指标体系

党的二十大报告指出,我们经过接续奋斗,实现了小康这个中华民族的千年梦想,我国发展站在了更高历史起点上。我们坚持精准扶贫、尽锐出战,打赢了人类历史上规模最大的脱贫攻坚战,全国八百三十二个贫困县全部摘帽,近一亿农村贫困人口实现脱贫,九百六十多万贫困人口实现易地搬迁,历史性地解决了绝对贫困问题,为全球减贫事业作出了重大贡献。

一、农村全面小康进程监测的目的和意义

农村全面建成小康社会是一个涉及经济、社会、生态环境、人民生活等各

个方面的综合系统,因此,对全面小康进行评价需要建立一套科学的指标体系。为了科学地反映农村全面建成小康社会的现状,国家统计局农调队研究制定了农村全面小康标准,并对全国各省(区、市)农村全面小康进程进行监测和评价。

二、农村全面小康进程监测指标体系构建

(一) 设计原则

1. 全面性

全面建成小康社会的内容不仅包括物质文明和精神文明,而且包括政治文明、生态文明。所以指标体系的遴选和确定应当全面考虑物质文明、精神文明、政治文明和生态文明等各个方面的内容。

2. 客观性

全面建成小康社会是我国2020年的奋斗目标,全面实现社会主义现代化是2050年的奋斗目标。在选择监测指标时,既要考虑两者的连续性,又要充分考虑它们不同的内涵,重点在于要充分体现更科学、更和谐地发展的要求。

3. 可操作性

为了使农村全面小康进程监测指标体系能够有效地运用于实际分析,选取的指标必须具有可操作性,不能片面地追求理论层次上的完美。纳入该体系的各项指标因素必须概念明确、内容清晰,能够实际计量或测算,以便进行定量分析。过于抽象的分析概念或理论范畴不能作为指标引入体系;现阶段还无法实际测定的指标也暂时不予考虑。

(二) 具体指标

农村全面小康进程监测指标体系主要是从不同角度反映全面建成小康社会的内容。根据全面建成小康社会的内涵以及设计原则,确定指标体系包括经济发展、社会发展、人口素质、生活质量、民主法制、资源环境六部分。

1. 经济发展

该指标包括农村居民人均可支配收入、第一产业劳动力比重、农村小城镇人口比重三个二级指标。

(1) 农村居民人均可支配收入,即农村居民年人均可用于最终消费支出和

其他非义务性支出以及储蓄的收入总和,即可用来自由支配的收入。

(2) 第一产业劳动力比重,即乡村第一产业从业人员占全部乡村从业人员比重。计算方法为:

$$第一产业劳动力比重 = \frac{乡村第一产业从业人员}{全部乡村从业人员} \times 100\%$$

(3) 农村小城镇人口比重,即建制镇规划镇区常住人口占全部乡镇区域内常住人口比重。计算方法为:

$$农村小城镇人口比重 = \frac{建制镇规划镇区常住人口}{全部乡镇区域内常住人口} \times 100\%$$

2. 社会发展

该指标包括农村合作医疗覆盖率、农村养老保险覆盖率、万人农业科技人员、农村居民基尼系数四个二级指标。

(1) 农村合作医疗覆盖率,即参加农村合作医疗的农民占年末参加分配的乡村人口的比重。

(2) 农村养老保险覆盖率,即参加城乡居民养老保险的农村居民人数占应该参加城乡居民养老保险的农村居民人数(剔除参加城镇养老保险的进城务工农民)的比重。计算方法为:

$$农村养老保险覆盖率 = \frac{农民参保人数 + 农民享受待遇的人数 - 本年度退保人数}{本市农业人口中应参加养老保险的人数 - 农民进城务工参加城镇养老保险的人数 + 享受待遇的人数} \times 100\%$$

其中:本市农业人口中应参加养老保险的人数指本市农业人口,男年满16周岁未满60周岁,女年满16周岁未满55周岁(不含在校生),未执行行政事业单位编制管理或不符合参加本市基本养老保险的农村居民。

(3) 万人农业科技人员,即每万乡村人口中拥有农业技术人员数。计算方法为:

$$万人农业科技人员 = \frac{农业科技人员数}{年末参加分配乡村人口数} \times 10\,000$$

(4) 农村居民基尼系数,是国际上衡量收入分配均等程度的重要指标,是一个适度指标。一般判断标准为:0.2以下高度均等,0.2~0.3相对均等,0.3~0.4相对合理,0.4以上差距过大。

3. 人口素质

该指标包括农村人口平均受教育年限、农村人口平均预期寿命两个二级指标。

(1) 农村人口平均受教育年限,即平均每一乡村人口受教育的年限。

(2) 农村人口平均预期寿命,即在一定的死亡水平下,预期每个人出生时平均可存活的年数。

4. 生活质量

该指标包括恩格尔系数、居住质量指数、文化娱乐消费支出比重、生活信息化程度四个二级指标。

(1) 恩格尔系数,即农村居民食品消费支出占生活消费总支出的比重。

(2) 居住质量指数。农村居民居住质量指数由六项指标构成:① 农户人均住房面积;② 钢筋混凝土结构和砖木结构住房比重;③ 饮用自来水农户比重;④ 使用清洁能源农户比重;⑤ 享有卫生厕所农户比重;⑥ 室外道路硬化农户比重。

(3) 文化娱乐消费支出比重,即农村居民人均文化娱乐用品及服务支出占居民生活消费支出比重。计算方法为:

$$农村居民文化娱乐消费支出比重 = \frac{文、教、娱消费支出 - 学杂费}{生活消费支出}$$

(4) 生活信息化程度。农村居民生活信息化程度由三个指标合成:① 彩色电视机普及率;② 电话机普及率;③ 计算机普及率。

5. 民主法制

该指标包括农村居民对村政务公开的满意度、农村居民对社会安全的满意度两个二级指标。

(1) 农村居民对村政务公开的满意度,即农村居民对村基层组织政务公开的满意程度。

(2) 农村居民对社会安全的满意度,即农村居民对社会治安方面的满意程度。

6. 资源环境

该指标包括常用耕地面积变动幅度、森林覆盖率、万元农业 GDP 用水量三个二级指标。

(1) 常用耕地面积变动幅度,即本年与上年相比耕地面积的增减变化幅度。

(2) 森林覆盖率,即行政区域内森林面积与区域面积之比。

(3) 万元农业 GDP 用水量,即每万元农业增加值用水量。计算方法为:

$$\text{万元农业 GDP 用水量} = \frac{\text{农业用水量}}{\text{农业增加值}} \times 10\,000$$

三、农村全面小康进程监测指标体系的分析方法

运用农村全面小康进程监测指标体系、衡量标准,再选择科学评价模型即可实现对一个区域的全面小康实现程度和进程的综合评价。

综合评价的基本步骤是:

(一) 确定各评价指标的上下限

农村全面小康进程监测指标体系,主要以党中央提出的目标为指针,同时考虑农村全面小康社会进程监测指标体系的历史衔接,参照 20 世纪末全国农村小康生活水平的评估标准而建立新的统计监测指标体系。具体目标值参照如下内容:

(1) 参照"三步走"战略构想的基本目标。

(2) 参照农村 20% 最高收入农户有关指标的平均水平。

(3) 参照 2000 年城镇居民有关指标的平均水平。

(4) 参照部分大城市郊区有关指标的平均水平。

具体地,设定全面小康值为目标值,总体小康值为起点值。

具体计算中,正向指标以全面小康值为最大值(X_{max}),以总体小康值为最小值(X_{min});逆向指标以全面小康值为最小值(X_{min}),以总体小康值为最大值(X_{max})。

在农村全面小康进程监测指标体系中,只有农业劳动力比重、农村居民恩格尔系数和万元农业 GDP 用水量三个指标为逆向指标,农村居民基尼系数为适度指标,其余均为正向指标。

(二) 计算各指标的实现程度

(1) 对正向指标(耕地面积变动幅度除外),计算如下:

$$\text{实现程度} = \begin{cases} 100 & X \geqslant X_{\max} \\ \dfrac{X - X_{\min}}{X_{\max} - X_{\min}} \times 100 & X_{\min} < X < X_{\max} \\ 0 & X \leqslant X_{\min} \end{cases}$$

(2) 对逆向指标,计算如下:

$$\text{实现程度} = \begin{cases} 100 & X \leqslant X_{\min} \\ \dfrac{X_{\max} - X}{X_{\max} - X_{\min}} \times 100 & X_{\min} < X < X_{\max} \\ 0 & X \geqslant X_{\max} \end{cases}$$

(3) 对适度指标,即农村居民基尼系数,差距偏大和高度均等都不好。具体计算如下:

$$\text{实现程度} = \begin{cases} 100 & 0.3 < X < 0.4 \\ \dfrac{(0.6 - X)}{0.2 \times 100} & 0.4 < X < 0.6 \\ \dfrac{(X - 0.2)}{0.1 \times 100} & 0.2 < X < 0.3 \\ 0 & X \geqslant 0.6 \text{或} X \leqslant 0.2 \end{cases}$$

(4) 由于国家实行最严格的耕地保护制度,常用耕地变动幅度实现程度计算如下:

$$\text{实现程度} = \begin{cases} 100 & X \geqslant 0.3 \\ X \div 0.3 \times 100 & -0.3 < X < 0.3 \\ -100 & X \leqslant -0.3 \end{cases}$$

(三) 计算各种指标的实际得分

每个指标的实际得分是该指标的实现程度与其权数的积。

各指标权重同样可以采取层次分析法(AHP)来确定。

把单个指标得分加总即得出一个地区全面小康实现程度,公式为:

$$\text{实现程度} = \frac{\text{各指标实现程度} \times \text{各自权重}}{100}$$

第二节　农村生态服务监测评价体系

一、生态建设在农村经济社会发展过程中的重要地位

随着我国经济快速发展,传统的粗放型发展方式已经制约了经济发展的可持续性,坚持经济与环境协调的生态发展方式已经成为我国未来社会经济发展的重要路径。也就是说,我们在搞经济建设的同时也要重视生态建设,努力协调经济发展与生态建设的关系,做到人与自然和谐相处。

在现阶段,农村生态服务价值即现代农业生态服务价值,是指农业范畴(农业、林业、畜牧业、渔业以及农林牧渔服务业)所包含的所有资源和人类活动给人类所带来的直接和间接的效益(图 10-1)。

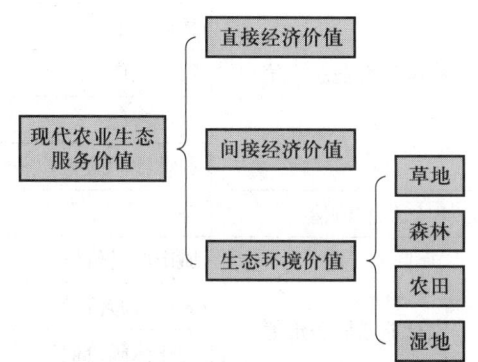

图 10-1　现代农业生态服务价值包含内容示意图

图 10-2 反映了现代农业生态服务价值与现代农业各项功能之间的对应关系。

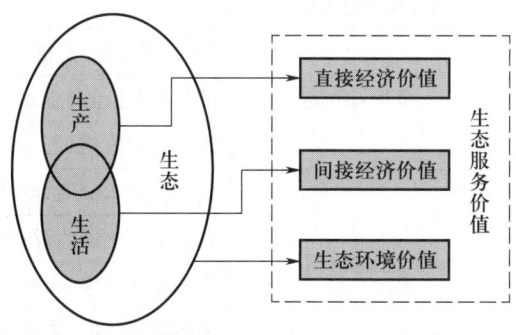

图 10-2　现代农业功能与生态服务价值的对应关系

该体系结合现行统计制度,从农业的角度出发,以现代农业的功能定位为基本思路,以农业所特有的生态功能作为切入点,将其对于人类生存和生活环境的功能以及为人类提供生活、休闲的功能纳入农业对人类的服务功能当中,并通过经济学以及统计的理论和方法将其量化为价值量。这为政策的制定者提供了一个全新的决策参考。

二、农业生态服务价值评价与监测指标

(一)指标构成

农业生态服务价值评价与监测各具体指标如表 10-1 所示。

表 10-1 农业生态服务价值评价与监测指标体系构成

一级指标	二级指标	三级指标
直接经济价值	农林牧渔业总产值	农业产值
		林业产值
		牧业产值
		渔业产值
		农林牧渔服务业产值
	供水价值	—
间接经济价值	文化旅游服务价值	城市旅游价值
		郊区旅游价值
		文化休闲价值
		科研教育价值
	水电蓄能价值	—
	景观增值价值	—
生态环境价值	气候调节价值	调节大气成分价值
		调节湿度价值(湿地)
		调节气温价值(湿地)
	水源涵养价值	调蓄地表水价值(湿地)
		补充地下水价值(湿地)
		拦截降水价值(森林、草地)
		涵蓄降水价值(森林、农田、草地)

续表

一级指标	二级指标	三级指标
生态环境价值	环境净化价值	降低粉尘价值(森林、农田、湿地)
		释放负氧离子价值(森林、湿地)
		净化水质价值(森林、农田、湿地)
		吸收有害气体价值(森林、农田、草地)
		减噪价值(森林)
		释放植物杀菌素价值(森林)
		消解固体废弃物价值(农田)
	生物多样性价值	珍稀动物价值
		植物保育价值
	防护与减灾价值	洪水调蓄价值(森林、湿地)
		农田防护价值(森林)
		防风固沙价值(森林)
	土壤保持价值	避免土地废弃价值
		减少养分流失价值
		减少泥沙淤积、滞留价值
	土壤形成价值	植被养分累积价值(森林)
		枯落物分解价值(森林)

(二) 指标解释

1. 直接经济价值

直接经济价值,是指以货币形式表现的农林牧渔业的全部产品价值,对农林牧渔业生产活动进行的各种支持性服务活动的价值以及湿地生态系统特有的供水价值。

(1)农林牧渔业总产值,是指以货币表现的农林牧渔业的全部产品总量和对农林牧渔业生产活动进行的各种支持性服务活动的价值。

(2)供水价值,是指以货币表现的湿地供给的维持正常的社会生产和居民生活的水资源的价值。

2. 间接经济价值

间接经济价值,是指农业范畴内的所有自然资源(或者说是生态系统)由于其特有的生态优势,在传统农业产值范畴以外给人类所带来的、在现实经济生活中实现的经济效益。

(1) 文化旅游服务价值,是指依托农业独特的资源优势,给人们创造了舒适的旅游、休闲、科研、教育环境,并因此带动消费所产生的价值。

(2) 水电蓄能价值,是指利用河流、湖泊等高位能的水流至低位,将其中所含的位能转换成水轮机的功能,再利用水轮机作为原动机,推动发电机产生电能所产生的价值。

(3) 景观增值价值。在城市中,景观价值尤其是土地价值是由土地区位、交通状况、周围环境等因素综合决定的,其中由森林、湿地等农业资源直接影响所产生的增值就是景观增值价值。

3. 生态环境价值

生态环境价值,是指农业范畴中的生态系统为改善人类的生存条件和生活环境带来的没有在现实经济生活中直接体现的效益。

(1) 气候调节价值。生态系统中的绿色植物在生物生产中调节大气中氧气变化,固定大气中的二氧化碳,减缓地球的温室效应,保证生命活动的基本气候条件,同时具有防风、增湿、调温等改善气候的功能。这里主要是指生态系统固定二氧化碳和释放氧气、调节气温、调节湿度的功能价值。

(2) 水源涵养价值。生态系统的存在可以大大增加土壤对降水的吸收,减少地面径流,尤其是湿地生态系统还具有蓄水和补给地下水、维持区域水平衡的重要作用。生态系统的这种功能对于人类所产生的价值就是水源涵养价值。水源涵养价值包括调蓄地表水价值、补充地下水价值、拦截降水价值、涵蓄降水价值。

(3) 环境净化价值。生态系统的植物能够对大气污染、土壤污染以及水污染起到净化作用。绿色植被在植物抗生范围内能通过吸收而减少空气中硫化物、氮化物、卤素以及粉尘等有害物质的含量。同时,绿色植被在一定程度上还能吸收土壤以及污水中的部分污染元素。生态系统的这种功能对于人类所产生的价值就是环境净化价值。环境净化价值包括降低粉尘、释放负氧离子、净化水质、吸收有害气体、减噪、释放植物杀菌素、消解固体废弃物等方面。

(4) 生物多样性价值。生物多样性包括生态系统多样性、物种多样性和遗传多样性三个层次,多种多样的生物是人类赖以生存和发展的物质基础。生态系统的这种服务对于人类的价值就是生物多样性价值。生物多样性价值包括珍稀动物价值和植物保育价值。

(5) 防护与减灾价值。这是指由于生态系统的存在,在减少风沙侵蚀、调蓄洪水过程、改善农田生态环境、提高农作物产量和质量等方面发挥的作用。防护与减灾价值包括洪水调蓄价值、农田防护价值、防风固沙价值。

(6) 土壤保持价值。由于生态系统的存在,植被和枯枝落叶层的覆盖可以减少雨水对土壤的直接冲击,保护土壤减少侵蚀,保持土地生产力,并能保护海岸和河岸,防止湖泊、河流和水库的淤积,生态系统的这种功能对于人类所产生的价值就是土壤保持价值。土壤保持价值包括避免土地废弃价值,减少养分流失价值,减少泥沙淤积、滞留价值。

(7) 土壤形成价值。生态系统的植物根系从土壤吸收营养物质合成新的生物生产量,保存在植被中的这部分营养物质避免了养分受雨水淋洗的直接流失,而有机物以枯枝落叶的形式输送到土壤中而被生态系统重新利用,体现了森林生态系统中森林植被在养分循环和累积过程中的作用。生态系统的这种功能对于人类所产生的价值就是土壤形成价值。土壤形成价值包括植被养分累积价值、枯落物分解价值。

三、农业生态服务价值的评价与分析方法

(一) 指标评价方法

农业生态服务价值评价指标体系涉及多个不同类型和性质的指标,各指标的计算方法有所不同。一般地,农业生态服务价值评价指标计算多采用市场价值法、影子价格法、替代工程法、支付意愿法、分摊法、机会成本法、成果参照法等。其中总产值、供水价值、水电蓄能价值、地价升值等指标采用市场价值法;文化休闲、调蓄地表水、补充地下水、释放杀菌素、释放负离子、减少养分流失、土壤形成价值等指标采用影子价格法;调节大气、调节湿度、调节气温、拦截降水、涵蓄降水、降低粉尘、净化水质、洪水调蓄价值等指标采用替代工程法;生物多样性价值指标采用支付意愿法;城市旅游和郊区旅游价值指标采用分摊法;

农田防护、避免土壤废弃价值等指标采用机会成本法;科研教育价值指标采用成果参照法。

(二) 具体测算方法

1. 农业直接经济价值

农林牧渔业总产值采用统计制度中的"农林牧渔业总产值计算表"中相应的指标值计算。

供水价值采用水资源管理部门发布的地表水供水量和测算得到的地表水中水产生量,结合价格管理部门发布的综合水价和再生水价计算得到。

2. 农业间接经济价值

郊区旅游价值是以现有统计制度为起点,结合已有的农业统计和郊区旅游统计计算得到。根据郊区统计制度中的"观光休闲农业情况"报表,选取其中的"总收入"指标作为"民俗旅游收入"和"观光园收入",同时,结合服务业单位数据库中的郊区的宾馆饭店、景点等收入数据作为"郊区旅游收入",汇总得到郊区旅游价值。

城市旅游价值、文化休闲价值、科研教育价值等为结合部门数据和相关研究成果测算得到。利用城市旅游收入、免费公园和名胜古迹旅游人次数据结合调查得到的景观影响因子等参数,参照相关的研究成果测算得到。

依据部门统计中的水力发电量和电价得到水电蓄能价值。

结合基准地价以及农业生态系统的影响范围核算景观增值价值。

3. 农业生态环境价值

以统计数据、部门数据以及研究机构数据为基础,利用目前生态环境服务价值研究领域的研究成果,加以优选和提炼,选取被专家普遍认可的几项功能作为农业生态环境服务价值的评价指标,同时,采用被专家普遍认可和使用的方法(市场价值法、替代工程法、影子价格法、机会成本法和支付意愿法等),将无形的、无市场价值的农业生态环境价值转化为有形的、可计算的价值。

四、案例

案例一 北京都市型现代农业生态服务价值评价与监测

北京经济的快速发展和城市规模不断扩大,使得环境整治难度越来越大。

耕地面积下降和水资源紧缺,成为北京生态环境建设和经济社会可持续发展的瓶颈,这给建设"宜居城市"带来极大挑战。

实践证明,生态系统在一定范围内具有自我调节和净化污染物的能力,因此农业生态系统对于北京经济社会全面、协调、可持续发展都是一笔财富。为此,《北京市城市总体规划》(2004—2020年)对北京生态环境建设做出了全面部署,强调了生态环境对北京城市总体功能实现的重要性。除强调城市绿化建设外,还划定了生态涵养发展区,强调了生态环境对实现北京城市总体功能的重要性,体现了北京加大生态环境建设的决心,同时也反映出开展生态环境的长期有效监测和量化生态环境在北京经济社会建设中的重要作用。

近年,北京市以发展"都市型现代农业"为思路,拓展了农业的功能,其生态功能和生活功能将发挥更加重要的作用。本案例结合现代农业的"生产""生活"和"生态"功能定位,把统计制度和生态服务价值相关专业领域研究成果有机结合,力求更加全面、客观地反映北京农业的价值。

根据本书所设定的指标及计算公式,可以算出北京市都市型现代农业生态服务价值。2020年,全市农业生态服务价值为3 475.97亿元,详见图10-3。

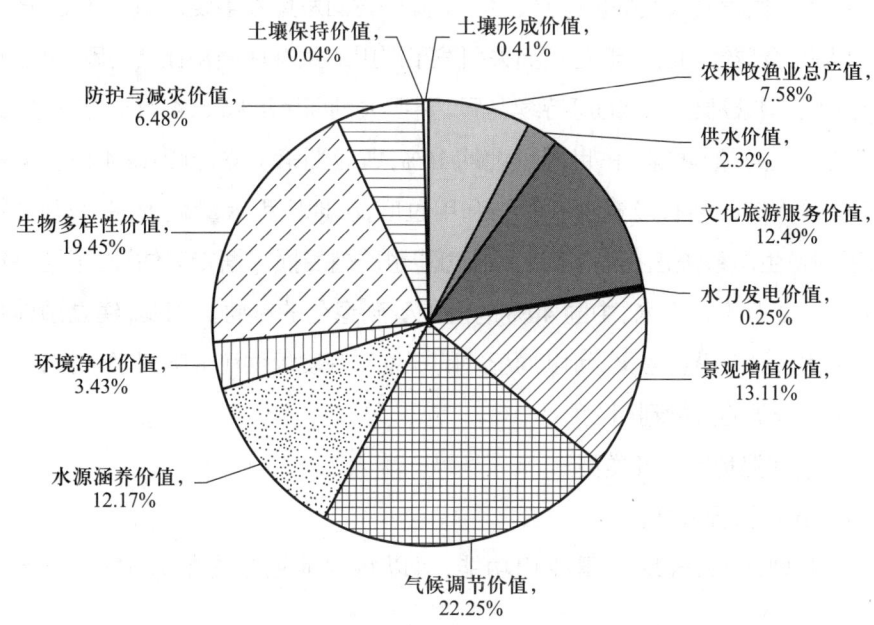

图10-3　北京都市型现代农业各项生态服务价值比例图

北京都市型现代农业生态服务价值中,直接经济价值占 9.9%,间接经济价值占 25.85%,生态与环境价值则占 64.25%。生态系统服务价值巨大,尤其是因它对环境的保护和调节功能而产生的间接经济价值和生态环境价值,远远超过了其直接经济价值。然而,受传统观念的束缚以及现有经济发展水平的制约,仍有相当部分的生态服务功能未能实现市场化,其价值也未能完全体现出来。从北京市现状来看,对于已实现市场化经营的部分(如土地、林木、果品等)及准市场化的部分(如某些非林木产品),应进一步完善产品市场,促使其价值的实现;对于尚未市场化的部分(如大部分生态功能),则应促进生态功能市场化,加快建立生态补偿机制,以对生态系统的服务功能进行合理的补偿和保护。

案例二　北京湿地生态服务价值评价指标体系

湿地是指天然的或人工的、永久的或间歇性的沼泽地、泥炭地、水域地带,带有静止或流动的淡水、半咸水及咸水水体者。它是地球上具有多功能的独特生态系统,是自然界最富生物多样性的生态景观和人类最重要的生存环境之一,被誉为自然之肾。湿地生态系统在调节气候、涵养水源、促淤造陆、净化环境、保护生物多样性和为人类提供生产、生活资源等方面发挥着重要作用。20 世纪 70 年代以来,全球性的湿地退化和消失引发了严重的生态环境和社会问题,直接威胁到区域、国家乃至全球的可持续发展。中国湿地面积约 6 594 万平方千米(其中不包括江河、池塘等),占世界湿地的 10%,居亚洲第 1 位、世界第 4 位。但是由于全球人口的增长及资源开发与利用过度,湿地面积大量减少,许多湿地物种、景观及生态系统正在消失,其生态功能也严重受损。据专家估计,平均每年丧失湿地 2 万平方千米,中国 40% 的湿地受到退化的威胁。因此,建立湿地生态指标体系具有重要意义,可以为湿地的规划和开发提供可靠的科学依据,确保湿地及其资源的持续利用。

1. 北京湿地资源及类型

(1) 湿地资源分类。

一般地,按照湿地的属性和功能,可以将湿地划分为如表 10-2 所示的类型。

表 10-2　湿地资源分类表

一级分类	二级分类	三级分类	湿地属性与功能
天然湿地	河流湿地	永久性河流	常年有水径流的河流
		季节性或间歇性河流	一年中只有特定季节（雨季）或间歇性有水径流的河流，包括干旱地区的全部断流河段
	湖泊湿地	湖泊	天然形成的积水区常水位岸线所围成的水面
	沼泽湿地	草本沼泽	由水生和沼生的草本植物组成优势群落的淡水沼泽
人工湿地		库塘	以蓄水、发电、农业灌溉、农村生活、净化水质等为主要目的而建造的，面积大于1公顷的蓄水区
		运河、输水河	为输水或水运而建造的人工河流湿地，包括以灌溉为主要目的的沟、渠
		水产养殖场	以水产养殖为主要目的修建的人工湿地
		水田	能种植水生植物等或冬季蓄水的湿地

(2) 北京湿地资源存量。

北京湿地资源存量丰富，资源结构见表 10-3。

表 10-3　北京湿地资源存量表

账户类型	子账户	账户名称
实物型账户：（统计区域内实际存在的湿地资源状况）	湿地面积	永久性河流资源账户
		季节性或间歇性河流资源账户
		湖泊资源账户
		草本沼泽资源账户
		库塘资源账户
		运河、输水河资源账户
		水产养殖场资源账户
		水田资源账户
	水库	大中型水库账户
	自然保护区	市级自然保护区
		重点湿地保护区

续表

账户类型	子账户	账户名称
实物型账户： （统计区域内实际存在的湿地资源状况）	生物资源	珍稀鸟类（国家Ⅰ级）
		珍稀鸟类（国家Ⅱ级）
		珍稀鸟类（北京重点）
		珍稀鸟类（国家保护的有益的或有重要研究价值的）
		珍稀兽类
		珍稀两栖类

2. 北京湿地生态服务价值评价指标体系

结合前文所提原则及方法，北京湿地生态服务价值评价指标体系共包括3个一级指标、12个二级指标、23个三级指标，见表10-4。

表10-4 北京湿地生态服务价值评价指标体系

一级指标	二级指标	三级指标
直接经济价值	渔业总产值	渔业产值
		渔业服务业产值
	供水价值	供水价值
间接经济价值	文化旅游价值	城市旅游价值
		郊区旅游价值
		文化休闲价值
	水电蓄能价值	水电蓄能价值
	景观增值价值	景观增值价值
	科研教育价值	科研教育价值
生态环境价值	气候调节价值	调节大气成分价值
		调节湿度价值
		调节气温价值
	水源涵养价值	调蓄地表水价值
		补充地下水价值

续表

一级指标	二级指标	三级指标
生态环境价值	环境净化价值	降低粉尘价值
		释放负氧离子价值
		净化水质价值
	生物多样性价值	珍稀动物价值
		植物保育价值
	防灾与减灾价值	洪水调蓄价值
	水土保持价值	避免土地废弃价值
		减少养分流失价值
		减少泥沙淤积、滞留价值

复习思考题

1. 农村全面小康进程监测指标体系是由哪些指标构成的?
2. 农业生态服务价值评价与监测指标体系是由哪些指标构成的?

第十一章　农村社会调查类型与方法

本章学习目标

通过本章学习,掌握各种调查类型的含义和适用性;掌握各种调查方法的特点与步骤。

本章导读

农村社会调查是在马克思主义基本理论指导下,用科学的、系统的、有程序的、有目的的方法去观察农村社会的各种事物和各种现象,分析农村各种社会现象、社会问题及其之间的联系,探索农村社会发展规律及其变化趋势的社会实践活动。为了保证农村社会调查所收集的资料具有客观性与正确性,保证分析资料的科学性,农村社会调查必须有一套收集与分析资料的科学方法,即农村社会调查必须在科学的方法论指导下,拥有一套科学的研究方式与具体的资料收集与分析方法、技术。

第一节　农村社会调查的类型

一、普遍调查

(一) 普遍调查的概念和意义

普遍调查简称为普查,是指为了了解调查对象的总体情况,对调查对象的全部单位无一例外地逐个进行的调查。普遍调查是在一定范围内对其全部分子毫无遗漏地加以调查,这里讲的"一定范围"是相对的,并非绝对的。这就是说,普遍调查因区域的大小不同,"普遍"的范围也将发生变化。例如,全国范围的普查,不能遗漏一省一市;全省范围的普查,则不能遗漏一县一市;全县范围的普查,则不能遗漏一乡一镇。因此,普遍调查既可以是全国性的,也可以是地域性的。

普遍调查是准确了解农村社会现象的基础。为了从总体上认识某一客观事物和从全局上把握某一社会现象,就必须掌握该事物和该现象的全面数据和资料,而这种全面数据和资料只有通过普遍调查才能获得。普遍调查也是制定或修订某种全面规划的客观依据。

(二)普遍调查的形式和特点

1. 普遍调查的形式

(1)专门组织的普查。即组织专门普查机构,派出专门调查人员,对调查对象直接进行登记。这种普查形式是自上而下的,是根据需要对一定时间、地点的客观事物或社会现象专门组织的一次性全面调查。

(2)利用统计资料进行的普查。与专门组织的普查方式相比,利用统计资料进行的普查不设专门普查机构,也不必组织专门普查队伍。它是依靠原有的统计机构和人员,利用原始记录和报表资料,通过正常的渠道,层层上报和汇总有关资料来开展调查。

(3)快速普查。在快速普查中,国家统计局越过中间的一切环节,直接和基层单位建立联系,普查方案直接寄给基层单位,普查资料也由基层单位邮寄给国家统计局,必要时可利用网络等信息化手段和技术,这样速度就会更快。

2. 普遍调查的特点

(1)调查空间的广阔性。由于普遍调查是在一定范围内对其全部调查对象的——调查,因此,它在调查空间上具有广阔性。

(2)调查内容的全面性。普遍调查不仅具有调查空间广、调查单位多的特点,而且具有调查内容全面的特点。由于普遍调查是对某种客观事物或某种社会现象的全部分子进行调查,因此,关于某种客观事物或某种社会现象的调查内容从总体上看是全面的。

(3)调查结果的真实性。普遍调查要求高度的集中和统一,不得各行其是,所有调查对象和调查人员都必须在统一规定的时间内进行调查登记,限期完成。因此,普遍调查所获得的数据和资料是可靠的。

(三)普遍调查的原则和步骤

1. 普遍调查的原则

(1)调查时间的统一性。普遍调查必须规定统一的调查时间或时点,所有调查资料都必须反映这一时间或时点上的情况。具体地说,有两种含义:一是明确规定调查时间,作为收集资料的标准。如我国第七次人口普查是以2020年11月1日0时作为调查的标准时点的,在此时点之前死亡或在此时点之后出生的人口均不在登记之列,在调查时间上呈截断性。二是明确规定执行并完成调查任务的时间。也就是说,在普遍调查的范围内,各调查单位或调查点要同时进行,并努力按时完成。如果不在统一规定的时间内执行和完成任务,则会因调查对象的变化,直接影响调查结果的准确性。

(2)调查方法的一致性。各调查单位或各调查点进行普遍调查的具体方法必须保持一致性。这是保证普遍调查有步骤地进行和调查材料时效性的一个基本原则。例如人口普查,一般有被调查者自填法与调查人员代填法两种,如果调查前未加以统一规定,有的自填,有的代填,则调查结果是否可靠就难以断定。总之,无论采取哪种方法,一经决定,则不能中途改变,各行其是,否则会打乱调查程序,导致调查结果谬误百出。

(3)调查项目的同一性。普遍调查由于调查范围广,被调查的单位多,所以,一是项目不宜过多,二是项目和指标单位应统一规定,各调查单位或调查点不得随意改变或增减任何项目和指标单位,以免影响调查资料和数据的全面汇总综合,降低资料质量。同一种普查,各次的调查项目和指标规定应力求一致,以便与历次普查资料对比。

2. 普遍调查的步骤

(1)建立统一的领导机构。普遍调查具有调查区域广、调查对象多、调查时间集中等特点,因此,为了顺利地开展普查工作,必须建立统一的领导机构,对普查工作进行领导和协调。例如,全国人口普查从中央到省、市、县、乡、村各级政府都成立人口普查领导班子,其目的就是确保普查能按质、按量、按时完成。

(2) 制定和颁布普查方案。根据普遍调查的任务，由统计部门会同有关部门制定普查方案，并在普查方案中明确规定普查的目的、实施范围、调查时间、调查项目、布置办法、报送程序以及调查的具体措施等。

(3) 培训普查人员。普查方案制定以后，各级普查机构要认真组织普查人员学习普查方案及有关文件，以培训队伍，为普遍调查做好组织保证。

(4) 试查。普遍调查由于涉及面广、规模大，且各地情况各异，调查中可能出现一些难以估计的问题，所以，在正式调查前，应先选择若干对象进行试查，以取得经验，为大规模的正式调查做好准备。

(5) 正式普查。正式普查是进行普遍调查的中心环节。在正式普查中，各普查点要一一调查登记，并将调查资料及时报送各受表机关。同时，各级综合机关应组织或协同有关部门检查与抽查基层单位的调查工作与填报质量，随时纠正调查中出现的问题，确保普查资料的准确性。

(6) 整理与分析普查资料。普查资料的整理关系普查结果的价值。在正式调查结束后，要对普查资料进行检验、分组、汇总以及列出统计图和统计表，以便提高资料的使用价值。普查资料的分析是撰写普查报告的基础，只有对普查资料开展分析研究，才能找出规律性的东西。

(7) 总结工作。在调查任务完成后，各普查点或各调查区要进行工作总结，以总结经验、找出问题，为今后再进行普遍调查提供参考、积累经验。

(四) 普遍调查的优点和局限性

1. 普遍调查的优点

(1) 普遍调查资料的全面性。由于普查是对全部调查对象逐个进行的调查，因此，它与其他类型调查相比，所收集的资料是最全面的。

(2) 普遍调查资料的准确性。由于普遍调查资料是从总体中的所有调查对象那里收集的，它包括了各种不同的情况，对事物、现象的各个方面、各个层次都有所反映，因此，资料准确。

2. 普遍调查的局限性

(1) 工作量大，费人力、物力、财力和时间。由于普查对象人数众多，并且他们的空间分布也十分宽广，因此，一方面普查的工作量往往很大，无法在短期内把资料收集齐全并对大量数据进行处理，得出结果；另一方面进行普查所需要的人力、物力和财力也要比其他调查方式所需要的多得多。

（2）调查内容有限，只能了解某一方面必不可少的基本情况。由于普查范围广、对象多，因此，普查的内容一般只限于几个了解基本情况的项目，不可能做非常深入、非常全面的了解。

二、典型调查

（一）典型调查的概念和意义

典型调查是指根据一定的调查目的和要求，在对研究对象进行初步了解的基础上，有意识地从研究对象中选择具有代表性的单位作为典型，并通过对典型的调查来认识同类社会现象的本质及其规律的方法。这是一种非全面调查，形象地说，就是"解剖麻雀"的方法。

典型调查有利于深入研究新事物和新情况。通过对调查对象进行深入系统的分析，来揭示事物发展的一般规律和趋势。在一定条件下，运用典型调查资料可以推论和推算出总体结论。农村社会中的客观事物和社会现象是纷繁芜杂、多种多样的，面对这些调查对象，有时不可能也不必要用普遍调查的方法来收集资料、认识总体，而是通过典型调查的方法来实现。

（二）典型调查的特点

1. 调查对象的代表性

典型调查是对调查对象中个别或少数几个对象进行的调查，这个别或少数几个对象不是随意确定的，而是调查者根据调查目的和要求有意识选择的。也就是说，它要求这个别或少数几个对象具有代表性，即能反映同类事物的共性。

2. 调查内容的系统性、深刻性

典型调查是系统、深入的调查，要求调查者亲自深入到调查对象中进行系统周密的考察，取得第一手资料，了解调查对象的发展过程，以及各种现象间的相互联系，在此基础上，探求客观事物的本质及其发展规律。

3. 典型调查的易行性

与普遍调查相比，典型调查具有易行性的特点。这主要是因为典型调查单位少、时间短、所需人员少以及调查方法比较灵活等。

此外，典型调查还具有面对面直接调查和定性调查的特点。

(三) 典型调查的步骤

1. 典型的选择

(1) 正确选择典型的条件。正确选择典型的条件是正确选择典型的基础。如何正确选择典型的条件呢？应坚持以下原则：

① 必须明确调查目的和研究主题。

② 必须对研究总体有初步认识和总体印象。

③ 必须坚持发展的观点。

(2) 正确区分典型的种类。根据调查研究的目的和调查对象的具体情况，可把典型区分为以下五种类型：

① 先进性典型；

② 落后性典型；

③ 一般性典型；

④ 特殊性典型；

⑤ 全面性典型。

在了解选择典型的条件和区分典型的种类之后，调查者就可根据实际工作的需要和要求来确定典型。

2. 典型调查资料的收集

收集典型调查资料的基本要求是真实性、准确性和全面性。只有这样，典型调查所收集的资料，才能客观地反映典型的本来面目，才能确切地暴露事物的内部矛盾，才能充分地揭示事物的发展过程。

3. 典型调查资料的分析和利用

在典型调查中，要做到正确地分析和科学地利用典型资料，就必须做好以下工作：

(1) 要从典型资料中区分其具有普遍意义的方面和具有特殊意义的方面。只有这样，才能达到"从个别到一般"，发挥典型的应有作用。

(2) 对典型资料的分析要抓住关键、阐明经验、提出问题、找出办法。通过深入分析，进一步提出解决问题的建议和对策。

(3) 典型调查要善于将典型资料与全面性的情况结合起来研究。既要找出事物的共性，又要注意事物之间的差异性。只有这样，才能便于区分具有普遍意义的和只具有特殊意义的事物,才能有效地判断典型资料代表性的程度。

(4) 在运用典型资料推算全体时,必须对事物的影响因素进行具体分析,再将具有普遍意义的因素估算进去,而去掉特殊性因素,切不可依据典型资料去机械地推算总体。

(四) 典型调查的优点和局限性

1. 典型调查的优点

(1) 典型调查是系统、深入的调查,可以调查比较广泛、丰富的内容,可以采用多种多样的方法做较深入的调查。

(2) 典型调查是面对面的直接调查,能获得比较真实可靠的第一手材料。

(3) 典型调查是对个别或少数几个单位进行的调查,需要的调查人员较少,花费的财力和物力较少。

(4) 典型调查便于把调查和研究结合起来,有利于揭示事物的本质及其发展规律,有利于探索解决社会问题的道路和方法。

2. 典型调查的局限性

(1) 典型调查缺乏范围上的广度,结论往往具有很强的条件性,且哪些具有普遍意义,哪些只有特殊意义,它们的适应范围如何,都很难用科学手段准确测定。

(2) 典型调查的典型选择易受调查者主观意愿左右,很难完全避免主观随意性。

(3) 典型调查的对象只是个别或少数几个对象,它们与调查对象总体之间总会存在一定差异,它们的代表性总是不完全的。

(4) 典型调查主要是一种定性调查,很难对调查对象总体进行定量研究。

三、个案调查

(一) 个案调查的概念和类别

1. 个案调查的概念

个案调查,也称为个别调查、个案研究,是指为了解决某一具体问题对特定的个别对象所进行的调查。这里所说的个别对象可能是一个团体、一个组织(家庭、社区)、一个人或一件事。个案调查在实际生活中经常采用。例如,为了解决某一纠纷,弄清某一案情所进行的调查,就属个案调查。

2. 个案调查的类别

(1) 对某个社会组织的调查。

(2) 对某个人生活史的调查。

(3) 对某个社区发展的调查。

(4) 对某个家庭的调查。

(5) 对特殊事件的个案研究。

(6) 对某一情境的个案研究。

(二) 个案调查的步骤

1. 立案

立案有两种形式:一是依进行调查单位或部门的职能,应前来请求帮助的个案要求立案,如公安部门受理报案就属于这种立案方式。二是研究者根据理论或实际工作的需要,主动立案。例如,青少年犯罪心理学家为了研究某个青少年的犯罪心理而主动立案,就属于这种立案方式,这种立案方式用于个案工作和理论研究。立案一般包括登记编号、制卡、分发等手续。

2. 首次访问

首次访问的任务是为了了解案主(被访者)的个案本身的材料和背景材料。例如,了解一个家庭,不仅要了解该家庭的人口、性别构成、家庭收入、受教育情况、家庭历史,还要了解它的周围环境。此外,还应为今后再次访问打好基础。

3. 收集有关资料

收集资料应按立案方式不同而采取不同的办法。如果是为了做好个案工作,那么资料的收集应围绕案主需求的问题进行;如果是为了一般意义上的理论研究,那么资料的收集则应围绕调查者所确定的主题进行。个案调查的资料主要来源于三个方面:一是文献资料;二是口问、眼观和耳闻;三是录音、照片等。

个案调查一般先收集第二手资料,然后再收集第一手资料。收集第一手资料时,一般先访问、观察案主,然后调查个案周围的人和团体。

个案调查往往会涉及不宜公开的事件或个人私事,经常会遇到拒访和虚报问题。因此,当调查此类事项时,可以通过正式的组织渠道,取得有关资料,有时也可以通过个案的知情者取得有关资料。例如,调查某犯罪青年,可调查与他关系密切的伙伴、家庭、学校和邻居。

4. 诊断

诊断不仅包括资料或证据的核实、修订、补充、整理分类和分析,而且包括通过分析研究后,针对存在的问题,提出解决的建议对策。

(三)个案调查与典型调查的区别

1. 调查对象的特点不同

个案调查的调查对象是特定的、不可代替的,因而,它一般是无法选择的(除研究者根据理论或实际工作的需要,主动立案的个案调查外),而典型调查的调查对象不是特定的,是可以代替和选择的,它是根据一定的目的和要求,选择有代表性的典型所进行的调查。

2. 调查对象的代表性(典型性)不同

典型调查强调调查对象必须具有代表性或典型性,否则就失去典型调查的意义,而个案调查则不强调调查对象的代表性或典型性。

3. 调查的目的不同

典型调查的目的是,可通过少数典型总结出一般规律,指导全面的工作,是一个从个别(特殊)到一般的过程;个案调查的目的是侧重于个案本身的分析研究,就事论事,解决具体问题,不存在探索规律的问题。

4. 调查对象的广度不同

个案调查一般研究个人史、家庭史、犯罪团伙以及特殊事件等,而典型调查的对象则宽广得多,可以有各种各样的典型供调查研究。

四、重点调查

(一)重点调查的概念

重点调查是指对某种社会现象比较集中的、对全局具有决定作用的一个或几个单位所进行的调查。重点调查最大的优点是:调查单位不多,花费力量不大,却能了解到对全局有决定性影响的情况,便于各级管理部门掌握基本情况,采取措施。因此,它是一种具有广泛用途的调查类型。

(二)重点调查与典型调查的区别

1. 选择调查对象的标准不同

典型调查和重点调查虽然都要选择调查对象,但二者选择调查对象的标准不同。典型调查选择调查对象的标准是同类事物中具有代表性的单位,而重点调查选择的标准是同类社会现象中具有集中性的单位。

2. 调查的主要目的不同

典型调查的主要目的是认识同类事物的本质及其发展规律,主要是定性研究;重点调查的主要目的是通过重点对象调查,对某种社会现象总体的数量状况做出基本的估计,因此它既可以是定性研究,又可以是定量研究。

3. 调查的具体方式不同

典型调查的调查方式只能是面对面的直接调查,而重点调查既可以是面对面的直接调查,又可以是间接调查,如电话调查、问卷调查等。

五、抽样调查

(一) 抽样调查的概念

抽样调查是指按照随机原则从总体中抽取一部分单位为样本,并通过对样本进行调查的结果来推断总体的方法。抽样调查是随着抽样理论、统计分析方法、问卷技术以及计算机技术的发展、完善和普及而逐步发展起来的,是一种非全面调查。

(二) 抽样调查的特点和作用

1. 抽样调查的特点

(1) 抽样调查的样本一般都是按照随机原则抽选出来的。因此,按随机原则抽取的样本能够保证被抽中的单位在总体中具有较强的代表性。

(2) 抽样调查的调查对象是作为样本的单位,而不是全部单位,也不是个别或少数几个单位。

(3) 抽样调查可以用样本值推算总体值,而且推算是能计算出准确性大小的。

(4) 抽样调查可以通过现象间量的关系来说明现象间质的关系,即抽样调查是一种定量研究方法。

(5) 抽样误差可以计算,并可加以控制,这就从数字上保证了选样的代表性大小的问题。

2. 抽样调查的作用

抽样调查与其他调查类型相比,具有独特的作用,主要表现在以下三方面:

（1）抽样调查可以使一些无法进行的全面调查成为可能。农村社会现象面广量大，对其研究往往不容易，甚至完全不可能全面调查，但对客观现象的整体认识又是必不可少的。对此，抽样调查可以在整体的范围内，抽取少量样本单位进行详细调查，以达到认识总体的目的。

（2）抽样调查可以比较详细地收集资料，获得内容丰富的资料。抽样调查的调查对象数目较少，因而可以设置较多和较复杂的调查项目，并能集中时间和精力作详细分析。

（3）抽样调查的应用范围广泛。抽样调查具有很大的灵活性，可以广泛地应用于各个领域、各个部门和各种课题，如人口、经济、就业、劳动、卫生、教育、居民生活等众多领域。

（三）抽样调查的步骤

1. 确定调查总体

根据调查的目的要求，确定调查对象的内涵、外延及数量。

2. 设计和抽取样本

设计样本的大小和抽取样本的方法，并根据设计要求抽取一部分单位作为调查样本。

3. 收集样本资料

对样本单位进行实际调查，收集有关资料。

（四）抽样调查的优点和局限性

1. 抽样调查的优点

（1）调查费用比较节省。抽样调查仅仅是对总体中少数样本单位进行调查，工作量小，调查所需的人力、物力和财力较少，所需调查时间也少。

（2）抽取样本比较客观。抽样调查是采用随机原则抽取样本的，这就可以排除调查者主观因素对抽样的影响，因此抽取样本比较有代表性和客观性。

（3）推断总体比较准确。抽样调查的理论基础是概率论和大数定律。抽样调查通过样本值推算总体值，虽然这种推算会存在抽样误差，但这种误差是可以准确计算和加以适当控制的，因此，抽样调查对总体的推断较为准确。

2. 抽样调查的局限性

（1）抽样调查是一种非全面调查，且主要适合定量研究，而不适合定性研究。

(2）对于调查总体的范围尚未十分明晰的调查对象,如许多正在形成中的新生事物,就无法进行抽样调查。

(3）由于抽样调查是按随机原则抽取样本单位的,如果被抽中的单位地处偏僻、交通不便甚至被调查者不予合作,则会给实施调查带来很大麻烦。

(4）抽样调查需要较多的数学知识和电子计算机等先进计算工具,因此,抽样调查的使用会受到一定程度的限制。

第二节 农村社会调查方法

一、文献法

(一）文献法的概念和特点

1. 文献法的概念

文献法也称历史文献法,是指利用文献间接收集资料的一种方法,即调查者从档案、报纸、书刊、报表以及各种历史资料等社会信息中去采集自己研究所需要的资料。它是利用第二手资料的调查方法。

2. 文献法的特点

(1）历史性。它是对人类以往所获得的知识的调查。人类以往所获得的知识一般都可以以文献形式保存下来,因此,通过对文献的调查,就可以了解研究现状和水平。

(2）间接性。调查对象大都是间接的第二手资料,主要是对以纸张为物质载体的书面文献所进行的调查,也包括对非纸张型载体电子文献进行的调查。

(3）无反应性。不直接接触被调查者,在调查过程中不存在与被调查者的人际关系问题,不会受到被调查者反应性心理和行为的干扰。

(4）继承性。这就是说,在农村社会调查中,只要用到文献法,就必然继承或接受了过去的某些材料、观点或思想方法。当然,这种继承性是有选择性和批判性的。

(二）文献的种类

农村社会调查中,文献的分类方法很多。这里着重介绍几种分类方法。

(1) 按文献的固有形式划分,可分为文字文献、数字文献、图像文献和有声文献四种。

(2) 按对文献内容加工程度不同,可分为零次文献、一次文献、二次文献、三次文献等。

(3) 按文献的来源划分,可分为第一手文献和第二手文献。

(三) 收集文献的原则、步骤和方法

1. 收集文献的原则

(1) 紧紧围绕研究课题收集文献。文献资料应根据研究课题的目的和需要来收集,而不能漫无边际地进行。

(2) 有选择地、有分析地收集与研究课题有关的文献资料,而不是毫无选择地盲目收集。

(3) 要考虑文献的时间性和地域性。有些调查研究人员对文献的时间性和地域性重视不够,往往对收集来的资料不加时间、地域说明便予以利用,结果有些文献是完全过时的,有些甚至把时间和地域范围弄错了。

2. 收集文献的步骤

(1) 确定收集的范围。首先,根据课题要求确定收集文献的内容范围。例如,研究课题是"××省农业生产结构的变化",那么,文献收集就是紧紧地围绕这个题目进行的。即收集的内容有:有关农业生产结构的政策与法规;一般的理论文章或书籍;该省过去几年的农业生产结构情况以及现存的农业生产结构情况;促进农业生产结构变化的经验;农业生产结构的合理比例以及农业生产结构的变化趋势等。其次,确定文献的时间范围。确定时间范围,应注意尽量寻找有意义的时间。

(2) 做好准备工作。确定文献收集的范围后,就必须做好收集文献资料的准备工作,主要是与掌握有关文献的单位取得联系和设计文献收集大纲。文献收集大纲一般包括文献收集的目的、主要内容、时间范围和文献类别等。

(3) 收集文献。到掌握有关文献的单位,根据文献收集大纲,采用文献收集方法,对所需的各种文献资料进行收集。

(4) 文献整理与分析。

3. 收集文献的方法

(1) 检索工具查找法,即利用已有的检索工具收集文献资料的方法。文献

检索工具是指用于积累和查找文献线索的工具,包括手工检索工具和机读检索工具两类。

(2) 参考文献查找法,也称追溯查找法,即利用著作者本人在文章、专著的末尾所开列的参考文献目录,或是文章、专著中所提到的文献名目,追踪查找有关文献资料的方法。

(3) 循环查找法,也称分段查找法,是一种将检索工具查找法与参考文献查找法结合起来综合使用的查找法。

无论采用什么工具查找,都必须对文献资料进行记录,以便分类、汇总和保存。文献资料的记录主要有卡片法、笔记法和复印法等。

二、访谈法

(一) 访谈法的概念和特点

1. 访谈法的概念

访谈法,也称访问调查法,是指调查人员为实施调查方案直接找调查对象口头交谈,以了解情况、获取资料的一种方法。这也是农村社会调查用得最多、最广泛的一种调查方法。

2. 访谈法的特点

(1) 面对面接触的特点,即访谈人员是通过与被访谈者直接接触来收集资料的。

(2) 双向传导的特点,即访谈一方面是访谈者通过提问等方式作用于被访谈者的过程,另一方面是被访谈者通过回答问题等方式反作用于访谈者的过程。

(3) 人际交往的特点。访谈调查的目的是了解社会实际情况。但是,被访谈者都是有思想、有感情、有心理活动的活生生的人。因此,访谈过程首先是人与人之间的交往过程。访谈者只有与被访谈者建立良好的人际关系,并根据对方的具体情况采取恰当方式进行访谈,才能使被访谈者积极提供他所掌握的社会情况。

(二) 访谈法的类型、原则和步骤

1. 访谈法的类型

(1) 结构性访谈和非结构性访谈。

① 结构性访谈,又称标准化访谈、正式访谈、导向式访谈或控制式访谈,是

指按照统一设计的、有一定结构的问卷所进行的访谈。这种访谈方式的特点是：事先把问题标准化(操作化为具体指标)，设计成表格或问卷，然后用准备好的表格或问卷，请被访谈者回答或选择回答，而所有被访谈者都是回答同一结构的问题。

② 非结构性访谈，又称非标准化访谈、非正式访谈，是指按照一个粗线条的访问提纲所进行的访谈。这种访谈方式的特点是：事先不设计表格或问卷，不规定定向的标准程序，没有统一的评价标准，谈话内容松散，可临时变化，被访谈者可以随便发表自己的意见。

(2) 集体访谈和个别访谈。

① 集体访谈，即召开调查会，是指根据调查提纲，邀请部分代表，围绕调查中心内容进行座谈，以获取资料的一种调查法。

② 个别访谈，也称个别谈话、个别询问，是指由访谈员围绕某个问题或访谈提纲单独访问被访谈者，从而获取资料的一种调查法。个别访谈比较自由方便，不受时间、地点限制，不受他人干扰或牵制，没有群体压力，有利于被访谈者讲真话、讲心里话，也有利于访谈者更详尽地、深刻地查询了解有关问题的过程和细节，获取确凿的、真实的情况，把问题了解得更透彻。

(3) 一般访谈和特殊访谈。

① 一般访谈，是指对一般对象所进行的访谈。如对工人、农民、干部、知识分子等对象的访谈，就属于一般访谈。

② 特殊访谈，是指对特殊对象所进行的访谈。如对知名人士、突发事件的当事人等进行访谈就属于特殊访谈。

2. 访谈法的原则

(1) 周密准备原则。

(2) 尊重访谈对象原则。

(3) 科学引导原则。

(4) 遵守保密原则。

(5) 记录的真实性原则。

3. 访谈法的步骤

(1) 访谈前的准备工作。主要包括确定研究内容、明确访谈对象、准备访谈提纲等,重点内容是准备访谈提纲。

(2) 实地访谈。访谈调查既是一种方法,也是一门艺术。访谈中涉及调查的基本知识,也涉及政策、心理、习惯等各种复杂的问题。做好访谈工作必须掌握一定的方法和技巧。有关这方面的内容,后文将作详细介绍。

(3) 资料的实地整理和汇总。边访谈边进行资料的整理,这样做有利于及时发现并纠正错误。例如,在调查农民经济状况时,如果他的收入和支出不平衡的话,通过实地整理,就可以及时发现问题,进行重访,加以纠正。有关资料的整理与汇总的内容将在后面安排单独章节进行讨论。

(4) 资料的分析。对整理和汇总后的资料应进行分析,找出规律性的东西。有关这方面的内容也将在后面安排单独章节进行讨论。

(三) 访谈法的优点和缺点

1. 访谈法的优点

(1) 简便易行,适用范围广。访谈法工作简便易行,不需要复杂的准备和设备,难度不大,只要有一定的谈话技巧和社交能力的人都可以进行。同时它是一种口头调查,只要有正常思维能力和口头表达能力的人,都可以成为访谈对象,因此适用范围广。

(2) 问、听、看相结合,富有弹性。访谈法是一种访谈者与被访谈者进行的语言信息和非语言信息的双向交流。因此,在调查过程中,访谈者能及时发现新问题、了解新情况,整体调查过程富有弹性。

(3) 能深入、细致地进行调查。访谈法可以反复进行。一次访谈达不到要求,还可以重复进行,直到弄清楚问题为止。

(4) 调查资料比较真实可靠。访谈法能及时分辨真伪,还可以及时追问并纠正错误。所以,访谈法所调查的资料比较真实可靠。

(5) 访谈法的问卷或统计表回收率较高。访谈法由于采用当面访谈,被访谈者一般不便拒绝,因此,调查的回收率比问卷法调查要高。

(6) 有利于广交朋友。访谈法是调查者与被调查者面对面的调查,在访谈过程中,调查者与被调查者之间进行的不仅是社会信息的交流,而且是思想感情的交流,调查者通过访问调查可以与被调查者成为朋友,发展友谊,为今后开展各项农村工作打下基础。

2. 访谈法的缺点

（1）访谈法比较费人力、财力和时间。由于访谈法需要较多的访谈者，需要进行专门培训，访谈时还要动员更多的被访谈者合作，访谈过程要花较多时间，费人、费时，就必然费钱。因此，访谈法只能在小范围内进行。

（2）访谈法不能匿名，有些问题不宜当面访谈。由于是面对面的直接访谈，因此，对于某些敏感性问题、隐私问题和尖锐问题，就无法采用访谈法了解真实的情况。

（3）访谈法的结果和质量，取决于多种因素。由于访谈法的弹性大，因此调查结果和质量，既取决于访谈者本身的素质，又取决于被访谈者的合作态度，同时还取决于被访谈者回答问题的能力。

（4）访谈法的结果不易做定量分析。由于访谈是按访问提纲进行的，弹性大，没有统一的标准，因此，访谈结果就很难做定量分析，而一般只能做定性分析。

三、问卷法

（一）问卷法的概念和特点

1. 问卷法的概念

问卷法是指调查者利用问卷，向被调查者了解情况或征询意见的一种收集资料的方法。问卷法包括问卷的设计和问卷调查的实施两大组成部分。

2. 问卷法的特点

（1）问卷调查是标准化调查，即问卷上的大多数问题都是按某些标准规定了选择答案的项目，被调查者只有在这些固定的答案项目中选择作答。

（2）问卷调查是书面调查，即调查者利用的问卷本身就是一种书面形式的调查工具，而被调查者在问卷上作答，也是一种书面作答形式。

（3）问卷调查是间接调查，即调查者与被调查者不直接面对面交谈，而由被调查者按问卷的要求自己填答问题（访问问卷除外）。

（二）问卷的设计

1. 问卷的一般结构

一份问卷一般由封面信、指导语、问卷主体和结语四个部分组成。

（1）封面信，即一封致被调查者的短信。它的作用在于向被调查者介绍和说明调查的目的、调查单位或调查者的身份、调查的大概内容、调查对象的选择方法和对结果保密的措施等。封面信一定要简明扼要。

(2) 指导语,即用来指导被调查者填答问卷的各种解释和说明。有些问卷的填答方法比较简单,常常只在封面信中附带一两句说明即可。如"请您根据自己的实际情况在合适的答案号码上打圈或在空白处直接填写",因此,没有单独成一部分。有些指导语则较长,一般集中在封面信之后,并标有"填表说明",其作用是对填答的方法、要求、注意事项等作一个总的说明。

另外,有些指导语则分散在某些较复杂的调查问题后,对填答要求、方式和方法进行说明。

(3) 问卷主体,包括调查的问题和答案,它是问卷的主要组成部分。

(4) 结语。问卷的结语要力求简短。有的问卷可不要结语,有的问卷可以顺便征询一下被调查者对问卷设计和问卷调查本身有何看法和感受。

2. 问卷设计的原则

(1) 坚持扣题、精练、清晰、有特色的设计原则。问卷设计必须做到设问清楚明了,文字通俗易懂,概念具体明确,资料便于量化和比较,易于登记和编码,便于统计分析或计算机处理。

(2) 坚持连续性、有序性和科学性的设计原则。在问卷构架内部,要紧紧围绕调查内容设问,设问条目必须具有连续性、有序性和科学性。设问顺序要符合人们的思想认识规律,问卷内容从头到尾保持一致,不至于让被调查者在同一方向的问题产生思想错觉或概念的自相矛盾。

(3) 坚持多角度、多层次的设计原则。问卷设计者在设计问卷时,要从多角度、多层次考虑问卷中的问题构成,并注意每一个问题中的各种变量之间的逻辑联系和排列顺序,这样才能对假设变量进行有效的控制。

(4) 坚持为被调查者着想的设计原则。问卷篇幅要恰当,以满足调查课题需要为准;答题时间控制在30~40分钟,最长也不能超过1小时;问题不要有某种暗示、影射的意味,不要涉及社会禁忌和某些敏感性问题等。

3. 问题的种类和结构

(1) 问题的种类。

① 接触性问题,即问卷中最先提出的问题。这种问题要求回答十分简单,

而且能引起被调查者回答问题的兴趣。例如,对于在农村从事蔬菜生产的菜农,可以从询问他们是否想了解一些关于蔬菜良种、技术及销售的信息入手,引起被调查者的兴趣。设计这一类问题要十分注意调查对象的职业、年龄、性别、心理等条件。这类问题有时也可以不编入问卷中,而由访问员灵活掌握。

② 背景方面的问题,即为了解被调查者个人基本情况而设置的问题,如性别、年龄、职业、民族、文化程度、婚姻状况、职务、职称、宗教信仰、党派团体、收入等反映基本情况的项目。背景方面的问题是任何问卷都不可缺少的,因为背景情况是对被调查者分类的客观标志,是对不同类调查者进行对比研究的重要依据。

③ 过滤性问题,即用来放在某一问题之前,测定和划分被调查者是否属于某一问题的对象的问题。

例如,可以设置以下问题:

您是教师吗? (1)是( );(2)否( )。

若是,您的教龄是( )年。

如果没有这种过滤性问题,而径直问某人的教龄,则可能得到发散性的答案。

④ 控制性问题,也叫验证性问题,即用来检验被调查者的回答是否真实准确的问题。在问卷的某个地方可以问:"您家去年的实际收入多少?"而在另一个地方则可问:"您家去年的实际开支多少?结余多少?"通过这两个答案的相互对照可以检验被调查者回答问题的真实性和准确性。验证性问题只有在比较复杂的调查问卷(特别是经济调查问卷)中才使用,这类问题一般由两组问题组成,并被安排在不同的位置。

⑤ 行为方面的问题,即询问被调查者的学习方式、工作方式、劳动方式、交友方式等动态性的资料。例如:"您在闲暇时间主要从事什么活动?""您每天看新闻吗?""您星期六一般做什么事?"等等,这些都属于行为方面的问题。

⑥ 态度方面的问题,即反映人们的主观意见,包括观念、态度、情感方面的问题。例如:"您对农业保险保费补贴政策有何看法?""您对农村当前的社会治安是否满意?""您对农村实行义务教育有何看法?"等,都属于态度方面的问题。一般而言,民意测验所询问的问题大多是态度方面的问题。

(2) 问题的结构。在设计问卷过程中要考虑到问题的前后顺序及相互间的联系,问卷的结构要便于被调查者顺利回答问题,便于调查后的资料整理和分析。因此,要求设计者遵循以下规则:

① 首先安排背景方面的问题。背景方面的问题回答简单,有利于被调查者回答,例如,"性别:A. 男性;B. 女性"。

② 按问题的性质类别排列,即把同类性质的问题安排在一起,而不要让不同类别的问题混杂在一起。这样安排,有利于调查者按照问题的顺序先回答完一类问题,然后再去回答另一类问题,而不至于使他们回答问题的思路经常中断、来回跳动。

③ 按问题的复杂程度或困难程度排列,即问题的排列应是先易后难。

④ 先安排行为方面的问题,后安排态度方面的问题。这是因为行为方面的问题只涉及客观的、具体的事实,因此,往往比较容易回答,而态度方面的问题主要涉及回答者的主观因素,较难回答。

⑤ 按问题的时间顺序排列。一般来说,应根据历史线索来排列问题。

此外,安排问题的顺序时,还应把能引起被调查者兴趣的问题放在前面,把容易引起他们紧张或产生顾虑的问题放在后面;把被调查者熟悉的问题放在前面,把他们感到生疏的问题放在后面;应把开放式问题放在最后面。

4. 问题的表述

(1) 问题的表述要规范化、标准化,即问卷上提出的每个问题、变量和指标都要有明确的规定,使所有的被调查者都能得出一致的正确理解。为此,在问卷中,应明确规定或指明某一概念的具体含义。以年龄为例,在询问被调查者年龄时,可以用"您的实足年龄是_____"或"您的年龄是(   )周岁"的方式提问,这样被调查者回答的标准就能统一,也较准确。

(2) 问题的表述要避免带有双重或多重含义,即对同一个问题,应避免同时询问两件或两件以上事情。例如:"您父母支持你参军吗?""您的父母退休了吗?"等,就是一个带有双重含义的问题,在实际调查中,给那些父母中只有一个支持或只有一个退休的调查者造成无法回答问题的局面。

(3) 问题的表述要避免暗示,避免带有感情色彩和倾向性,即问题的表述要客观,不能有诱导性或倾向性的用词,例如:"您喜欢教师这一受人尊敬的职业吗?""绝大多数的人认为某某领导工作完成得出色,您认为怎么样?""绝大多数的农民都主张放开农产品收购,您同意吗?"等,这些提问都已经包含了明显的倾向性和诱导性,被调查者往往会在从众心理支配下做出肯定的回答,而实际上他们真实的想法并不是肯定的。

(4) 问题的表述要避免使用模棱两可、含糊不清或容易产生歧义的词,即问题表述中的字句的含义应清楚明白、准确无误,尽量不用诸如"也许、有时、经常、偶尔、好像、可能"等这些模棱两可的词。

(5) 问题的表述要避免使用对于被调查者而言陌生的、过于专业的术语,即问题的表述要通俗化,要考虑到被调查者的文化、职业、素质、经历等不同情况,尽量多用大众化的语言,而少用专业的术语。例如问农民:"您家的消费结构怎么样?"这位农民可能听不懂,因为他不知道"消费结构"是什么。但若问他"您家一年来在吃、穿、盖房子、买电器、买农业资料……方面各花了多少钱",他就能知道你问的问题,且可做出比较准确的回答。

(6) 问题的表述要避免冗长和啰唆,即问题的表述要力求简短。问题的表述越长,就越容易产生含糊不清的地方,回答者的理解就越有可能不一致,而问题越短,产生这种含糊不清的可能性就越小。因此,在表述问题时,要使问题尽可能清晰、简短,使回答者能很快看完,很容易看懂,一看就明白。

5. 回答方式及其说明

一般来说,问题的回答方式有三种类型,即开放型回答、封闭型回答和半开放半封闭型回答。

(1) 开放型回答,即对问题的回答不提供任何具体答案,而由被调查者自由填写。例如:你认为农村实行村民自治以来的最大变化是什么?

开放型回答的最大优点是灵活性大、适应性强,特别适合于回答那些答案类型多而复杂,且事先无法确定各种可能答案的问题。这有利于发挥被调查者的主观能动性,能获得很多预料不到的、具有启发性的回答。其最大的缺点是回答的标准化程度低。同时,开放型回答难以整理和分析,且要求被调查者有较高的语言表达能力,占用被调查者时间多,往往会降低问卷的回复率和有效率。因此,开放型回答的问题在一份问卷中不宜太多,且应安排在问卷的最后部分。

(2) 封闭型回答,即将问题的一切可能答案或几种主要可能答案全部列出,然后由被调查者从中选取一种或几种答案作为自己的回答,而不能做这些答案之外的回答。因此,又称为限制型回答。

a. 填空式,即在问题后画一短横线或( ),要求被调查者直接在空白处填写答案的一种回答方式。例如:

你家有几口人?＿＿＿＿;您有几个孩子?＿＿＿＿;您的职业:＿＿＿＿;您的年龄:＿＿＿＿(周岁)。

这种回答方式一般只适用于那些对回答者来说既容易回答,又容易填写的问题。通常只需填写数字或短词。

b. 两项式,即问题的答案只有是或不是两种,要求被调查者任选其一的一种回答方式。例如:

您的性别? 男( );女( )

您是否党员? 是( );不是( )

您家里有汽车吗? 有( );没有( )

您是否赞成村委会主任由民主选举产生? 不赞成( );赞成( )

这种回答方式的最大特点是答案简单明确,可作为定类测量。严格地把被调查者划分成两类,最大的局限性是所获得的信息量小。

c. 多项式,即列出多种答案,由被调查者根据要求自由选择一项或几项的回答方式。例如:

请把适合您的答案序号填写在( )里。

您的文化程度是( )。

①小学及以下 ②初中 ③高中 ④中专 ⑤大专 ⑥本科及以上

您认为当前农村的主要问题是什么?(请在您选择的项目内打"√",可选四项)

①干部作风差,素质低( )

②农村政策不落实( )

③封建迷信活动严重( )

④剩余劳动力没有出路( )

⑤乱占用耕地(　　)

⑥环境污染严重(　　)

⑦法制观念淡薄(　　)

⑧教育落后(　　)

⑨乡镇企业少(　　)

⑩文化生活贫乏(　　)

这种回答方式,适用于有几种互不排斥的答案的定类测量。调查结果可以把被调查者分成几种类别。

d. 顺序填答式,即列出若干答案,由被调查者填写各种答案先后顺序的回答方式。例如:

您在当前农业生产中亟须解决哪些问题?(请按亟须程度给出下列项目编号,最亟须的为"1",最不亟须的为"8")

(　　)产品销售信息　(　　)生产资金　(　　)生产技术

(　　)生产资料　　　(　　)产品加工　(　　)产品保鲜

(　　)政府宏观调控　(　　)农业科技推广机构

您认为当前村干部素质差的主要表现是什么?(请按严重程度把下列问题的编号填写在下面的空格内,最严重的填写在左边的格,然后依次向右填写)

① 文化水平低;② 损公肥私;③ 大吃大喝;④ 用公款旅游;⑤ 观念陈旧;⑥ 缺乏为本村开发拳头产品的能力;⑦ 自由主义严重;⑧ 凡事自作主张。

这种回答方式适用于定序问题的研究。

e. 等级填答式,即列出不同等级的答案,由被调查者根据自己的意见或感受填答的一种回答方式。例如:

您认为现在农村地区的治安环境如何?(请按您的感受在括号内打"√")。

① 非常好(　　);② 比较好(　　);③ 说不清(　　);

④ 比较差(　　);⑤ 非常差(　　)。

中央提出农业结构的战略性调整后,各地政府都做了一定的工作,您对当地政府就农业结构调整所做的工作评价怎样？（请按您的评价在下列的适当括号内打"√"）

① 很满意（　　）；② 比较满意（　　）；③ 无所谓（　　）；
④ 不满意（　　）；⑤ 很不满意（　　）；⑥ 不知道（　　）。

这种回答方式适合于研究态度方面的问题，且可以对态度方面的问题进行定序研究。

f. 矩阵式，即将同一类型的若干问题集中在一起成一个矩阵，由被调查者对比着进行回答的方式。例如：

您觉得下列现象在您村庄严重吗？（请在每一行适当的括号内打"√"）

	很严重	比较严重	不太严重	不严重	不知道
① 早婚早育	（　）	（　）	（　）	（　）	（　）
② 封建迷信	（　）	（　）	（　）	（　）	（　）
③ 宗族势力	（　）	（　）	（　）	（　）	（　）
④ 贫富差距	（　）	（　）	（　）	（　）	（　）

这种回答方式节省问卷的篇幅，同时，也节省被调查者阅读和填写的时间，且可作为定序研究的资料。

g. 表格式。这种形式其实是矩阵式的一种变形，其形式与矩阵式十分相似。例如，把上述矩阵式的问题转化为对应的表格式问题可得表12-1。

表12-1　下列现象在您村的严重程度

项目	很严重	比较严重	不太严重	不严重	不知道
早婚早育					
封建迷信					
宗族势力					
贫富差距					

这种回答方式除了具有矩阵式的特点外，还显得更为整齐、醒目，同时也可作为定序研究的资料。

以上是七种常见的封闭型回答的具体形式。从总体上看，与开放型回

> 答方式相比,这具有有利于被调查者回答问题和理解问题,节约回答时间,提高问卷的回复率和有效率,有利于对回答的结果进行统计分析和定量研究,有利于对某些敏感性问题的研究等优点。其主要缺点是设计答案较困难,回答方式较机械没有弹性,难以发挥被调查者的主观能动性等。

(3) 半开放半封闭型回答,即人们为了克服封闭型回答的缺点,吸取开放型回答的优点,而把两者结合起来的回答方式。例如:您当前在农业生产中亟须解决的问题是什么?(请在适合的括号内打"√")。

① 产品销售信息( )

② 生产资金( )

③ 生产技术( )

④ 生产资料( )

⑤ 产品加工( )

⑥ 其他(请说明)

(三) 问卷法的实施步骤

1. 确定调查对象

根据调查课题的目的、性质和要求确定调查对象。这里需特别指出的是,问卷调查的回复率和有效率不可能达到100%,因此选择的调查对象要比研究对象多,具体多少主要取决于问卷的回复率和有效率。其计算公式为:

$$调查对象 = 研究对象 / (回复率 \times 有效率)$$

上式中,研究对象可由调查者确定,而回复率和有效率则根据以往经验可进行测算。下面以一个例子进行说明。

例如,某部门想了解某地农民负担情况,拟采用问卷法调查。假设研究对象需600人,按以往经验,问卷回复率估计为80%,有效率90%,那么调查对象可计算为:

$$调查对象 = 600/(0.8 \times 0.9) = 833(人)$$

2. 分发问卷

分发问卷一般可以通过送发、报刊、邮寄、电话、网络投递等这几种方法进行。因发行的途径不同,问卷可分为送发式问卷、报刊式问卷、邮寄式问卷、电话访问式问卷、网络问卷。

3. 回收问卷

回收问卷是问卷调查的一个重要环节,也是调查人员在寄发或分发调查问卷后不能进行有效控制的一项调查环节,且问卷回收率的高低直接影响调查的成败和调查结果的准确性。如何提高问卷的回收率,是每位调查者必须面对和解决的问题。

4. 审查问卷

回收的问卷,必须认真审查。具体做法是对每份问卷,检查其是否有遗漏回答项目、回答错误、回答不合格等现象,淘汰无效问卷。只有这样,才能使后面的资料整理与分析建立在有效问卷的基础上,才能确保问卷调查结果的可靠性和科学性。

(四)问卷法的优点和局限性

1. 问卷法的优点

(1)较节省。由于问卷调查不需要调查人员到现场调查,而可以采用邮寄、电话或网络的方式进行调查,因此,比较省时、省力和省费用。

(2)能突破时空的限制。由于问卷调查经常采用邮寄、电话或网络的方式进行调查,因此,已能突破时空的限制,在广阔的范围内,对众多的调查对象同时进行调查。

(3)具有匿名性。这是问卷调查的一个特点和优点。由于调查者与被调查者不见面,且回答者不用署名,这就有利于调查敏感问题、尖锐问题和隐私问题。

(4)可以排除人际干扰。由于是书面调查,且调查者与被调查者不见面,因此它可以避免调查者在与被调查者直接接触时对被调查者产生的影响。

(5)调查双方都比较方便。

(6)便于进行定量分析和研究。

2. 问卷法的局限性

(1)问卷的回复率无法保证。由于问卷能否完成、能否回收,在很大程度上取决于被调查者,而不是调查者主观能决定的,因此,当被调查者对这次调查不感兴趣、责任心不强、合作精神不够时,问卷的回复率就会受影响。由于回复率低,必然影响到调查资料的代表性和准确性。

(2) 问卷法只能获得书面的社会信息。由于问卷调查是一种书面调查,因此,它只能获得书面的社会信息,无法了解生动、具体的社会情况。因此,问卷调查不适用于对农村社会新事物、新情况、新问题的研究。

(3) 难以对问卷的填答进行有效的指导。在问卷调查中,调查者与被调查者一般是不见面的,因此,调查者无法了解被调查者是怎样填写问卷的,也无法指导问卷的填写,这在某种程度上会影响回答的真实性和正确性。

(4) 要求被调查者具有一定的文化水平。由于填写问卷的人首先必须能看懂问卷,能理解问题的含义,明白填写问卷的方法,因此,问卷调查客观上要求被调查者必须具有一定的文化水平。

(5) 问卷调查缺乏弹性。由于问卷的设计是统一的,调查的问题和封闭型回答方式的答案都是固定的,因此,问卷调查缺乏弹性,很难对问题作深入的探讨。

四、观察法

(一) 观察法的概念

观察法,是指观察者有目的、有计划地通过自己的感官或借助科学的观察仪器,能动地了解处于自然状态下的社会现象的方法。

(二) 观察法的种类

1. 参与观察与非参与观察

这是根据观察者是否参与被观察者的活动来划分的。

(1) 参与观察,即观察者参加到被观察者所在的群体和组织中去,作为其中一员,共同生活,并参与日常活动,在共同生活和活动中进行观察,收集与分析有关的资料。例如,蹲点调查就是一种参与观察。

参与观察的优点是:了解、发现问题细致、深入,能观察到一般情况下不能了解到的东西。参与观察的缺点是:参与观察者一般要表明自己的身份、目的等,使观察的客观性受到影响。

(2) 非参与观察,即观察者以局外人的身份,从侧面对被观察者进行观察。在非参与观察中,观察者像新闻记者一样进行现场的采访和观察,他们不参与被观察者的任何活动。

非参与观察的优点是：获得的资料比较客观、真实，能增加感性认识；一般用于探测性研究，即通过实地的考察发现问题、提出问题。其缺点是：观察时间较短，观察范围有限，因而只能获得某些表面现象或公开行为的信息。

2. 结构性观察和非结构性观察

这是根据观察内容是否是统一设计的、有一定结构的观察项目和要求来划分的。

(1) 结构性观察，即对研究的问题有很严格的界定，采用标准的观察程序和手段所进行的观察。这种观察一般是以结构性问卷为观察内容，并对观察对象有一定的控制。

结构性观察的优点是：观察程序标准化、观察问题结构化。所谓观察程序标准化，是指观察的步骤和内容都有比较明确和严格的规定。所谓观察问题结构化，是指观察的每一个问题都事先编好几种可能答案。结构性观察的缺点是：要制定一个既科学又实用的观察计划难度较大。

(2) 非结构性观察，即观察者对观察的内容程序事先不作严格规定，依现场的实际情况随机决定的一种观察。

非结构性观察的优点是：比较灵活，调查者在观察过程中可以在事先拟订的初步提纲的基础上充分发挥主观性、创造性，认为哪些是重点就观察哪些，同时，非结构性观察适应性较强，简便易行。其缺点是：观察所得的材料比较零散、不系统、不规范，无法进行定量分析和严格的对比研究，同时，受观察者个人因素影响较大，可信度较差。

五、专家调查法

专家调查法是指组织农村社会经济领域的专家，运用专业方面的知识和经验，对调查对象的过去、现状及发展趋势等进行研究，从而对调查对象未来的整体发展趋势和状况作出科学的判断。专家调查法是一种预测性的社会经济调查方法。头脑风暴法和德尔菲法是比较常用的两种专家调查法。

(一) 头脑风暴法

头脑风暴法又称专家会议法，是指依据专家的创造性思维活动而获得对未来社会经济现象或问题的趋势判断的一种方法。

头脑风暴法又可分为直接头脑风暴法(通常简称为头脑风暴法)和质疑头脑风暴法(也称反头脑风暴法)。前者是对专家群体决策尽可能激发创造性,产生尽可能多的设想的方法。后者则是对前者提出的设想、方案逐一质疑,分析其现实可行性的方法。采用头脑风暴法组织群体决策时,要集中有关专家召开专题会议,主持者以明确的方式向所有参与者阐明问题,说明会议的规则,尽力创造融洽轻松的会议气氛。主持者一般不发表意见,以免影响会议的自由气氛。由专家们"自由"提出尽可能多的方案。

在组织专家会议时,为便于提供一个良好的创造性思维环境,应该确定专家会议的最佳人数和会议进行的时间。经验证明,专家小组规模以10~15人为宜,会议时间一般以20~60分钟效果最佳。专家的人选应严格限制,便于参加者把注意力集中于所涉及的问题。

具体应按照下述三个原则选取参加者:

(1) 如果参加者相互认识,要从同一职位(职称或级别)的人员中选取。领导人员不应参加,否则可能对其他参加者造成某种压力。

(2) 如果参加者互不认识,可从不同职位(职称或级别)的人员中选取。这时不应宣布参加人员职称,不论成员的职称或级别的高低,都应同等对待。

(3) 参加者的专业应力求与所论及的决策问题相一致,这并不是专家组成员的必要条件。但是,专家中最好包括一些学识渊博,对所论及问题有较深理解的其他领域的专家。

头脑风暴法的所有参加者,都应具备较高的联想思维能力。在进行头脑风暴(思维共振)时,应尽可能提供一个有助于把注意力高度集中于所讨论问题的环境。有时某个人提出的设想,可能正是其他准备发言的人已经思考过的设想。其中一些最有价值的设想,往往是在已提出设想的基础之上,经过头脑风暴迅速发展起来的设想,以及对两个或多个设想的综合设想。因此,头脑风暴法产生的结果,应当认为是专家成员集体创造的成果,是专家组这个宏观智能结构互相感染的总体效应。

(二) 德尔菲法

德尔菲法又称专家意见法,是指调查者将要讨论的问题和必要的背景材料编制成调查问卷或调查表,采用邮寄的方式寄给专家,利用专家的智慧和经验进行信息交流,而后将他们的意见进行归纳、整理,匿名反馈给专家再次征求意见的方法。专家意见经过几次收集、整理、归纳和反馈,就可以形成最终比较一致且可靠性较大的意见。

德尔菲法中的调查结果既可以是定性分析的结果,也可以是定量分析的结果;既可以是精确的数值预测,也可以是对未来社会经济发展的各种可能或期待出现的事件的概率统计结果。

1. 德尔菲法的特点

(1) 匿名性。采用这种方法时所有专家组成员不直接见面,只是通过函件交流,这样就可以消除权威的影响。这是该方法的主要特征。匿名是德尔菲法的极其重要的特点,从事预测的专家彼此互不知道有其他哪些人参加预测,他们是在完全匿名的情况下交流思想的。后来改进的德尔菲法允许专家开会进行专题讨论。

(2) 反馈性。该方法需要经过3~4轮的信息反馈,在每次反馈中调查组和专家组都可以进行深入研究,使得最终结果基本能够反映专家的基本想法和对信息的认识,所以结果较为客观、可信。小组成员的交流是通过回答组织者的问题来实现的,一般要经过若干轮反馈才能完成预测。

(3) 统计性。最典型的小组预测结果是反映多数人的观点,少数派的观点至多概括地提及一下,但是这并没有表示出小组的不同意见的状况。而统计回答却不是这样,它报告1个中位数和2个四分点,其中一半落在2个四分点之内,一半落在2个四分点之外。这样,每种观点都包括在这样的统计中,避免了专家会议法只反映多数人观点的缺点。

2. 德尔菲法的一般程序

(1) 确定调查目的,拟订调查提纲。首先必须确定目标,拟订出要求专家回答问题的详细提纲,同时向专家提供有关背景材料,包括预测目的、期限、调查表填写方法及其他要求等。

(2) 选择一批熟悉待讨论问题的专家,包括理论和实践等各方面的专家。

(3) 以通信方式向各位选定专家发出调查表,征询意见。

(4) 对返回的意见进行归纳综合,定量统计分析后再寄给有关专家,每个成员收到一份问卷结果的复制件。

（5）看过结果后,再次请成员提出他们的方案。第一轮的结果往往可以激发出新的方案或改变某些人的原有观点。

（6）重复(4)、(5)两步,直到取得大体上一致的意见。

德尔菲法的优点主要是:简便易行,具有一定的科学性和实用性,可以避免会议讨论时产生的害怕权威,随声附和,或固执己见,以及因顾虑情面不愿与他人意见冲突等弊病;可使大家发表的意见较快集中,参加者也易接受结论,具有一定程度综合意见的客观性。

德尔菲法的主要缺点是:专家选择没有明确的标准,每位专家在进行预测时,使用的方法和程序可能各不相同,同时预测结果的评价可能缺乏一致的统一标准,预测结果缺乏严格的科学分析,最后趋于一致的意见仍带有"随大流"的倾向。

复习思考题

1. 典型调查与个案调查的区别是什么?
2. 典型调查与重点调查的区别是什么?
3. 设计调查问卷的基本原则有哪些?
4. 观察法的种类有哪些?

第十二章 农村社会调查报告的撰写

本章学习目标

通过本章学习,掌握农村社会调查报告撰写的方法与步骤;了解各类调查报告的特点及作用;了解农村社会调查报告的基本格式和结构。

本章导读

调查报告一般是指对某类社会现象或社会问题进行调查研究后,将所得的结果整理和表述出来的书面报告。农村社会调查报告是农村社会调查研究成果的一种重要的表现形式,能够系统深入地反映某种社会经济现象的状况及其发展过程中存在的问题,可以作为政府部门制定决策的参考依据,也可为科研部门提供有价值的信息资料。

第一节 农村社会调查报告的类型、特点及作用

一、农村社会调查报告的类型

农村社会调查报告的分类,一般是依据其调查的对象、范围、内容、阅读对象来进行的。就对象而言,可以分为农村专业户、农村青年、农村妇女、乡镇企业等调查报告;依范围,可分为宏观调查报告和微观调查报告;就具体内容,又可以分为农、林、牧、渔等方面的调查报告;依据调查报告不同的阅读对象,可分为供领导参阅的说明性调查报告和供理论工作者参考的学术性调查报告。但通常的

调查报告大体上可以分为以下四大类型。

(1) 综合性调查报告;

(2) 专题性调查报告;

(3) 应用性调查报告;

(4) 学术性调查报告。

二、各类调查报告的特点及作用

(一) 综合性调查报告的特点及作用

1. 综合性调查报告的特点

综合性调查报告,也称全面调查报告或概况调查报告。其主要特点是报告涉及的内容比较广泛,反映的情况比较丰富,篇幅一般也较长。这类调查报告,通常是针对某一地区或某一个县的经济、政治、文化等诸方面的历史和现状进行全面的调查,从历史演变和现状两个方面来概述该地区的全貌。例如毛泽东的《寻乌调查》,从政治、经济、文化教育、土地关系和土地斗争,以及社会风气、人民生活等方面系统地反映了寻乌这一地区当时的社会概貌,深刻地揭露了旧中国农村的各种剥削,生动地反映了农民土地斗争的情况。这就是一篇典型的综合性调查报告。

2. 综合性调查报告的作用

(1) 能使人们对一个地区的农村社会情况有比较完整的了解,形成整体的概念。由于这类调查总是就某一地区某一单位进行,所以往往涉及政治、经济、文化等各方面的基本情况,起到"解剖麻雀"的作用。

(2) 能对调查事实的发展变化作简明的交代。

(3) 能用一条主线把报告内容串联起来。综合性调查报告涉及调查对象的各个方面,内容繁杂,头绪多,如果没有一个中心思想作指导,不用一条主线串联,势必如一盘散沙,徒有材料,不知道说明什么问题,调查对象的基本状况就"概括"不起来。

(二) 专题性调查报告的特点及作用

1. 专题性调查报告的特点

专题性调查报告是对某一个问题、某一个事件进行调查之后写成的书面报告。这类调查报告的特点是：内容比较专一，针对性比较强，主题鲜明，材料具体，叙述较为系统、详尽。可以把矛盾揭露得更深刻一些，对某一个问题的解决办法更具体些，对某一事件的处理、建议、措施更具体些。例如，陈云的《种双季稻不如种蚕豆和单季稻》就是专题性调查报告的典范之作。

2. 专题性调查报告的作用

专题性调查报告的主要作用是及时研究亟须解决的具体的实际问题，迅速反映群众的意见和要求，揭露现实生活中的矛盾，并根据调查结果提出对策建议。

(三) 应用性调查报告的特点及作用

1. 应用性调查报告的特点

应用性调查报告是以解决现实问题为主要目的的调查报告。这类调查报告，又可分为以下六种。

(1) 以认识社会为主要目的的调查报告。这类调查报告，主要是起认识社会现象、了解社会问题、把握社会脉搏的作用。在写法上，这类调查报告应突出事实，对事实的叙述要全面、具体、深入、系统。

(2) 以政策研究为主要目的的调查报告。这类调查报告，主要是为正确制定政策或正确执行政策服务的。撰写这类调查报告时，不仅要叙述必要的调查材料，而且要进行深入的分析和论证，阐述利弊，权衡得失，并对今后的工作提出具体的意见和建议。

(3) 以总结经验为主要目的的调查报告。这类调查报告，主要起总结、推广先进经验，指导工作的作用，同时，还有树立典型、表彰先进的作用。这类调查报告的写作，应着重说明其产生的具体历史条件，叙述其经历的发展阶段和过程，特别是要详细介绍其曾经遇到过的问题和解决这些问题的具体做法，以及取得的成绩和推广的意义等。

(4) 以揭露问题为主要目的的调查报告。这类调查报告，主要是揭露社会生活中的阴暗面、消极面，以达到提高认识、吸取教训、改进工作的目的。这类调查报告的写作，不仅要如实地揭露问题，而且要客观地分析原因，准确地判明性质，指出问题的严重性和危害性，有的还要提出解决问题的办法和处理问题的具体建议。

(5) 以支持新生事物为主要目的的调查报告。这类调查报告,主要是通过反映新人、新事、新思想、新风尚、新发明、新创造等新情况,达到支持新生事物、发展新生事物的目的。撰写这类调查报告,应着重说明新生事物"新"在何处,它是在什么历史条件下产生的,经历了哪些发展阶段,遇到了哪些矛盾和困难,这些矛盾和困难又是怎样解决和克服的。特别是要揭示它的成长规律,阐述它的作用和意义,指明它的发展方向以及应该采取的措施。

(6) 以思想教育为主要目的的调查报告。这类调查报告,主要是向广大干部和群众进行思想教育,以便达到明辨是非、统一认识的目的。这类调查报告与其他调查报告相比,应该具有更强的时效性和针对性。撰写这类调查报告时,要准确地把握人们的心态、情绪,针对现实生活中人们普遍关注的热点、疑点问题,采取平等对话的态度,有理有据地摆事实、讲道理。

2. 应用性调查报告的作用

应用性调查报告的主要作用是解决现实问题,通过认识社会、揭露问题、总结经验,提出对策建议。

(四) 学术性调查报告的特点及作用

1. 学术性调查报告的特点

学术性调查报告是以揭示事物的本质及发展规律为主要目的的调查报告。例如,《金融服务参与方式对农户多维相对贫困的影响》就属于此类调查报告。这类调查报告的特点,就是带有较强的理论色彩。它从调查的实际材料出发,对某些问题进行理论上的探讨。既然是探讨,当然这种理论观点,就不是什么定论,并且多半是一些新的理论观点。

2. 学术性调查报告的作用

学术性调查报告的作用,在于开阔人们的眼界,启迪人们的思想,使人们能更好地认识客观事物,探索和掌握事物发展的客观规律。

第二节 农村社会调查报告的格式和结构

调查报告没有固定不变的模式,但有它本身的基本格式和结构。了解调查报告的基本格式和结构,是写好调查报告的重要前提。

一、农村社会调查报告的基本格式

农村社会调查报告的基本格式主要包括标题、序言、正文、结尾四个部分。

(一) 标题

调查报告的标题即题目,是调查报告的重要组成部分,也是调查报告是否吸引读者的首要因素。标题要求鲜明、醒目。它是由调查对象、调查内容来确定的。调查报告的标题,通常有以下四种形式。

1. 用调查对象和主要问题作标题

例如,《农村青年择偶条件调查》《××市农业产业化现状调查》等,就属于用调查对象和主要问题作标题。这种形式的标题指明了调查对象,概括了报告的主题,比较简明、客观,但比较呆板,缺乏吸引力。这种形式的标题多用于综合性、专业性较强的调查报告。

2. 用一定的判断或评价作标题

例如,《推广农业科技的一种好形式》《依靠农业科技进步是农业发展的根本所在》等,就属于用一定的判断或评价作标题。这种形式的标题,既揭示了主题,表明了作者的态度,也比较吸引人,但调查对象和所要研究的问题在标题中往往不易看出。这种形式的标题多用于总结经验、研究政策、支持新生事物等类型的调查报告。

3. 用提问的形式作标题

例如,《粮食总产为何连续滑坡》《农村留学现象为何越来越严重》《农民负担高的原因在哪里》等,就属于用提问的形式作标题。这种形式的标题比较尖锐、鲜明,而且有较强的吸引力,一般用于揭露问题的调查报告。

4. 采取双标题的形式

此类报告具体可分为两种形式:一种是主标题下设副标题,副标题起着进一步说明主标题的作用。例如,《妇女在农业中的地位和作用——××市城乡接合部妇女地位现状调查》《农村文化事业的一支生力军——××省××市文化局的调查》等,就属于这种形式的标题。另一种是在主标题下设引题,引题也是起着进一步说明主标题的作用。例如,《乡镇暴露出来的一个突出问题:一边经费严重不足,一边仍继续超编》,就属于这种形式的标题。

(二) 序言

序言，或称前言，是调查报告的开头部分，一般用来说明调查的对象、范围、经过、目的等。序言写得如何，对激发读者的兴趣具有重要作用。一般说来，序言有以下几种写法。

1. 主旨直述法

主旨直述法即在序言中着重说明调查的主要目的和宗旨。这种写法有利于读者准确地把握调查报告的主要宗旨和基本精神，是一种常见的序言写作方法。

2. 情况交代法

情况交代法即在序言中着重说明调查工作的具体情况。这种写法有利于读者了解进行调查工作的历史条件和调查研究过程中的具体情况，多用于比较大型的调查报告。

3. 结论前置法

结论前置法即在序言中先将调查结论写出来，然后在调查报告的正文中去论证。这种写法开门见山，使读者对调查报告的基本观点一目了然，因此，也是一种较为常见的序言写法。

4. 提问设悬法

提问设悬法即在序言的开头首先提出问题，给人设下悬念。这种写法可以增强调查报告的吸引力，它常用于总结经验和揭露问题的调查报告。

(三) 正文

正文，就是调查报告的主体部分。这部分写得如何，将直接决定着调查报告质量的高低和作用的大小。正文的写作应注意以下三个因素：一是表现主题的需要。什么写法能更好地表现主题，就采用什么写法。二是调查材料的状况。三是谋篇布局，即结构安排。结构在调查报告中有重要作用，它和主题、材料一样，都是构成调查报告的重要因素。一篇质量较高的调查报告，除了要有深刻的主题、丰富的材料外，还必须有完美的、恰当的结构，三者缺一不可。

(四) 结尾

这部分是调查报告的结束语。根据不同的内容，写法也不一样。从形式上看，一般有三种情况：没有结束语；有极简短的结束语；有较长的结束语。从内容上看，有以下几种写法。

1. **概括全文，深化主题**

概括地说明调查报告的主要观点，进一步深化主题，加强调查报告的说服力和感染力。

2. **总结经验，形成结论**

根据调查的实际情况，总结出工作的基本经验，形成调查的基本结论。

3. **指出问题，提出建议**

根据调查的情况，指出当前存在的问题和不足，提出改进工作的具体意见和建议。

4. **说明危害，引起重视**

根据调查的情况，说明某一现象或问题的严重性、危害性，以便引起有关部门的注意和重视，有的还有针对性地提出解决问题的措施。

5. **展望未来，指明意义**

由点及面，由此及彼，扩展开去，展望未来，指出调查问题的重要意义。

此外，有些调查报告还有附录。附录主要起到对正文包括不了的，或者是没有说到而又需要说明的情况和问题的补充和说明的作用。附录的内容，一般是有关材料的出处，参考的资料和书籍，调查统计图表的注释和说明以及旁证材料等。

二、农村社会调查报告的结构

农村社会调查报告的结构，是指调查报告的材料、观点和各个组成部分的排列组合方式，即正文部分的结构。一般说来，正文部分的结构有以下三种形式。

（一）纵式结构

纵式结构，就是按照事物发展的历史顺序和内在逻辑来叙述事实、阐明观点。这种结构的优点是：事实有头有尾，过程清清楚楚，便于做到历史和逻辑的统一，而且便于读者了解事物发展的全部过程。

（二）横式结构

横式结构，就是把调查的事实和形成的观点按其性质或类别分成几个部分，并列排序，分别叙述，从不同的方面综合说明调查报告的主题。这种模式结构的优点是：问题展得开，论述较集中，而且观点明确，条理清楚，有较强的说服力。

(三) 纵横交错式结构

纵横交错式结构,就是纵式结构和横式结构相结合的方式。通常有以下两种方式:一是以纵为主,纵中有横;另一种是以横为主,横中有纵。这种结构既有利于按照历史脉络讲清问题的来龙去脉,又有利于按问题的性质、类别展开深入的论述。因此,许多大型调查报告的正文部分多采用这种结构。

第三节 农村社会调查报告的撰写

一、撰写农村社会调查报告的基本要求

(一) 观点和材料的统一

观点和材料的统一,是调查报告的基本要求之一。一篇调查报告,必须有正确的观点,没有正确的观点就等于没有灵魂。而正确的观点,不是人们的主观想象,也不是随心所欲所能形成的。它的形成必须以丰富的材料为前提,也就是说,材料是形成观点的基础,观点则是材料的升华。观点若不以材料为基础,则观点就成了无源之水、无本之木。任何一篇好的调查报告,必须做到观点和材料的统一,只有这样,调查报告才会具有充分的说服力。怎样才能做到观点和材料的统一呢?

首先,要使观点建立在坚实的材料基础上。这就是说,必须从实际材料出发来形成能反映客观事物本质的观点。其次,当观点形成后,就要注意鉴别和选择材料。鉴别材料,就是要很好地认识材料。选择材料,贵在一个"严"字。同时应坚持以下原则:一是围绕主题来选择材料;二是选择典型的材料;三是选择真实准确的材料;四是选择新颖、生动的材料。

(二) 内容和形式的统一

任何一种文体都要求内容和形式的统一,调查报告也不例外。既要有丰富的内容,又要有与之相一致的表达形式。只有做到内容和形式的统一,才能更好地反映事物的本质及规律性。怎样才能做到内容和形式的统一呢?

首先,要认真研究调查报告的内容,从内容出发,来考虑表达形式。因为,调查报告采用什么表达形式,主要取决于内容。其次,要认真进行修改。一方面是

对写作提纲要反复修改,另一方面是调查报告初稿写成后,要进行反复修改。只有这样,才能真正做到内容和形式的统一。

(三) 准确、鲜明、生动

准确、鲜明、生动也是撰写调查报告的基本要求之一。

所谓准确,就是报告要能反映客观事物的本质。调查报告的生命力就在于有大量的事实作为依据,就在于它真实可信。怎样才能做到准确呢?首先,报告撰写者要有正确的立场、观点和方法,才能分清是与非、善与恶、美与丑的界限。其次,要注意选词造句。词是逻辑思维的最基本单位,是进行判断、推理的基础。因此,用词一定要恰当。如果用词不当,就会直接造成认识上的混乱,影响议论说理的正确性。此外,句子要合乎语法,推理要合乎逻辑,句子与句子之间要连贯。再次,引用的文字资料要认真进行审查,引用的数字资料必须经过审核,有些数字能否公布或发表,应征得有关部门的同意或批准。最后,调查报告中的事实一定要反复核实,做到事实准确无误。报告的行文语气要中肯,不要似是而非、模棱两可。

所谓鲜明,即立场、观点要鲜明。赞成什么,反对什么,都要旗帜鲜明。

所谓生动,即写得具体、形象。尽可能多用一些典型事例来说明问题。要注意学习和运用群众中的生动丰富的语言。报告写得不生动,难以引人入胜,效果必然不佳。

(四) 文字简练

调查报告不宜写得太长,应尽量写得短一些、精练一些。如何才能做到这一点呢?

首先,调查报告一定要围绕中心来写,并注意详略取舍,注意突出重点。其次,用词、造句都应当反复推敲,不要过分追求华丽的辞藻,搞一大堆形容词之类,而要尽量写得朴实些。最后,要反复多修改几遍,把可有可无的字、句、段删掉。

二、农村社会调查报告的撰写步骤

(一) 确定主题

主题是调查报告的宗旨和灵魂,是作者说明事物、阐明道理所表现出来的基本思想和观点。因此,确定主题是写好调查报告的关键。

主题的确立,应注意如下问题:

1. 在对调查材料进行反复深入研究的基础上,抓住事物的本质来确定主题

确定主题时,应反复深入研究调查材料,而不能随意地、主观地确定主题。不经反复研究、认真思考,不可能确立深刻的主题。因此,只有经过反复思考,才能使感性的东西上升为理性的东西,才能从大量的调查材料中提炼出能反映客观事物本质的主题来。

2. 用调查主题作为调查报告的主题

一般说来,调查主题就是调查报告的主题。例如,进行一次农业科技推广的调查,调查报告的主题就是农业科技推广的现状和问题,调查报告的标题就可以定为"关于农业科技推广的现状与问题调查";又如,进行某地农业产业化调查,调查报告的主题是某地农业产业化的现状、问题和发展趋势,报告的标题就可以定为"关于某地农业产业化的调查";等等。在这种情况下,由于调查报告的主题在调查开始时就被选定了,所以撰写报告时确定主题较容易,只要与调查主题取得一致就可以了。

3. 根据调查和分析结果重新确定主题

有时,调查报告的主题不一定就是调查主题,二者并不一致。不一致的情况有以下三种:一是调查的问题多,面较宽,一篇报告不宜全部交代,需要分写几篇报告;二是有些情况和问题,调查和分析得比较透彻,有相当把握,而其他情况和问题,调查和分析得比较肤浅,没有很大把握,所以调查报告要选择前者主题,后者留待进一步调查研究后再处置;三是有些调查经过整理分析后觉得内容充实,问题突出,实际价值大,而有些没有新意,价值不大,所以从报告使用价值着眼,也要做好选择。在上述三种情况下,调查报告的主题就可以根据实际调查和分析结果重新确立,不一定拘泥于与调查主题相一致。

4. 主题宜小而集中

主题越小,越集中,报告就越短,越容易写。特别是初学者更应选择小而集中的主题进行写作。专题性调查报告比较短小精悍、材料扎实、观点鲜明,以讲演一条道理和一两个观点为目的,所以要求主题必须明确突出。

（二）精选材料

主题确定之后,就要围绕主题采取各种方法研究材料,选择最有说服力的材料来论证主题、表现主题。

精选材料应坚持以下原则:一是选取与主题有关的材料,去掉与主题无关的材料;二是将有关的近似材料加以比较,选择符合主题的材料;三是可用可不用的材料,要敢于舍弃。

为了正确说明观点、表现主题,写作时应注意选择以下几种类型的材料。

1. 典型材料

典型材料是最能反映事物本质,说明和表现主题的材料。典型材料应包括正反两方面。典型材料的运用,有助于说明事物的本质,加深对问题的认识,增强说服力。

2. 对比材料

对比材料是一组有可比性的材料。例如,历史与现实的对比,新旧对比,好坏对比,先进与落后的对比等。通过对比,可以使调查报告的主题更加突出,给人以更强烈、更深刻的印象。

3. 一般性材料

一般性材料是指面上的材料,即能说明事物总体概貌的材料。写作时,要注意处理好典型材料和一般性材料的关系,没有一般性材料说明不了广度,缺少典型材料体现不了深度,只有把这两种材料有机结合起来,才能充分说明事物总体的情况。

4. 统计材料

统计材料包括绝对数、相对数、百分数、指数等。统计数字具有很强的概括力和表现力。有的问题和观点,用很大的篇幅叙述也难以表达清楚,而用一个数字、一个百分比,就可以使事物的总体面貌一目了然。恰当地运用统计数字,可以增强调查报告的科学性、准确性和说服力。

5. 排比材料

用若干不同的材料,从不同的角度、不同的侧面多方面说明同一观点,往往使观点更深刻、更有力。

（三）拟订提纲

在确定主题、精选材料以后，就可拟订一份写作提纲。如果把经整理和精选出来的材料比拟为调查报告的"血"和"肉"，那么，调查报告的提纲就是支撑这些"血"和"肉"的"骨架"。此外，通过拟订提纲，可进一步明确写作的任务，理顺思路，弄清报告内容各部分之间的联系。因此，拟订提纲非常重要。

拟订提纲应坚持以下原则：

首先，按照"围绕主题层层展开、环环紧扣"的构架原则来拟订提纲，即先将整个结构分成主题、纲、目、项。

其次，在拟订纲、目、项的基础上，将材料按纲、目、项的顺序对号入座。

最后，提纲拟订好后，应就提纲进行集体讨论，以便集思广益，少走弯路。拟订提纲常用的方法有两种，即条目提纲和观点提纲。所谓条目提纲，就是从层次上列出调查报告的纲、目、项。所谓观点提纲，则是在条目提纲的基础上列出各纲、目、项所要叙述的观点。

（四）撰写报告

在拟订好调查报告提纲以后，可以按照提纲的纲目进行选材和科学抽象，也就是对素材去粗取精、去伪存真、由此及彼、由表及里地加工制作。一般来说，写作的时候，依据写作提纲依次展开即可。但写作的过程是对事物认识深化的过程，提纲也不是一成不变的。随着认识逐步深化，提纲的某些部分或某些观点是可以改变的。因此，写作时切不可完全束缚于拟订的提纲。

撰写农村社会调查报告时，除了注意提炼主题、安排结构、精选材料、表达观点外，还应注意以下问题。

1. 客观的态度

撰写调查报告时，如果是描述性的内容，应严格保持客观中立的态度，力求用具体事实说话，而不要轻易地作判断、下结论；如果是论述性的内容，无论是讲道理、作结论，还是指出问题、提出意见或建议，都应切合实际，而不能离开事实空发议论。调查报告的叙述最好使用第三人称或非人称代词，尽量不用第一人称。比如用"作者发现……""笔者认为……"或用"这些数据说明……""这一结果表明……"，而不用"我认为……""我们发现……"等。

2. 恰当的语言

调查报告与新闻报道和文学作品不同,强调客观性、准确性、严密性、简洁性。所以,在行文时,应该尽量用朴实的语言写作,以简单明了、科学严谨为标准,清楚明确地表达调查的结果。

3. 必要的图表

调查报告写作时,应适当采用统计图和统计表,这样可以使读者清晰地把握事物的总体面貌,增强调查报告的吸引力和说服力。

4. 简明的注释

由于内容的需要,报告中常常引用别人的一些观点、资料,使用一些方言、土语、行话、省略语,甚至出现某些不易理解的问题,这就要通过作注释来加以说明。注释的形式一般有三种,即夹注、脚注和尾注。

夹注,即直接在所引资料之后,用括号将其来源或有关说明括起来,对引文进行注释或提示。比如:"统计和其他的公开论述比起来,它根据事实且较科学又较理性(戴维·S. 穆尔,2003)。""据国家统计局浙江调查总队最新公布的数据显示,2020 年浙江城镇和农村居民人均可支配收入分别达到 62 699 元和 31 930 元,城乡居民收入比为 1.96∶1(《农民日报》,2021-01-23)。"前一个例子的夹注形式往往与报告最后的"参考文献"相呼应。在参考文献中,一定要列出一条与此夹注相配合的文献。

脚注,即在所引的资料处只注明一注释号。比如,在该资料后的右上角用①②③④等来标明,然后在该页的最下端,用小一号的字体分别说明引文的出处、时间等情况,或做出有关的解释。

尾注,即将所有脚注都移到文章的结尾处,一并排出,并冠以"注释"的标题,而不是分别排在各页之下。

以上三种注释方法,究竟采用何种形式,要视调查报告的类型、阅读的对象和注释的内容等情况灵活应用。

(五)修改报告

调查报告不是一次完成的。在调查报告初稿形成后,还要经过反复的审查、修改。修改报告的主要任务是:第一,检查引用资料的合理性;第二,检查所用概念、观点是否明确,表达是否准确;第三,检查全篇报告是不是言之有理、持之有据;第四,检查报告的思想基调是不是符合调查的目的和时代的要求;第五,通读全篇报告,检查语言是否畅达。

复习思考题

1. 农村社会调查报告有哪几种类型？它们的特点分别是什么？
2. 简述农村社会调查报告的基本格式和结构。
3. 简述撰写农村社会调查报告的基本要求。

附录1　住户调查主要指标解释

1. 收入

（1）可支配收入：指调查户在调查期内获得的、可用于最终消费支出和储蓄的总和，即调查户可以用来自由支配的收入。可支配收入既包括现金，也包括实物收入。按照收入的来源，可支配收入包含五项，分别为：工资性收入、经营净收入、财产净收入、转移净收入和自有住房折算净租金。计算公式为：

$$可支配收入 = 工资性收入 + 经营净收入 + 财产净收入 +$$
$$转移净收入 + 自有住房折算净租金$$

其中：　　经营净收入 = 经营收入 − 经营费用 − 生产性固定资产折旧 −
　　　　　　生产税净额（生产税 − 生产补贴）
　　　　　财产净收入 = 财产性收入 − 财产性支出
　　　　　转移净收入 = 转移性收入 − 转移性支出

（2）现金可支配收入：指调查户在调查期内获得的、可以用来自由支配、以现金形式表现的收入。按照收入的来源，现金可支配收入包含四项，分别为：现金工资性收入、现金经营净收入、现金财产净收入和现金转移净收入。计算公式为：

$$现金可支配收入 = 现金工资性收入 + 现金经营净收入 +$$
$$现金财产净收入 + 现金转移净收入$$

（3）工资性收入：指就业人员通过各种途径得到的全部劳动报酬和各种福利，包括受雇于单位或个人、从事各种自由职业、兼职和零星劳动得到的全部劳动报酬和福利。

工资：指就业人员通过劳动从单位或雇主获取的各种现金报酬，包括按周、按月或按其他间隔定期发放的计时计件劳动报酬；按月、按季度或按年度发放的奖金；按月或其他间隔发放的住房补贴、交通补贴、车改补贴、通信补贴、冬季取暖费和防暑降温费等；定期或不定期发放的过节费、相当于现金的通用购物卡等;因加班、夜班、在周末或其他私人时间工作而获得的加班工资或专门津贴;因到外地工作,或在不满意的或危险的环境下工作而获得的津贴;在国外工作的出国津贴等;根据国家法律、法规和政策规定,因病、工伤、产假、计划生育假、婚丧假、事假、探亲假、定期休假、停工学习、执行国家或社会义务等原因按计时或计件工资标准的一定比例支付的工资;根据激励制度,与企业整体业绩挂钩而给付的专项奖金或现金奖励;在工作岗位上获得的佣金、赏金或小费。

工资应包括各种扣款,如工作单位代扣的应由个人承担的养老保险、医疗保险、失业保险和住房公积金,以及单位在工资中代扣的房租、水费、电费、托儿费、医疗费、借款等,同时把所扣除的各项费用分别计入相应的消费支出或转移性支出中。工资按照收付实现制计算,只要是在调查期内实际得到的工资,无论该工资是补发还是预发,都应归为本期得到的工资收入。本调查期内应得但因拖欠等原因未得到的工资不应计入。

工资不包括因员工或员工家属大病、意外伤害、意外死亡等原因支付给员工或其遗属的抚恤金和困难补助金,应该将其列入转移性收入中的社会救济和补助收入。

实物福利:指单位或雇主免费或低价提供给员工的各种实物产品和服务折价。实物福利既包括单位或雇主免费或低价提供的各种实物产品,如米面、植物油、牛奶、水果、糕点、床上用品、日用杂品、手机、自行车、家用电器及配件等,也包括单位或雇主免费或低价提供的各种服务,如免费或低价提供的工作餐(不包括公务招待或出差中的餐饮消费)、住宿、上下班交通工具、停车场、幼儿园、娱乐、健身、旅游和医疗保健服务,以及单位缴纳的水电费、取暖费、物业费、职工子女入学的教育赞助费等。由个人先行付款消费,后由单位或雇主给予报销的款额也视为实物福利。实物福利还包括单位或雇主自身生产过程所生产的货物与服务,如铁路或航空公司提供给员工的免费旅程,采矿企业提供给员工的免费煤炭等。

其他:指就业人员获取的、除工资以外的其他现金劳动报酬以及单位缴纳的各种社会保障费,包括:因裁员得到的一次性辞退金;股份制企业派发或奖励给员工的股票和期权;调动工作的安家费;根据国务院发布的有关规定颁发的创造发明奖、自然科学奖和科学技术进步奖以及支付给运动员、教练员的奖金;个人从事自由职业如写作、翻译、设计等（含兼职或零星劳动）得到的稿费、翻译费、设计费、讲课费、咨询费等劳动报酬。

经营净收入：指住户或住户成员从事生产经营活动所获得的净收入，是全部经营收入中扣除经营费用、生产性固定资产折旧和生产税净额（生产税减去生产补贴）之后得到的净收入。计算公式具体为：

经营净收入 = 经营收入 − 经营费用 − 生产性固定资产折旧 −
生产税净额（生产税 − 生产补贴）

财产净收入：指住户或住户成员将其所拥有的金融资产和自然资源交由其他机构单位、住户或个人支配而获得的回报并扣除相关的费用之后得到的净收入。财产净收入包括利息净收入、红利收入、储蓄性保险净收益和转让承包土地经营权租金净收入等。

财产净收入不包括将非金融资产（如住房、生产经营用房、机械设备、专利、专有技术、商标商誉等）交由其他机构单位、住户或个人支配而获得的回报，这应该计入"经营净收入"。财产净收入也不包括转让资产所有权的溢价所得，这应该计入"非收入所得"。

2. 消费

消费支出：指住户用于满足家庭日常生活消费需要的全部支出，包括用于消费品的支出和用于服务性消费的支出。根据用途不同，消费支出可划分为食品烟酒、衣着、居住、生活用品及服务、交通通信、教育文化娱乐、医疗保健、其他用品及服务几大类。根据来源不同，消费支出可划分为现金消费支出、实物消费支出。

3. 第一产业生产经营收支

（1）生产经营收入：指住户在调查期内从事农业、林业、牧业和渔业获得的现金或实物形态的全部经营收入（未扣除生产经营的成本）。

（2）生产经营费用：指住户在调查期内从事农业、林业、牧业和渔业经营活动中所投入的费用成本，包括生产经营活动中购买的商品和服务、雇工支出、消耗的自产自用产品等。

（3）惠农补贴：指政府为扶持农业、林业、牧业和渔业，以现金或实物形式发放的各种生产补贴。现金形式发放的补贴包括粮食直补、购置和更新大型农机具补贴、良种补贴、购买生产资料综合补贴、退耕还林还草补贴、畜牧业补贴等生产性补贴。实物形式发放的补贴指政府低价或免费提供的相关产品和服务，如免费或低价提供的种子、农机具服务等。

(4) 生产性固定资产折旧：在农业生产经营中，所有使用年限在两年及以上、单位价值在 1 000 元以上的房屋建筑物、机器设备、器具工具、役畜、产品畜等资产应作为固定资产统计。农业生产性固定资产原价是指固定资产当初的购进价、新建价或开始转为固定资产的价值。自繁自养的幼畜成龄转作役畜、产品畜、种畜，按市场同类牲畜的平均价格计价。国家奖励和外单位赠送的固定资产按购置同类固定资产的价格参照其新旧程度酌情计价。农业生产性固定资产折旧按照 15 年的使用期限来处理。

4. 分析指标

(1) 中位数：指将所有调查户按人均收入水平从低到高顺序排列，处于最中间位置的调查户的人均收入。

(2) 基尼系数：指在全部居民收入中，用于进行不平均分配的那部分收入占总收入的比例。基尼系数最大为"1"，最小为"0"。前者表示居民之间的收入分配绝对不平均，即 100% 的收入被一个单位的人全部占有；而后者则表示居民之间的收入分配绝对平均，即人与人之间收入完全平等，没有任何差异。通常这两种情况在实际生活中不会出现。因此，基尼系数的实际数值只能介于 0~1 之间。

(3) 城镇居民人均可支配收入（老口径）：指城镇家庭总收入扣除交纳的个人所得税和个人交纳的各项社会保障支出之后，按照城镇居民家庭人口平均的收入水平。其中家庭总收入是指该家庭中生活在一起的所有家庭人员从各种渠道得到的所有收入之和。

(4) 农村居民人均纯收入（老口径）：指农村住户当年从各个来源得到的家庭总收入扣除有关费用性支出后，最终归农村居民所有的收入总和，按照农村住户人口平均的纯收入水平计算。

附录2 相关调查表式

表1 农村基本情况及农业生产条件

村码　□□□□□□□□□□□

填报单位(签章):　　　　年

指标名称	计量单位	代码	本年
甲	乙	丙	1
一、乡镇个数	个	01	
1. 乡个数	个	02	
2. 镇个数	个	03	
二、村委会个数	个	04	
1. 通自来水的村	个	05	
2. 通汽车的村	个	06	
3. 有生活污水收集管网的村	个	07	
4. 通有线电视的村	个	08	
5. 通宽带的村	个	09	
6. 垃圾集中处理的村	个	10	
7. 村内主干道路亮化的村	个	11	
8. 村内主干道路硬化的村	个	12	
9. 拥有体育健身场所的村	个	13	
10. 拥有休闲公园(文化广场)的村	个	14	
11. 拥有图书室、文化站的村	个	15	
三、乡村户数及人口	—	—	
乡村户数	户	16	
其中:农业生产经营户数	户	17	
年末户籍人口	人	18	
乡村人口	人	19	
男	人	20	
女	人	21	
其中:外来人口	人	22	
四、乡村劳动力资源数	人	23	
男	人	24	
女	人	25	
其中:劳动年龄内	人	26	
本市农业户籍	人	27	

续表

指标名称	计量单位	代码	本年
甲	乙	丙	1
其中：男（20~60岁）	人	28	
其中：女（20~55岁）	人	29	
五、乡村从业人员数	人	30	
其中：劳动年龄内	人	31	
1. 按性别分组	人	32	
男	人	33	
女	人	34	
2. 按国民经济行业分组	人	35	
第一产业	人	36	
农业	人	37	
林业	人	38	
牧业	人	39	
渔业	人	40	
第二产业	人	41	
工业	人	42	
建筑业	人	43	
第三产业	人	44	
交通运输、仓储及邮政业	人	45	
信息传输、计算机服务与软件业	人	46	
批发与零售业	人	47	
住宿和餐饮业	人	48	
金融业	人	49	
房地产业	人	50	
租赁和商务服务业	人	51	
科学研究、技术服务和地质勘查业	人	52	
水利、环境和公共设施管理业	人	53	
居民服务和其他服务业	人	54	
教育	人	55	
卫生社会保障与福利业	人	56	
文化、体育和娱乐业	人	57	
公共管理和社会组织	人	58	
其他	人	59	
六、乡村外来从业人员	人	60	
第一产业	人	61	
第二产业	人	62	
第三产业	人	63	
七、本市农业户籍从业人员	人	64	
第一产业	人	65	
第二产业	人	66	
第三产业	人	67	

续表

指标名称	计量单位	代码	本年
甲	乙	丙	1
八、农村电气化情况	—	—	
1. 农村用电量	万千瓦时	68	
2. 乡、村办水电站	处	69	
装机容量	千瓦	70	
发电量	千瓦时	71	
九、农用化肥施用量	—	—	
1. 按实物量计算	吨	72	
氮肥	吨	73	
磷肥	吨	74	
钾肥	吨	75	
复合肥	吨	76	
2. 按折纯量计算	吨	77	
氮肥	吨	78	
磷肥	吨	79	
钾肥	吨	80	
复合肥	吨	81	
十、农用塑料薄膜使用量	吨	82	
其中:地膜使用量	吨	83	
地膜覆盖面积	亩	84	
十一、农药使用量	吨	85	
十二、农用柴油使用量	吨	86	
十三、农机作业产量	万元	87	
十四、农田水利建设情况	—	—	
农田有效灌溉面积	亩[①]	88	
旱涝保收面积	亩	89	
机电排灌面积	亩	90	
其中:喷滴灌面积	亩	91	
农业设施用地	亩	92	

单位负责人：　　　统计负责人：　　　填表人：　　　联系电话：

报出日期:20　年　月　日

说明:

1. 统计范围:行政村内全部单位及农户。
2. 本表计量单位为"吨""万千瓦时""万元"的指标保留1位小数,其他指标保留整数。

---

① "亩、公顷、平方市尺、平方公里、斤"等计量单位在农村统计与调查表中普遍使用,因此本书在附表中予以保留。

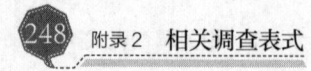

表2 县(市)社会经济基本情况表

_____省、自治区、直辖市
_____县(市)代码　□□□□□□年

指标名称	计量单位	代码	数量
甲	乙	丙	1
一、乡村基本情况	—	—	
乡(镇)个数	个	01	
其中:建制镇个数	个	02	
镇区占地面积	公顷	03	
镇区总人口	人	04	
村民委员会个数	个	05	
其中:自来水受益村	个	06	
通电话的村	个	07	
通有线电视的村	个	08	
二、人口与就业	—	—	
年末总人口	万人	09	
其中:女	万人	10	
当年出生人口	人	11	
当年死亡人口	人	12	
常住人口	万人	13	
乡村人口	万人	14	
年末总户数	户	15	
其中:乡村户数	户	16	
年末单位从业人员	人	17	
其中:女	人	18	
其中:第二产业	人	19	
第三产业	人	20	
乡村从业人员	人	21	
其中:农林牧渔业	人	22	
城镇登记失业人员	人	23	
三、综合经济	—	—	
(一)地区生产总值	万元	24	
第一产业增加值	万元	25	
农业	万元	26	
林业	万元	27	
牧业	万元	28	
渔业	万元	29	
农林牧渔服务业	万元	30	

续表

指标名称	计量单位	代码	数量
甲	乙	丙	1
第二产业增加值	万元	31	
其中:工业	万元	32	
第三产业增加值	万元	33	*
(二)财政、金融	—	—	*
财政总收入	万元	34	
其中:地方财政一般预算收入	万元	35	
各项税收	万元	36	*
地方财政一般预算支出	万元	37	*
其中:农林水事务支出	万元	38	*
科学技术支出	万元	39	
医疗卫生支出	万元	40	*
教育支出	万元	41	
财政用于社会保障和就业支出	万元	42	
财政用于医疗卫生支出	万元	43	
预算内教育事业费支出	万元	44	
年末金融机构各项存款余额	万元	45	
其中:居民储蓄存款余额	万元	46	
年末金融机构各项贷款余额	万元	47	
其中:涉农贷款	万元	48	
四、农业	—	—	
(一)生产条件	—		
农业机械总动力	万千瓦特	49	
化肥使用量(折纯量)	吨	50	
农药使用量	吨	51	
地膜使用量	吨	52	
有效灌溉面积	公顷	53	
机电排灌面积	公顷	54	
(二)农作物播种面积	公顷	55	
粮食作物播种面积	公顷	56	
其中:稻谷	公顷	57	
小麦	公顷	58	
玉米	公顷	59	
大豆	公顷	60	
油料播种面积	公顷	61	
棉花播种面积	公顷	62	
糖料播种面积	公顷	63	

续表

指标名称	计量单位	代码	数量
甲	乙	丙	1
蔬菜播种面积	公顷	64	
粮食产量	吨	65	
其中:稻谷	吨	66	
小麦	吨	67	
玉米	吨	68	
大豆	吨	69	
油料产量	吨	70	
棉花产量	吨	71	
糖料产量	吨	72	
园林水果产量	吨	73	
肉类总产量	吨	74	
其中:猪肉产量	吨	75	
年末生猪存栏	头	76	
奶类产量	吨	77	
禽蛋产量	吨	78	
蔬菜产量	吨	79	
水产品产量	吨	80	
五、工业及建筑业	—	—	
(一)规模以上工业企业	—	—	
工业企业数	个	81	
工业总产值(现价)	万元	82	
内资企业	万元	83	
港澳台商投资企业	万元	84	
外商投资企业	万元	85	
从业人员年平均数	人	86	
流动资产合计	万元	87	
固定资产净值	万元	88	
主营业务收入	万元	89	
其中:主营业务税金及附加	万元	90	
本年应交增值税	万元	91	
利润总额	万元	92	
(二)建筑业	—	—	
建筑业企业个数	个	93	
期末从业人员数	人	94	
建筑业总产值	万元	95	
六、交通运输、邮电通信、能源	—	—	
公路里程	公里	96	
其中:高等级公路	公里	97	

续表

指标名称	计量单位	代码	数量
甲	乙	丙	1
铁路营业里程	公里	98	*
民用汽车拥有量	辆	99	
其中：个人汽车	辆	100	
固定电话用户	户	101	*
其中：农村电话用户	户	102	*
移动电话用户	户	103	*
互联网宽带接入用户	户	104	*
全社会用电量	万千瓦时	105	
其中：工业用电量	万千瓦时	106	
居民生活用电量	万千瓦时	107	
七、贸易、外经、旅游	—	—	
社会消费品零售总额	万元	108	
限额以上批发和零售业商品销售总额	万元	109	
出口总额	万美元	110	
当年实际使用外资金额	万美元	111	
星级饭店个数	个	112	
星级饭店客房总数	间	113	
八、固定资产投资	—	—	
全社会固定资产投资	万元	114	
其中：固定资产投资(不含农户)	万元	115	
新增固定资产	万元	116	
房地产开发投资	万元	117	
其中：住宅	万元	118	
九、教育、科技、文化、卫生	—	—	
普通中学数	所	119	
小学数	所	120	
普通中学专任教师数	人	121	
小学专任教师数	人	122	
普通中学在校学生数	人	123	
其中：女生	人	124	
小学学龄儿童净入学率	%	125	
初中升学率	%	126	*
高中升学率	%	127	*
高技术产业企业个数	个	128	
高技术产业总产值(当年价格)	万元	129	
专业技术人员数	人	130	
其中：农业技术人员	人	131	

续表

指标名称	计量单位	代码	数量
甲	乙	丙	1
农业科技与服务单位个数	个	132	*
全年专利申请数	件	133	
其中：全年专利授权数	件	134	
体育场馆数	个	135	
剧场、影剧院数	个	136	
公共图书馆图书总藏量	千册	137	
医院、卫生院数	所	138	
医院、卫生院床位数	床	139	
医院、卫生院卫生技术人员数	人	140	
其中：执业（助理）医师	人	141	
卫生防疫人员数	人	142	*
5岁以下儿童死亡率	‰	143	
婴儿死亡率	‰	144	
产妇住院分娩比例	%	145	
十、人民生活	—	—	
城镇在岗职工平均人数	人	146	
城镇在岗职工工资总额	万元	147	
农村居民人均纯收入	元	148	
农村居民人均生活消费支出	元	149	
农民人均住房面积	平方米	150	
农民文化娱乐消费比重	%	151	
农村居民每百户电脑拥有量	%	152	
农村恩格尔系数	%	153	
十一、社会保障	—	—	
各种社会福利收养性单位数	个	154	
各种社会福利收养性单位床位数	床	155	
城镇基本养老保险参保人数	人	156	
城镇基本医疗保险参保人数	人	157	
失业保险参保人数	人	158	
城镇居民最低生活保障人数	人	159	
农村居民最低生活保障人数	人	160	*
农村五保供养人数	人	161	
新型农村社会养老保险参保人数	人	162	
城乡居民养老保险续保率	%	163	
十二、社会治安	—	—	
刑事案件立案数	件	164	
民事案件收案数	件	165	

续表

指标名称	计量单位	代码	数量
甲	乙	丙	1
十三、资源、环境与可持续发展	—	166	
行政区域土地面积	平方公里	167	
其中:建成区面积	平方公里	168	
森林面积	公顷	169	
当年造林面积	公顷	170	
耕地	公顷	171	
其中:水田	公顷	172	
水浇地	公顷	173	
年内减少耕地	公顷	174	
其中:基建占地	公顷	175	
自然保护区个数	个	176	
自然保护区面积	公顷	177	
环境污染治理本年完成投资总额	万元	178	
工业二氧化硫排放量	吨	179	
氮氧化物排放量	吨	180	
烟(粉)尘排放量	吨	181	
降尘量	吨/平方公里·月	182	
城镇生活污水处理率	%	183	
污水处理厂数	座	184	
垃圾处理站数	个	185	

单位负责人:　　　统计负责人:　　　填表人:　　　联系电话:

报出日期:20　年　月　日

说明:
1. 统计范围:辖区内全部单位。
2. 本表计量单位为"个、人、户、元、吨"等单位的指标取整数,指标单位为"%"的指标取两位小数,其余指标均保留一位小数。

附录3　部分都市农业指标解释

(源自北京市统计局、国家统计局北京调查总队 2013 年编制的"郊区统计报表制度")

一、设施农业

1. 设施农业：是指以工厂化生产方式，建造人工设施，改变气候条件，提高农作物抵御自然灾害的能力，改良生物特性，使作物实现错季或反季节生产，达到农作物均衡生产的目的，包括温室、大棚和中小棚。

2. 温室：指有人工墙体、能用人工或自然方式采暖、用于培育农作物的设施建筑。不管是否配备有人工调节温度的装置都视为温室。

3. 设施蔬菜：是指在设施内种植的各种蔬菜，包括菜用瓜、芋头、生姜等。

4. 设施食用菌：是指在设施内种植的各种食用菌，按干鲜品混合产量统计。

5. 设施花卉苗木：指在设施内种植的各种花卉和木本苗木，花卉包括鲜切花、盆栽花、切叶花卉、切枝花卉、食用及香料用花卉等；苗木包括针叶乔木苗、阔叶乔木苗、果树苗、竹苗、灌木树苗，不包括蔬菜苗、瓜苗、花苗等。

6. 设施瓜果类：是指在设施内种植的各种果用瓜，主要包括西瓜、甜瓜、草莓等。

7. 设施水果：是指在设施内种植的各种水果，主要包括杏、梨、桃、葡萄等。

8. 设施盆栽观叶植物：是指在设施内栽植于花盆等容器中以观赏叶片、叶色为主的植物。

9. 大棚：指用于培育农作物的、采用塑料薄膜等材料做成的、操作人员可以直立进入的设施(无墙体，人不能直立进入，但跨度大于等于 5.9 米也视为大棚)。

10. 中小棚：整体形状与大棚一致，主要是棚型(跨度和高度上)不同(一般跨度小于 5.9 米)。

11. 设施占地面积：指三类面积的总和。一是实际使用面积，指沿墙内侧的围绕面积；二是墙体面积，指设施的墙体等其他支撑体自身的占地面积；三是采光占用面积，指设施与遮光物体（其他设施、房屋等）的必要距离所占的面积。

12. 实际利用占地面积：是指实际已种植的设施的占地面积。

13. 实际利用播种面积：是指在设施内实际播种的面积，立体种植的播种面积分层计算，有几层算几层。

14. 期末实有占地面积：是指全部设施的占地面积，包括建成后未使用的占地面积。

二、种业

1. 种业生产：是指辖区内全部单位（企业）、农户和外来承包户，生产和销售籽（仔）种的情况，包括农、林、牧、渔业中粮食、蔬菜、花卉、种猪、种牛、种羊、种雏禽、种蛋、冷冻精液、胚胎及水产苗种等，不包括仔猪、小羊羔、商品代雏禽等仔畜、禽。只调查统计出售的部分，不包括自用自留部分。

2. 胚胎：从家畜体内或体外获得的已经卵裂后的受精卵。

三、观光休闲农业

1. 观光园：是指以农业生产为基础，以农村特有的生活风情和田园风光为资源，从事观光农业生产经营活动，具有观赏、采摘、垂钓、休闲、体验、旅游等功能的单位，以及依靠农业资源聚集并带动起来与观光活动连为一体的配套餐饮、住宿、健身、娱乐等服务单位。具体包括观光种植园、观光养殖园、观光垂钓园、观光采摘园、观赏园和大型综合性观光园等。

2. 民俗旅游：是指以郊区自然旅游资源、人文旅游资源为依托，以田园风光和农家生活方式为特色，以都市居民为目标市场，为游客提供农业观光、采摘、垂钓、烧烤、娱乐、住宿、餐饮等服务的一种旅游形式。

3. 高峰期从业人员：指本单位接待观光人数最多的月份，在本单位取得劳动报酬的月末实有人员数。包括在本观光园工作，取得工资或各种形式的劳动报酬的全部人员。

4. 从业人员劳动报酬:是分别指在规定时期内观光园和民俗旅游项目内的工作人员得到的全部收入。

5. 接待人次:是分别指规定调查期内观光园和民俗旅游项目内累计接待人次。

6. 总收入:指观光园从事各类业务活动取得的收入。包括主营业务收入和其他业务收入。不包括为第三方或者客户代收的款项。具体包括门票收入、采摘收入、出售农产品收入、出售其他商品收入、健身娱乐收入、餐饮收入、垂钓收入、住宿收入和其他收入。

7. 门票收入:指在规定时期内观光园销售门票所取得的收入。

8. 采摘产量及收入:是指在观光园内游人自己采摘或按采摘价格出售给游人的蔬菜、瓜果的产量及收入。

9. 健身娱乐收入:指在规定时期内观光园提供健身娱乐服务所取得的收入。

10. 垂钓收入:指在规定时期内观光园提供垂钓服务并按实际垂钓数量计算所取得的收入。

11. 餐饮收入:指在规定时期内观光园提供餐饮服务所取得的收入。

12. 住宿收入:指在规定时期内观光园提供住宿所取得的收入。

13. 民俗旅游农户数:指在村域调查范围内经过市、区县有关部门批准并核发证明的从事农业观光、采摘、垂钓、烧烤、娱乐、住宿、餐饮等活动的民俗旅游接待户数。包括经营和未经营的民俗旅游接待户数。

14. 民俗旅游总收入:指本村所有民俗旅游接待户在规定的时期内从事民俗旅游接待的总收入。

四、农业会展

1. 农业会展:指以推动农业发展和农产品贸易、技术交流为主题的各类展览、展销和展会等活动。

2. 占地面积:指举办农业会展活动所占用的全部土地面积总和,包括展厅、交易场所等室内场馆占地和室外展览、各类活动场地等占地面积。

3. 场馆面积:指农业会展活动期间专门用于对外出租的展厅、交易场所等室内场馆的建筑面积。

4. 总投资额：指主办方为筹备和举办本次农业会展活动的投资总额。

5. 工作人员数：指农业会展举办期间，从事各项管理、服务工作，并获得工资或其他形式劳动报酬的人员数。

6. 参展企业个数：指参加本次农业会展活动的参展单位和参展商的个数总和。

7. 农业会展接待人次：指本次农业会展活动举办期间的累计接待人次。

8. 农业会展签约项目数：指参展单位或参展商在参加本次农业会展活动期间签订的正式协议或意向协议总数。

9. 农业会展协议总金额：指参展单位或参展商在参加本次农业会展活动期间签订的正式协议或意向协议的总金额。

10. 农业会展总收入：指举办本次农业会展活动取得的全部收入，包括活动主办方获得的门票和场馆租金收入，活动主办方、参展单位或参展商出售产品获得的收入和其他收入。

11. 农业会展门票收入：指举办本次农业会展活动销售门票所取得的收入。

12. 农业会展场馆租金收入：指在本次农业会展活动中通过向参展单位或参展商出租场馆取得的收入。

13. 农业会展出售农产品收入：指在本次农业会展活动中销售农产品所取得的收入。

主要参考文献

[1] 国家统计局官网历年资料.

[2] 北京市统计局 国家统计局北京调查总队官网历年资料.

[3] 陈永秉.农村经济统计[M].北京:农业出版社,1988.

[4] 张瑞芝.农村统计与调查[M].南京:江苏科学技术出版社,2005.

[5] 张景余.对农村抽样调查样本轮换的几点看法[J].中国统计,2001(1).

[6] 刘迪尧.改革农村统计抽样调查方法[J].统计与决策,2006(3).

[7] 刘树森.现有农产量抽样调查工作的几点不足[J].统计与决策,2000(2).

[8] 饶宝昌.农村统计抽样调查中存在的问题与改革建议[J].统计与预测,2004(2).

[9] 陈秋苹.农村社会调查方法及成功要素[J].江苏教育学院学报(社会科学版),1998(1).

[10] 韦荣玉.我国农产量调查中的抽样技术[J].统计与决策,2005(10).

[11] 于军汉.浅谈我国农产量调查抽样技术的科学性[J].山西统计,1995(3).

[12] 曾玉平,侯锐.美国农业统计与抽样调查技术[J].调研世界,2001(2).

[13] 黄明凤.关于农产量抽样调查的应用[J].兵团职工大学学报,1999(4).

[14] 朱朝枝.农村社会调查原理与方法[M].福州:福建人民出版社,2001.

[15] 张一中.心理学的研究方法与应用[M].上海:复旦大学出版社,1998.

[16] 车宏生,朱敏.心理统计[M].北京:科学出版社,1987.

[17] 风笑天.现代社会调查方法[M].武汉:华中理工大学出版社,1996.

[18] 袁方.社会调查原理与方法[M].北京:高等教育出版社,1990.

[19] 李哲夫,杨心恒.社会调查与统计分析[M].北京:人民出版社,1989.

[20] 郭志刚,等.社会调查研究的量化方法[M].北京:中国人民大学出版社,1989.

[21] 樊志育.市场调查[M].上海:上海人民出版社,1995.

[22] 袁亚愚.乡村社会学[M].成都:四川大学出版社,1990.

[23] 习近平.现代农业理论与实践[M].福州:福建教育出版社,1999.

[24]《福建妇女社会地位调查》课题组.福建妇女社会地位调查[M].北京:中国妇女出版社,1994.

[25] 小卡尔·迈克丹尼尔,等.当代市场调研[M].北京:机械工业出版社,2000.

[26] 苏驼.社会调查研究方法[M].长春:吉林人民出版社,1989.

[27] 冯丽云.现代市场调查与预测[M].北京:经济管理出版社,2000.

[28] 王鸿韬.实用农产品成本调查[M].北京:北京科学技术出版社,1990.

[29] 钱伯海.企业经济统计学[M].北京:中国统计出版社,2003.

[30] 赵彦云,伍业锋.GDP:20世纪最伟大的发明之一[J].统计研究,2001(7).

[31] 彭涛,吴文良.绿色GDP核算:低碳发展背景下的再研究与再讨论[J].中国人口.资源与环境,2010(12).

[32] 景普秋,张复明.城乡一体化研究的进展与动态[J].城市规划,2003,27(6).

[33] 崔西伟.城乡一体化的理论探索与实证研究:以成都市为例[D].成都:西南财经大学,2007.

[34] 顾益康,许勇军.城乡一体化评估指标体系研究[J].浙江社会科学,2004(6).

[35] 刘正.城乡一体化程度评价指标体系初探[D].济南:山东大学,2007.

[36] 济源市统计局课题组.济源市城乡一体化监测体系研究[EB/OL].河南统计网,2009-12-02.

[37] 焦必方,林娣,彭婧妮.城乡一体化评价体系的全新构建及其应用:长三角地区城乡一体化评价[J].复旦学报(社会科学版),2011(4).

[38] 罗雅丽,张常新.城乡一体化发展评价指标体系构建与阶段划分:以大西安为例[J].江西农业学报,2007(7).

[39] 湖南省统计局.小康监测指标体系及实证研究[EB/OL].湖南统计信息网,2008-01-04.

[40] 董鹏,李凯,袁艳平,等.我国生态农村建设之探索[J].攀登,2011(5).

[41] 邓睿,李欢欢.关于农村生态建设的几点思考[J].农村经济与科技,2010(5).

[42] 许恒富.简析朝阳区都市型现代农业生态服务价值测算体系[EB/OL].朝阳区统计信息网,2014-02-17.

教学支持说明

建设立体化精品教材，向高校师生提供整体教学解决方案和教学资源，是高等教育出版社"服务教育"的重要方式。为支持相应课程教学，我们专门为本书研发了配套教学课件及相关教学资源，并向采用本书作为教材的教师免费提供。

为保证该课件及相关教学资源仅为教师获得，烦请授课教师清晰填写如下开课证明并拍照后，发送至邮箱：jingguan@pub.hep.cn或 liurong@hep.com.cn，也可通过QQ：46104652或810138010，进行索取。

咨询电话：010-58581020，编辑电话：010-58581783

证　　明

兹证明_____大学_____学院/系第_____学年开设的_____课程，采用高等教育出版社出版的《农村统计与调查（第二版）》(作者：刘芳)作为本课程教材，授课教师为_____，学生_____个班，共_____人。授课教师需要与本书配套的课件及相关资源用于教学使用。

授课教师联系电话：_____E-mail：_____

学院/系主任：_____（签字）

（学院/系办公室盖章）

20____年____月____日

郑重声明

高等教育出版社依法对本书享有专有出版权。任何未经许可的复制、销售行为均违反《中华人民共和国著作权法》，其行为人将承担相应的民事责任和行政责任;构成犯罪的,将被依法追究刑事责任。为了维护市场秩序,保护读者的合法权益,避免读者误用盗版书造成不良后果,我社将配合行政执法部门和司法机关对违法犯罪的单位和个人进行严厉打击。社会各界人士如发现上述侵权行为,希望及时举报,我社将奖励举报有功人员。

反盗版举报电话　(010)58581999　58582371
反盗版举报邮箱　dd@hep.com.cn
通信地址　北京市西城区德外大街4号　高等教育出版社法律事务部
邮政编码　100120

读者意见反馈

为收集对教材的意见建议,进一步完善教材编写并做好服务工作,读者可将对本教材的意见建议通过如下渠道反馈至我社。

咨询电话　400-810-0598
反馈邮箱　gjdzfwb@pub.hep.cn
通信地址　北京市朝阳区惠新东街4号富盛大厦1座　高等教育出版社总编辑办公室
邮政编码　100029